Zeitschrift für Dialektische Theologie

Heft 61 Jahrgang 31 Nummer 1/2015

Die Menschlichkeit Jesu Christi in neuem Licht

EVANGELISCHE VERLAGSANSTALT
Leipzig

Zeitschrift für Dialektische Theologie
Journal of Dialectical Theology

ISSN 0169-7536

Gründer

Gerrit Neven (Kampen)

Herausgeber

Georg Plasger (Siegen) in Verbindung mit
Gerard den Hertog (Apeldoorn), Bruce Mc-
Cormack (Princeton), Cornelis van der Kooi
(Amsterdam), Niklaus Peter (Zürich), Peter
Opitz (Zürich), Rinse Reeling Brouwer (Ams-
terdam), Günther Thomas (Bochum) und Peter
Zocher (Basel)

Redaktion und Layout

Sarah Huland-Betz (Siegen)
Kerstin Scheler (Siegen)

Redaktionsanschrift

Universität Siegen
Prof. Dr. Georg Plasger
D - 57068 Siegen
zdth@uni-siegen.de

Abonnementskosten:

Preise incl. MWSt.: Einzelheft: € 18,80,
Einzelheft zur Fortsetzung € 17,80, für
Mitglieder der Karl Barth-Gesellschaft e.V.
30 % Rabatt, für Studierende 40 % Rabatt,
jeweils zuzügl. Versandkosten (z.Zt. je Heft
in D 1 €; innerhalb Europas 3 € + MwSt.).
Die Fortsetzung läuft immer unbefristet, ist
aber jederzeit kündbar.

Vertrieb: Evangelische Verlagsanstalt GmbH . Blumenstraße 76 . 04155 Leipzig
Bestellservice: Leipziger Kommissions- und Großbuchhandelsgesellschaft (LKG)
Frau Christine Falk, An der Südspitze 1–12, 04579 Espenhain
Tel. +49 (0)34206–65129, Fax +49 (0)34206–651736 . E-Mail: cfalk@lkg-service.de

© 2015 by Evangelische Verlagsanstalt GmbH · Leipzig
Printed in Germany

Cover: Kai-Michael Gustmann, Leipzig
Satz: Sarah Huland-Betz, Siegen
Drucken und Binden: Hubert & Co., Göttingen
ISBN 978-3-374-04096-4
www.eva-leipzig.de

Inhalt

Rinse Reeling Brouwer
32. Barth Tagung Einleitung 5

Edward van 't Slot
Die christologische Konzentration:
Anfang und Durchführung 12

Hans Theodor Goebel
Die wiederkehrende Frage nach Jesus von Nazareth
Neuere Jesus-Bücher und Karl Barths Darstellung des
„königlichen Menschen" (KD IV/2, § 64.3) 32

Martien E. Brinkman
Der verborgene Christus im Film
Seine unsichtbare Göttlichkeit und seine
sichtbare Menschlichkeit 60

Wessel ten Boom
ECCE HOMO AGENS
Der königliche Mensch bei Karl Barth 85

Henning Theißen
Primäre und sekundäre Pragmatik im Werk Karl Barths
Ein Vorschlag zur Methode der Barthauslegung 103

Rinse Reeling Brouwer
On mystery and recta ratio
Karl Barth's Elaboration of a Series of Disputations
from the Leiden Synopsis: Scripture, Trinity, and Incarnation ... 132

Rezensionen 163

Verzeichnis der Autoren 181

Rinse Reeling Brouwer

32. Barth Tagung Einleitung

Einleitung

Es ist mir eine Freude, Sie zur 32. Barth-Tagung in den Niederlanden herzlich begrüßen zu dürfen. Das Thema lautet diesmal: „Die Menschlichkeit Jesu Christi im neuen Licht".

1.

Ich lese aus dem ersten Kapitel des ersten Johannesbriefes die ersten Verse (1–4): „Was war von Anfang an: / was wir gehört haben / was wir gesehen haben mit unseren Augen / was wir erschaut haben / was unsere Hände ertastet haben / *vom Wort des Lebens* / – das Leben ist erschienen / und wir haben gesehen / und wir bezeugen / und wir verkünden euch: das Leben in Weltzeit, / welches war bei dem Vater und ist uns erschienen – / was wir gesehen haben und gehört haben / verkünden wir euch, / damit auch ihr Gemeinschaft habt mit uns / – und unsere Gemeinschaft aber / ist mit dem Vater und mit seinem Sohn: Jesus Messias. Und das schreiben wir euch, / damit unsere Freude erfüllt werde."

Die (von mir kursiv gedruckten) Worte „Vom Wort des Lebens" (*peri tou logou tès zoès*) könnten hindeuten auf den Titel eines antiken Traktats von der Logik des Lebens, in die man sich schicken *muss*, und vom Sinn des Lebens, in den man sich schicken *soll*. Für den Juden Johannes handelt es sich aber nicht um ein frei zu entfaltendes Wort, sondern um das Wort der Weisung, der Thora, das Israel tun soll und von dem es leben soll (Lev 18,5; Dtn 30,1 ff).[1] Dieses Wort ist ein Geschehen, ein „Erscheinen", und für

---

1 Vgl. Ton Veerkamp, *Weltordnung und Solidarität oder Dekonstruktion christlicher Theologie. Auslegung des ersten Johannesbriefs und Kommentar* (TuK 71/72) Dortmund 1996, 14f.

den Apostel trägt es einen Namen, den er verkünden muss. Er hat das Wort
gehört, gesehen, erschaut, ertastet als den Grund seines Bezeugens (*marty-
rion*) und seines „Botschaftens" (*apangellein*), das er schließlich in seinem
Brief dokumentiert. Und es gibt einen doppelten Effekt (siehe die beiden
hina, „damit"-Sätze). Erstens die Gemeinschaft (*koinonia*) der Hörer und
Leser seiner Schrift mit ihm, dem Zeugen, und durch sein Zeugnis mit dem
bezeugten Messias. Zweitens dann auch: die Freude (*charis*).

Im *Missale Romanum* ist der 27. Dezember der Tag Johannes des Evangelisten (statt Johannes des Täufers und des Zebedäussohnes Jakobus, die
auf älteren Listen der Tage der Märtyrer genannt wurden). Auch in den lutherischen Agenden, der die Predigthilfen im Registerband der *Kirchlichen
Dogmatik* folgen, ist für Weihnachten als Epistellesung 1 Joh 1 vorgesehen.
Der Grund dafür ist wahrscheinlich die Ähnlichkeit (aber nicht Gleichheit!)
zwischen dem „von Anfang" und dem Prolog des Evangeliums „nach Johannes", die Lesung am ersten Weihnachtstag. Aber im KD-Fragment zu
dieser Predigthilfe spricht Barth dann von der *Oster*geschichte. Nun kann es
sein, dass der Schweizer Barth die schwer zu unterscheidenden Heilstaten in
den johanneischen Schriften mit dem vom Tal aus gesehenen Verfließen der
Gipfel der verschiedenen Berge verglichen hat. Aber die Verknüpfung von
Ostern mit dem Zeugnis vom Anfang scheint mir doch mehr als ein Zufall
zu sein. In KD III/2 (S. 530 ff.) bringt Barth 1 Joh 1,1–4 gegen Bultmanns
berühmte These, es handele sich im Osterereignis um die Entstehung des
Glaubens der Jünger, in der die Verkündigung ihren Ursprung hat, ins Feld.
Es ist gerade das Zeugnis, wonach die Jünger (das „wir" im Brief) „gehört,
mit den Augen gesehen, erschaut, mit den Händen ertastet haben [...] das
Leben in Weltzeit, / welches war bei dem Vater und ist erschienen". Auch in
einem Gespräch mit den Tübinger „Stiftlern" 1964 unterstreicht er: Die Annahme des Evangeliums der vierzig Tage [nach der lukanischen Zählung der
Osterzeit, rrb] und des Evangeliums überhaupt steht und fällt damit, dass es
sich im Ereignis dieser Tage um ein „leibliches, sichtbares, hörbares, greif-
bares", ein „raumzeitliches" „Geschehen handelte" (*Gespräche 1964–1968*,
Zürich 1997, 33 ff.). Auch die Redewendung „wir sahen seine Herrlichkeit"
im Prolog des Evangeliums (Joh 1,14) deutete auf dieses Ereignis hin: die
Jünger schauten seine göttliche *doxa*, aber die *doxa im Fleische*. Dieses Leben Jesu wurde offenbar zu Ostern, aber genau betrachtet gibt es kein anderes Leben Jesu als das österliche. Denn auch sein sogenanntes vorösterliches
Leben steht völlig in diesem Licht. Nach dem schon im Tambacher Vortrag
von 1919 von Barth so gerne zitierten (J. A. Bengel zugeschriebenen, aber

wahrscheinlich auf Fr. Chr. Oetinger zurückgehenden) Wort: die Evangelien in ihrer Ganzheit *spirant resurrectionem*, atmen die Auferstehung (*Vorträge und kleinere Arbeiten 1914–1921*, Zürich 2012, 567). Kurz: das leibliche, sichtbare, hörbare, greifbare Leben des Auferstandenen bildet für Barth den Schlüssel für das Leben Jesu überhaupt.

2.

Im neulich (2012) in der Karl-Barth-Gesamtausgabe erschienenen und für unser Thema sehr wichtigen Band *Vorträge und kleinere Arbeiten 1914–1921* lässt sich gut verfolgen, wie rasch und mit wie viel Wendungen und Störungen sich das Denken und Sprechen über Jesus beim jungen Safenwiler Pfarrer entwickelt hat. Am 25. April 1915, kurz nach seiner Rückkehr von einem Besuch bei Christoph Blumhardt in Bad Boll, hielt er einen Vortrag auf dem Bezirkstag der sozialdemokratischen Partei in der Turnhalle in Seon zum Thema „Christus und die Sozialdemokraten" (S. 131–139). Es gilt, so sagt der Redner, Missverständnisse zu vermeiden: Jesus war nicht Politiker, nicht sozialer Reformer, nicht Moralprediger, kein Religionsstifter, sondern er ist der Mensch, der dem Leben in einzigartiger Weise auf den Grund gegangen ist. Der Schein verschwindet, die eigentliche Welt tritt hervor. Diese andere Welt ist der Inhalt des Lebens Jesu. Und weil wir Sozialdemokraten an diese andere Welt, die Christus uns eröffnet, glauben, müssen wir uns trotz allem am Sozialismus freuen und dafür arbeiten. Christus nimmt das Tiefste für uns in Anspruch, den Wunsch, dass nicht die Sachen die Menschen beherrschen, sondern dass der Mensch leben soll. Er ist Kritik und Wegweisung unserer Ideale, Kampfmittel und Ziele. Er ist die Bürgschaft unserer Erwartungen – wir sehen, wie *unmittelbar* Barth von Jesus als movens der sozialen Bewegung spricht.

Am 15. November 1915 spricht Barth dann in Basel vor einem mehr oder weniger religiös-sozialen Publikum zum Thema „Kriegszeit und Gottesreich" (S. 177–210). Dort zeigt er Jesus in einer noch stärker von Bad Boll geprägten Weise als denjenigen, in dessen Leben uns Gott entgegentritt in einer Art, die mir deutlich zeigt, dass Gott etwas von Grund auf Anderes ist als Alles Andere, was mir sonst als wahr und richtig vorkommt, anders als Wotan, anders als der Gott der Kriegsparteien. Der Gott, der von uns nicht eine Verbesserung der Welt fordert, sondern der der prinzipielle Durchbruch unserer Weltordnung ist (S. 193. 196. 201 f.). Hier ist die chris-

tologische Reflexion schon weiter fortgeschritten, obwohl die Aussagen
in theologischer Hinsicht immer noch ziemlich ungeschützt vorgetragen
werden. Nach dem Erscheinen der ersten Fassung des Römerbriefes (1919)
lautet dann im Aarburger Vortrag „Christliches Leben" vom 9. Juni 1919
(S. 503–513) die Beschreibung „unseres Standorts": „Jesus lebt" – und zwar
nicht weil wir etwa etwas mit Jesus erlebt hätten (was die CSV-Leute wohl
gerne hören wollten), sondern wegen der Auferstehung Jesu, die nur deshalb die weltbewegende Kraft ist, von der wir getragen werden, weil sie die
erste Erscheinung einer totaliter aliter geordneten Leiblichkeit und Welt ist.
Mit solchen Aussagen muss Barth für seine liberalen Lehrer kaum mehr zu
erkennen gewesen sein.

Fast am Schluss des Bandes findet man dann die Rezension des Nach-
lasses Franz Overbecks aus dem Jahre 1920, die die Wende in Richtung
des Zweiten Römerbriefes markiert (S. 622–661). Dort wird die Frage laut:
„Kann eine so passive Menschengestalt wie Jesus als Stifter von irgend etwas in der Welt (in der Geschichte) betrachtet werden?" Oder: „Wer sieht
nicht, dass Jesus von der Annahme beherrscht war, in einer andern Welt
könnte Grundvoraussetzung sein, was in der wirklichen Welt unmöglich
ist, und dass Jesus gerade in den Forderungen, die sich auf diese Annahme
aufbauen, am allerwenigsten als ein unklarer weltunerfahrener Phantast erscheint? Aber wer wagt es, ihm in dieser Annahme, die allein ihn begreif-
lich machen würde, in Ernst und mit ganzer Konsequenz zu folgen?" (S.
645–646). Die Möglichkeit, von Jesus als dem unmittelbaren movens einer
Bewegung in der Gegenwart zu sprechen ist hier fast unmöglich geworden.
Seine Menschheit scheint jetzt völlig in einer eschatologischen (oder „urgeschichtlichen") Unzugänglichkeit verborgen. Wie der Weg zu wie auch
immer gearteten positiven Aussagen dennoch möglich war, hoffen wir von
Edward van 't Slot zu hören. Und wie das sozialistische Engagement des
Anfangs später in gewisser Weise rehabilitiert wird, wird im Schlussreferat
erörtert.

3.

Der Anlass für unser Thema ist jedoch nicht dieser Band der Gesamtausga-
be, sondern die Flutwelle neuerer Jesus-Bücher, mit denen wir den Ansatz
Karl Barths in den späteren Bänden der Kirchlichen Dogmatik, vor allem im
KD IV/2, ins Gespräch bringen wollen.

Mit dem Namen Franz Overbecks verbindet sich die große Krise in der klassischen Leben-Jesu-Forschung und des liberalen Jesus-Bildes, die damals einen völlig neuen Ansatz erfordert hat. Hendrikus Berkhof bemerkte zu dem viel später erschienenen § 64.3, „Der königliche Mensch", an, dass dieser ein zwar einseitiges, aber doch auffälliges Interesse am Leben Jesu zeigt (*Christelijk Geloof*, Kampen 2002, 93). Er stimmt Barth zu, wenn dieser schreibt, dass „die alte Dogmatik es, ganz mit der allgemeinen und grundsätzlichen Frage nach der Gottheit und der Menschheit Jesu Christi beschäftigt – und innerhalb dieses Fragenkreises doch mehr an seiner Gottheit als an seiner Menschheit interessiert –, unterlassen hat, das Faktum des Menschen Jesus Christus für sich ins Auge zu fassen" (S. 174). KD IV/2 erschien Sommer 1955, in einer gewissen Gleichzeitigkeit mit der Bewegung der Bultmannschüler (wie Käsemann, Fuchs, Conzelmann), die aufs Neue die Frage nach dem historischen Jesus stellte und die später als „the New Quest" (James M. Robinson, 1959) bekannt wurde. Die Ergebnisse der Formgeschichte wurden verbunden mit dem Programm des 19. Jahrhunderts. Barth unterscheidet sich von ihnen in seiner bleibenden Ablehnung eines Suchens in irgendeinem „leeren Raum" (a.a.O), abgesehen von der Offenbarung Jesu in seiner Auferstehung und Himmelfahrt, aber in seiner Betonung der Bedeutung der Menschheit Jesu stimmt er mit ihnen überein. Später hat die Forschung viele Entwicklungen durchlaufen. Ich nenne: die Ergebnisse der Qumran-Forschung, die gnostischen Quellen, die immer früher datiert wurden, die Verschiebung der Sicht auf Jesus vom Apokalyptiker zum Weisheitslehrer (aber auch die Frage, ob, und wenn ja, inwiefern es sich hier um einen wirklichen Gegensatz handelt). Ich nenne weiter: die von der Befreiungstheologie inspirierten sozialhistorischen Fragen nach der Soziologie der frühen Jesusbewegung und die durch die in den letzten Jahrzehnten weltweit gewachsenen *pentecostal churches* stimulierte Frage nach dem antiken Enthusiasmus oder der Magie usw.

Ende 2012 bekam das Vorbereitungskomitee einen beeindruckenden Text unseres treuen Teilnehmers Hans Theodor Goebel. Es freut uns sehr, dass er bereit ist, die in diesem Text entwickelten Gedanken auf dieser Tagung fortzuführen. Es freut uns umso mehr, weil wir, als wir ihn fragten, noch nicht wussten, dass auch die Leuenberger Barth-Tagung in diesem Jahr als Thema „Der wahre Mensch Jesus von Nazareth in der Christologie Karl Barths" gewählt hat. Hans Theodor wird selber, viel besser als ich es könnte, ausführen, wie sich z.b. einerseits die sowohl historischen als auch theologischen Ansätze in den Jesus-Büchern von Gerd Theissen (1986/2004) und Klaus Berger (2004), andererseits der von Hans Küng stark kritisierte „kanonische" Ansatz von Joseph Ratzinger/Benediktus XVI (I.2007; II.2011 [III.2012]) – auch der von Benediktus gelobte Joachim Ringleben (2008) sei hier genannt – zum Ansatz Barths verhalten.

Prof. Martien Brinkman hat uns mit einem Buch über den verborgenen Christus im Film, der bildenden Kunst und der Literatur des letzten halben Jahrhunderts überrascht. Er hat gezeigt, wie viele indirekte Zeugnisse es auf diesem Gebiet gibt und wie fast alle Fragen, die in der Theologiegeschichte zu Jesus gestellt wurden, hier in irgendeiner Form zurückkehren. Wir freuen uns, dass er bereit ist seine Entdeckungen auch in diesem Kreis, dem er von Anfang an angehört, vorzuführen.

Ebenso sehr freuten wir uns auf den Beitrag von Prof. Otfried Hofius. Bereits seine ernsthaften Bedenken bei den Betrachtungen Karl Barths zur Sündlosigkeit Jesu versprachen eine lebhafte Debatte. Leider musste er uns vor einigen Wochen mitteilen, dass er wegen akuter Herzprobleme nicht in der Lage war, hierher abzureisen. Wir haben aber Dr. Wessel ten Boom bereit gefunden, an seiner Stelle, wenn auch in ganz eigener Weise, das Referat zu übernehmen. Ten Boom ist Pfarrer der protestantischen Kirche, hat verschiedene Bücher über Friedrich-Wilhelm Marquardt und Augustinus geschrieben und ist gegenwärtig Herausgeber der von Kornelis H. Miskotte nach dem Zweiten Weltkrieg gegründeten Zeitschrift *In de Waagschaal*, die von Karl Barth immer sehr genau gelesen wurde. Wir wissen seine Bereitschaft zu schätzen!

4.

Zum Schluss noch eine Bemerkung organisatorischer Art, und zwar zum Ort. Dieses Jahr findet die Tagung nicht im vertrauten Hydepark, dem Tagungshaus der Protestantischen Kirche in den Niederlanden, statt. Der Grund ist zuerst ein finanzieller. Die Preise wurden immer höher, für manchen Teilnehmer inzwischen zu hoch. Dazu kommt, dass die Synode der PKN mittlerweile eine eingreifende Renovierung des Gebäudes beschlossen hat, so dass wir in den nächsten zwei Jahren sowieso nicht in Driebergen tagen können. Hier im YMCA-Konferenzhaus De Glind sind die Bedingungen zwar etwas primitiver, aber dafür ist der Aufenthalt erheblich billiger. Wir hören gerne von Ihren Erfahrungen, ehe wir beschließen, auch in den beiden nächsten Jahren an diesem freundlichen Ort zu tagen.

Und so wünschen wir einander eine fruchtbare Tagung, und wir hoffen gemeinsam die Bedeutung etwas zu erfahren von geheimnisvollen Worten wie Matth 7,29: „und er predigte gewaltig und nicht wie" – wie wir alle es bestenfalls sind – „die Schriftgelehrten" und Matth 13,16f: „Wahrlich, ich sage euch: Viele Propheten und Gerechte haben begehrt, zu sehen, was ihr seht und haben nicht gesehen, und zu hören, was ihr hört, und haben nicht gehört".

Edward van 't Slot

Die christologische Konzentration: Anfang und Durchführung

1. Rückblicke

Nachdem Karl Barth sich am Ende seines Lebens noch einmal tiefgehend mit der Theologie Friedrich Schleiermachers beschäftigt hatte, fasste er seine Bemerkungen in fünf Fragen an Schleiermacher zusammen. Dabei war vor allem die letzte Frage, genau genommen, mehr eine Frage an sich selbst, nämlich: ob die vier vorangehenden Fragen sachgemäß waren, oder ob er den Kirchenvater des 19. Jahrhunderts mit ihnen vielleicht zu sehr in seinen eigenen, beschränkten Rahmen gezwungen hatte. Aber mit allen Vorbehalten stellte er Schleiermacher doch die Fragen: Ob er gemeint hätte, eine spezifisch christliche Theologie zu treiben, indem er sich mit einem besonderen, fremden, uns gegenüberstehenden, „heiligen" „Gegenstand" befasst hätte? Oder zielte er doch eher auf eine mehr allgemeine Philosophie, deren Gegenstand, die universal wirksame geistige Dynamis, in tiefer Einheit mit dem Subjekt und dem Weltall gedacht werden müsste? Es ist klar: für Barth war nur die erste Option die richtige. Aber, fragte er sich, habe er Schleiermacher recht getan mit dem Gedanken, dass dieser konsequent für die zweite Möglichkeit optiere?[1] Und wie kann ein Theologe sich vor Missverständnissen in dieser Hinsicht hüten? Barths Unsicherheit in Bezug auf Schleiermacher – hätte auch Schleiermacher, undeutlich aber im Grunde doch ganz entschieden, nicht auf dieselbe Offenbarung hingezielt wie auch Barth wollte? – findet man auch, sozusagen im Spiegelbilde, in der Barth-Rezeption, hinsichtlich Barths selber. Immer wieder hört man die Frage: Ist

---

1 Karl Barth, Nachwort, in: Heinz Bolli (Hg.), *Schleiermacher-Auswahl*, München/Hamburg 1968, 307–310; vgl. Eberhard Busch, *Meine Zeit mit Karl Barth: Tagebuch 1965–1968*, Göttingen 2011, 557–558.

auch Barths Offenbarungstheologie nicht als eine philosophische Spekulation Hegelscher Prägung zu verstehen, deren Gegenstand, unter Vorwand der „Offenbarung", doch vor allem die spezifisch Barthsche Subjektivität ist?[2] Steht er Schleiermacher nicht näher als er ahnte? – Barth selber hat sich offensichtlich nicht so verstanden. Ihn bewegte die Sehnsucht, den ganz unbekannten, fremden, anderen Gott zu erkennen, den Gott, der nicht Gegenstand einer allzu menschlichen Theologie werden kann, sondern der nur durch Offenbarung erkennbar wird; ihn bewegte die Sehnsucht nach einer konkreten Theologie, in Gehorsam an einer spezifischen Offenbarung. Aber wie schützt er sich vor dem Verdacht, auch er treibe letztendlich nur – eine Philosophie seiner eigenen Denkbewegungen?

Die Antwort der *Kirchlichen Dogmatik* ist wahrscheinlich: Nur die *Christologie*, eine strenge Verbindung des Offenbarungsbegriffs mit der Person Jesu Christi, kann die Theologie behüten vor einem unbemerkten Fall in Spekulationen und allgemeine Philosophien. Genauer gesagt: im Band IV/2 der *KD* stellt Barth eine streng an- und enhypostatisch aufgefasste Christologie allen „Schwärmereien der Vernunft" gegenüber (vgl. 61) – Barth blickt dabei zurück auf das 19. Jahrhundert, insbesondere auf die Dogmatik A.E. Biedermanns. Gegenüber den „Verwechslungen zwischen den letzten ... und vorletzten Dingen", die Barth dort wahrnimmt, und gemäß einer anhypostatischen Christologie, „bekennt sich der Christ, statt den Vollzug der Einigung von Gott und Mensch für sein eigenes Erlebnis und Selbstbewußtsein in Anspruch zu nehmen, zu dem Anderen, dem Mittler, in welchem sie *für ihn* geschehen ist. So wird er den *Geber* und die *Gabe* der Gnade von sich als Empfänger und ihrer Auswirkung in ihm zu *unterscheiden* wissen (61)."

Die Christologie also. Aber wie gewann Barth diese Einsicht? Dass all dieses auch ihm selber nicht von Anfang an klar war, mag aus dem folgenden Paragraphen hervorgehen. Und warum, und seit wann, muss es sich so bestimmt um eine anhypostatisch aufgefasste Christologie handeln? Auch das muss im Folgenden näher erklärt werden. Und zum Dritten muss es

---

2　Zum Beispiel Wolfhart Pannenberg, *Grundfragen systematischer Theologie* (Gesammelte Aufsätze 2), Göttingen 1980, 96–100; Hendrik Johan Adriaanse, *Zu den Sachen selbst: Versuch einer Konfrontation der Theologie Karl Barths mit der phänomenologischen Philosophie Edmund Husserls*, 's Gravenhage 1974, 183–184. Vgl. dazu mein *Openbaringsnegativisme: Bonhoeffers kritiek op Barths actualistische geloofsbegrip*, Zoetermeer 2010, 131, 138; eine aktualisierte englische Übersetzung erscheint 2015 im Mohr Siebeck Verlag, Tübingen unter dem Titel: *Negativism of Revelation? Bonhoeffer and Barth on Faith and Actualism* (DoMo): siehe dort § 12.1 (b) i, und Excursus V.

auffallen dass Barth sich im berühmten „Schleiermacher-Nachwort" nicht
so sehr christologisch, sondern eher pneumatologisch geäußert hat. „[Ich
möchte] mit der Möglichkeit rechnen, daß eine Theologie des Heiligen
Geistes das Schleiermacher schwerlich bewußte, aber ihn faktisch beherrschende legitime Anliegen schon seiner theologischen Aktion gewesen sein
möchte."[3] Wie das? Kann auch eine richtige Pneumatologie die Theologie
schützen vor jenem Fall in eine allzumenschliche Philosophie?

2. Barths Christologie bis 1931

2.1 Vor 1916: Der Schüler Herrmanns

Auch für den jungen Herrmann-Schüler und Safenwiler Pfarrer Karl Barth
war die Person Jesu Christi von zentraler Wichtigkeit in Predigt und Theologie, obwohl die klassischen chalcedonensischen Formeln noch weit weg
waren, einer fremden Welt zugehörend. Auch die Theologie Herrmanns
kann man in bestimmtem Sinne „Jesu-zentrisch" nennen: für Herrmann
war das „innere Leben Jesu die Heilstatsache" schlechthin.[4] In verwandter
Formulierung hören wir den jungen Kirchenmann Barth in Predigten und
Vorträgen sagen: In Christus „war *das* rein und selbständig und ungebro-
chen, was den Namen *Leben* verdient."[5] „Das Beste und Größte, was ich
als Pfarrer Ihnen" im Safenwiler Arbeiterverein „bringen kann", sei die „mit
Jesus in die Geschichte und ins Leben getretene Geisteskraft."[6] Und gerade jenen sozialistischen Freunden hat Barth gesagt: „Jesus wollte, was ihr
wollt".[7] Aber dann auch zur Safenwiler Kirchengemeinde: Jesus war, „was
wir alle eigentlich im Verborgenen sind: die Kindschaft des ewigen Vaters."

---

3 Karl Barth, Nachwort (Anm. 1), 311; vgl. Busch, *Meine Zeit mit Karl Barth* (Anm. 1),
   50–51, 588, 591, u.ö.
4 Wilhelm Herrmann, *Der Verkehr des Christen mit Gott: Im Anschluß an Luther dargestellt*, Berlin 1927[7], 65, zitiert nach Hendrik Berkhof, *200 Jahre Theologie: Ein Reisebericht*,
   Neukirchen-Vluyn 1985, 152; vgl. Karl Barth, *Vorträge und kleinere Arbeiten 1922–1925*
   (GA III), Zürich 1990, 571–575, 593, 595 („Die dogmatische Prinzipienlehre bei Wilhelm
   Herrmann", 1925).
5 Karl Barth, *Vorträge und kleinere Arbeiten 1909–1914* (GA III), Zürich 1993, 9 („Christ ist
   geboren!", 1909).
6 A.a.O., 386–387, vgl. 391, 405 („Jesus Christus und die soziale Bewegung", 1911).
7 A.a.O., 408.

Das „Geheimnis seiner Person ... war einfach das Wirken Gottes des Herrn durch einen Menschen, der sich ihm völlig geöffnet und ergeben hatte."[8] Jesus Christus sei der Mensch, der uns in seinem siegreichen Ringen um den Frieden Alles zeigt, was wir brauchen.[9]

Zusammenfassend kann man sagen, dass Christus für den jungen Barth der wahre Mensch war, der in seiner Gottbezogenheit das war, was wir alle nicht sind und doch sein sollten. Und es sei in dem Gedanken an diesen Jesus, in der „Begegnung" mit ihm, dass es uns einleuchtet wer wir sein könnten, und mehr noch: durch diese Begegnung geschieht es, dass unsere Gedanken Taten werden. Dann „offenbare" Jesus Christus sich sogar heute. Das Merkwürdige an dieser „Christozentrik" ist jedoch, dass eine solche „christocentrische [sic] Theologie eventuell" auch „ohne Christus" könnte:[10] „das ‚Erlebnis der Person Jesu'" sei „kein einmaliger ... Akt ... sondern ... unzeitliches respektive kontinuirliches Gewißwerden der Wahrheit". – Solches Erleben kann grundsätzlich auch ohne Jesus stattfinden, auch wenn es faktisch immer geschieht „im Zusammenhang der lebendigen Überlieferung von Jesus."[11]

In seinem großen Herrmann-Aufsatz aus dem Jahre 1925 beurteilt Barth eine solche Christologie als zu abstrakt, und sogar als monophysitisch – der Name des frommen Monophysiten Eutyches fällt hier. Würden wir durch Jesus heute mit der wirksamen Macht Gottes konfrontiert (so Herrmann), dann verschwindet Jesus *als Mensch* faktisch in die Gottheit. Was uns heute in Jesus begegnet, sei dann Glaubens*inhalt*, mehr Gott als Mensch, und die historische Gestalt Jesu, sein Wirken und seine Auferstehung, seien dann kein Glaubens*grund*: rein historisch betrachtet wäre der Anspruch Jesu durch die „zeiträumliche[] Entfernung [von] notwendig abnehmende[r] Potenz". Außerdem, so lautet Barths spätere Kritik, ist es natürlich ganz un-

---

8 Karl Barth, *Predigten 1915 (GA I)*, Zürich 1996, 37, vgl. 42, 50, 522, 525. Nach Bruce. L. McCormack, *Karl Barth's Critically Realistic Dialectical Theology: Its Genesis and Development 1909-1930*, Oxford 1997, 123–125, sei 1915 das Jahr der ersten großen Wende in Barths Theologie. Seine Darstellung hat mich in dieser Hinsicht überzeugt. Aber diese Wende hat sich dann zunächst noch nicht in der Christologie durchgesetzt.

9 Karl Barth, *Predigten 1915* (Anm. 8), 76.

10 Karl Barth, *Vorträge und kleinere Arbeiten 1909-1914* (Anm. 5), 127 (Brief an Wilhelm Loew, 21.7.1910).

11 A.a.O., 137 („Ideen und Einfälle zur Religionsphilosophie", 1910).

möglich, dass *wir* von uns heraus in jener „Macht Jesu den wirkenden *Gott* ‚erfass[t]en'".[12]

Und doch fragt Barth hier auch, ob Herrmann seinen Schülern nicht gerade so glaubwürdig war, weil er vielleicht „aller Angeblichen Anagogik zum Trotz" doch faktisch den *auferstandenen*, den *erhöhten* Christus *a priori* als den Grund und nicht nur als den Inhalt des Glaubens betrachtete.[13] Diese Frage möchte ich auch auf die Christologie des jungen Herrmanniten Barth beziehen. 1915 bezeichnete Heinrich Barth die Predigten seines Bruders als „eschatologische Hymnen"[14] – und man kann sich in dieses Urteil hineinversetzen, wenn wir den Prediger Barth etwa sagen hören: „Wo die Lücke entstanden ist im Zusammenbruch des Alten, da strömt das neue Leben Christi hinein zu allen Poren und Ritzen, sein Leben des Vertrauens, der Reinheit und der Gemeinschaft im Gegensatz zu unserer Götzenwelt, sein Leben des Geistes und der Kraft im Gegensatz zu unserem falschen Christentum, zu unseren falschen Idealen. ... [Gib's] zu, daß dies Leben Christi in dein Leben hineintrete und dein Leben werde, daß nicht mehr du lebest und deine alte Welt, sondern er in dir."[15] Und schon 1911 zum Arbeiterverein: „Von der göttlichen Seite ist [das Evangelium] ganz und vollständig eine Bewegung von oben nach unten: Nicht wir sollen in den Himmel, sondern der Himmel soll zu uns kommen. ... Jesus [ist] etwas ganz anderes gewesen [] als wir."[16] Aber, allerdings: „Jesus wollte nicht als ein einsamer, einzigartiger Mensch seine Wunder tun, sondern er wollte den Menschen zeigen, was sie eigentlich alle auch zu tun vermöchten."[17] Es mögen gerade diese Töne sein, die Barth am Ende seines Lebens noch einmal möchte klingen lassen[18] und

---

12 Karl Barth, *Vorträge und kleinere Arbeiten 1922–1925* (Anm. 4), 593–597 (594 Zitat; „Dogmatische Prinzipienlehre bei Herrmann", 1925). Vgl. Karl Barth, „*Unterricht in der christlichen Religion": Dritter Band: Die Lehre von der Versöhnung/Die Lehre von der Erlösung 1925/1926* (GA II), Zürich 2003, 42–44 (um dieselbe Zeit geschrieben).

13 Karl Barth, *Vorträge und kleinere Arbeiten 1922–1925* (Anm. 4), 595 („Dogmatische Prinzipienlehre bei Herrmann", 1925).

14 Karl Barth und Eduard Thurneysen, *Briefwechsel I, 1913–1921*, Zürich 1973, 75 (Barth an Thurneysen, 27.8.1915).

15 Karl Barth, *Predigten 1915* (Anm. 8), 20–21, vgl. 49, 51. Vgl. Gal. 2,20. In den oben zitierten Paragraphen der *KD* IV/2, 60, 61, betont Barth, dass für Paulus an dieser Stelle „den Christen von Christus her zu interpretieren ist", statt „Christus noch und noch einmal vom Christen" her. Schon 1915 scheint er dieser Ansicht zu sein.

16 Karl Barth, *Vorträge und kleinere Arbeiten 1909–1914* (Anm. 5), 396, 408 („Jesus Christus und die soziale Bewegung", 1911).

17 Karl Barth, *Predigten 1915* (Anm. 8), 38.

18 Vgl. *KD* IV/2, 258–274.

die er sich vielleicht auch mal „pneumatologisch" überlegen möchte. Auch in dieser frühen Phase in Barths Entwicklung kommen wir also Anliegen auf die Spur, die ihm immer wichtig geblieben sind. Bruce McCormack hat es sehr richtig formuliert: „Virtually all of the themes and tendencies which we have seen in Herrmann [...] would survive Barth's break with the theology of his teacher and would remain enduring elements in his dialectical theology as well. And yet all of these themes and tendencies would be brought into the service of a very different theological programme."[19] Das heißt: in das Programm einer „kritisch-realistischen" oder *eschatologischen* Theologie.

2.2 Die Römerbriefe: Unzeitlichkeit

Ändert die „christologische" Lage sich nun schon in den beiden *Römerbriefen?* Meines Erachtens nur teilweise. Im ersten *Römerbrief* vernehmen wir zum Beispiel nach einigen sehr „christozentrischen" Sätzen (*„Er* ist die Gerechtigkeit Gottes, die jetzt in Kraft getreten ist"), dass es eine in Christus „wieder hergestellte organische Einheit von Gott, Welt und Mensch" gibt, die „sich fort[pflanzt] in die Geschichte und in die Natur hinein – wo die Treue Gottes, die sich durch ihn erschließt, dem Glauben des Menschen begegnet. Der Christus und der Glaube bilden [einen] in sich geschlossenen Kreis ..."[20] – Aber, so glossierte Barth in einer Marginalie in seinem Handexemplar, sind Christus und Glaube dann „gleichwertig"? Nein! „Was im Menschen geschieht, ist nicht Erfüllung, nur Erkenntnis der Erfüllung."[21] Barth wird sich also immer mehr der *kritischen* Implikationen der Gestalt Jesu bewusst. Jetzt galt es in einer Neufassung des *Römerbriefes* die immer klarer werdende Einsicht, dass das Reden von Jesus Christus und seinem Kreuzweg dasselbe ist wie das Reden „von der permanenten Krisis

---

19 Bruce McCormack, *Barth's Critically Realistic Dialectical Theology* (Anm. 8), 68. Vgl. Christophe Chalamet, *Dialectical Theologians: Wilhelm Herrmann, Karl Barth and Rudolf Bultmann,* Zürich 2005, 65–81, 132, 138, 171–177.
20 Karl Barth, *Der Römerbrief (Erste Fassung) 1919 (GA* II), Zürich 1985, 91 (zu Röm. 3,22a), vgl. 99–100.
21 A.a.O., Anmerkung des Herausgebers Hermann Schmidt. Statt „Menschen" schreibt Barth „M."

von Zeit und Ewigkeit",[22] geltend zu machen. Jetzt heißt es darum: „In Jesus beginnt die Mitteilung Gottes mit einem Zurückstoßen, mit dem Aufreißen eines klaffenden Abgrundes ..."[23] Freilich nicht nur der Abgrund wird hier betont, sondern auch die in Jesus Christus geschehene – oder sollten wir sagen: sich ereignende[24] – Versöhnung: denn „Christus *hat* ja seinen Fuß dorthin gesetzt, steht dort, wo ich nicht stehen kann"[25] – wo man, mag man ergänzen mit Worten der 1922er Elgersburger Rede, „nur gehen" kann.[26] Er „steht an meiner Stelle zur Rechten Gottes."[27] Aber gerade so ist er *der* Punkt, an dem es klar wird, wie sehr *nicht wir* in der rechten Beziehung zu der Ewigkeit Gottes stehen, und wie tief die Krisis geht.

Erinnernd an diesen Passus schreibt Barth 1922 an Bultmann über sein „Hauptproblem, [der] *Jesus*frage", und über die „‚Verborgenheit' der in [den Jahren 1 – 30] sich ereignenden Offenbarung": „Um [den] *Schritt von* hier *nach* dort handelt es sich mir ... in der Jesusfrage. ... Gerade dieses Bewegungsmäßige ist der Punkt meiner Theologie (der entscheidende!) ..."[28] In dieser Entwicklungsstufe des Barthschen Denkens scheint doch eine merkwürdige Unzeitlichkeit an den Betrachtungen über Jesus zu haften. Die Christologie scheint sich nahezu in die Kategorien der Urgeschichte und des Ursprungs aufzulösen. „Ob die Theologie über die *Prolegomena* zur Christologie je hinauskommen kann und soll?" fragt Barth einige Monate später in Elgersburg.[29] Wir werden hier an Gedanken aus dem ersten *Römerbrief* erinnert, in denen Barth behauptet, dass gerade *dies* das Ärgernis und die Torheit des Evangelium sei, dass es „jenseitige Ereignisse [gibt], eine Weltgeschichte im Himmel, eine innere Bewegung in Gott. Was wir

---

22 Karl Barth, *Der Römerbrief (Zweite Fassung) 1922 (GA II)*, Zürich 2010, 17–18 („Vorwort zur zweiten Auflage").

23 A.a.O., 138 (zu Röm. 3,22a).

24 A.a.O., 225: „‚wir werden errettet werden vom Zorne', unter dem wir jetzt und hier noch stehen ..."

25 A.a.O., 450.

26 Karl Barth, *Vorträge und kleinere Arbeiten 1922–1925* (Anm. 4), 167 („Das Wort Gottes als Aufgabe der Theologie", 1922).

27 Karl Barth, *Römerbrief (Zweite Fassung)* (Anm. 22), 450.

28 Karl Barth/Rudolf Bultmann, *Briefwechsel 1911–1966 (GA V)*, Zürich 1994², 6–7 (Brief von Barth, 14.4.1922).

29 Karl Barth, *Vorträge und kleinere Arbeiten 1922–1925* (Anm. 22), 175 („Das Wort Gottes als Aufgabe der Theologie", 1922), wo es auch heißt: „Alle meine Gedanken [kreisen] um den einen Punkt, der im Neuen Testament Jesus Christus heißt. Wer ‚Jesus Christus' sagt, der darf nicht sagen: ‚es könnte sein', sondern: es *ist*. Aber wer von *uns* ist in der Lage, ‚Jesus Christus' zu sagen?"

‚Geschichte' und ‚Ereignisse' heißen, ist nur ein verworrener Widerschein jenseitiger Wendungen. Eine solche jenseitige Wende der Zeiten wird in unserer ‚Geschichte' durch das *Kreuz des Christus* bezeichnet".[30] Also: das Kreuz Christi als ein vielleicht sogar verworrener, oder jedenfalls doch in unserer Rezeption verworrener, *Widerschein* einer urgeschichtlichen Wendung. Man kann also sagen: Was sich in Christus ereignet, ist nach Meinung Barths eine „paradigmatische Offenbarung" der Gesinnung Gottes: vielleicht war das geschichtliche Kreuz an sich nicht „theologisch notwendig" – aber notwendig war jedenfalls, dass das ewige, gnadenvolle „Ja" Gottes, das „Ja" im kritischen „Nein", geschichtlich sichtbar wurde[31] – sichtbar in Verborgenheit, freilich.

War auch die bestimmte Gestalt Jesu dafür notwendig? Ja, doch: es ist klar, dass Barth immer mehr erahnt, dass für ihn die Entscheidung über allen Fragen und Antworten der Theologie irgendwie in der Gestalt Christi liegt. Aber wie? Barth betont auch, dass es sich hier für ihn noch immer um eine *Frage* handelt: die Jesusfrage. Seine christologischen Erörterungen der Jahre 1920–1922 betonen alle die *kritische* Bedeutung der „Urgeschichte" Christi.[32] Aber in der „Unzeitlichkeit", die an diesem und an ähnlichen Begriffen hängt, findet der Theologie *Herrmanns* noch immer einen Widerhall. Wie die „Geschichte" und „Urgeschichte" des Christus sich hier verhalten, bleibt noch eine offene Frage.

2.3 Anfang des Göttinger Unterrichts: Anhypostasie

Dass es Barth mit dieser „Jesusfrage" sehr ernst gewesen ist, wird schon 1923, ein Jahr später also, klar: Man vernimmt dann in seinen Arbeiten immer mehr Aussprüche, die bestimmt über die bloßen *Prolegomena* zur Christologie hinausreichen. Freilich kann er auch zu dieser Zeit sogar noch

---

30　Karl Barth, *Römerbrief (Erste Fassung)* (Anm. 20), 161.

31　Frei nach Vincent Brümmer, *Liefde van God en mens*, Kampen 1993, 200. Meines Erachtens betont das Konzept einer „paradigmatischen Offenbarung" nicht genügend, dass nach 1 Kor 1,23 das Ärgernis und die Torheit des Evangeliums gerade an dem geschichtlichen Stolperstein des – so oder so notwendigen – *Kreuzes* haften.

32　Johann Friedrich Lohmann, *Karl Barth und der Neukantianismus: Die Rezeption des Neukantianismus im „Römerbrief" und ihre Bedeutung für die weitere Ausarbeitung der Theologie Karl Barths*, Berlin/New York 1995, 188–189, 287–307; Christophe Chalamet, *Dialectical Theologians* (Anm. 19), 131; Edward van 't Slot, *Openbaringsnegativisme/Negativism of Revelation?* (Anm. 2), 138–140 / Excursus V.

explizit sagen, dass eine eventuelle „Nichtexistenz" des historischen „Lebens Jesu" „ohne ... besondere[n] prinzipiellen Belang" wäre,[33] aber nennt
er jetzt doch, zum Beispiel in seiner Diskussion mit Paul Tillich, *Christus*
(und mithin die *Christologie*) vor Allem den entscheidenden Ort, wo es sich
herausstellt, dass „die göttliche Freiheit und Liebe" sich offenbaren durch
eine „spezielle, persönliche, reale (nicht ohne das Merkmal der Einmaligkeit und Kontingenz zu verstehende!) Freiheits- und Liebestat", eine Tat,
in der Gottes Majestät sich *erniedrigt* in „Missverständliche[s]" und Ärger-
niserweckendes. Die „berechtigte Polemik gegen den ‚*Menschgott*'", hören
wir jetzt sogar, darf sich nicht verkehren „in ihr Gegenteil, die Polemik gegen den *Gottmenschen*". Was „Erlösung" heißt, darf von der Person Christi
unterschieden werden, aber nicht getrennt. Ja, es würde „noch heute Einsicht verraten", sich „in aller Stille" an die „Formel des Konzils von Chalcedon" zu halten![34] Barth hat sich in den Monaten vor dieser „Aus-Einander-
Setzung"[35] mit Tillich eingehend mit den reformierten Bekenntnisschriften
beschäftigt. In seiner großen Rede über „Reformierte Lehre, ihr Wesen und
ihre Aufgabe" fühlt er sich von dorther genötigt, sich „aus-einander-zu-
setzen" mit einer Christologie Lutherischer Fassung, und er sieht das spe-
zifische Anliegen der *reformierten* Offenbarungslehre darin, dass man „den
göttlichen Vorbehalt auch in der Offenbarung zum Ausdruck" bringe: Die
Offenbarung darf auf keinen Fall „eine religiöse Gegebenheit" werden. Dass
Jesus der Christus ist, bleibt nur aktuell zugänglich: nur durch den Glauben
und den Geist.[36]

Als Barth sich auf seine erste Dogmatik-Vorlesung vorbereitete und
sich immer mehr in die Lektüre von Heppe[37] vertiefte, fand er genau dieses
„bewegungsmäßige" Anliegen in den frühkirchlichen Formeln der „An-"
und „Enhypostasie" der menschlichen Natur Christi auch beobachtet. Die
„*menschliche Natur Christi*", sagt er dann, „*hat keine eigene Persönlichkeit*"
(Anhypostasie), „... *sie hat Persönlichkeit*, Subsistenz, Realität *nur in ihrer*

---

33 Karl Barth, *Vorträge und kleinere Arbeiten 1922–1925* (Anm. 4), 371 („Von der Paradoxie
des ‚positiven Paradoxes': Antworten und Fragen an Paul Tillich", 1923).

34 A.a.O., 370–373.

35 A.a.O., 359.

36 A.a.O., 233–236 (235 Zitat, „Reformierte Lehre, ihr Wesen und ihre Aufgabe"); 372 („Von
der Paradoxie des ‚positiven Paradoxes'"). Vgl. Karl Barth, *Die Theologie der reformierten
Bekenntnisschriften 1923* (GA II), Zürich 1998.

37 Karl Barth, Zum Geleit, in Heinrich Heppe/Ernst Bizer, *Die Dogmatik der evangelisch-
reformierten Kirche: Dargestellt und aus den Quellen belegt*, Neukirchen 1958, VII.

Einigung" – von Barth sogar aktuell verstanden![38] – *„mit dem Logos Gottes"* (Enhypostasie).[39] Was Barth in diesen Formeln fasziniert hat, wird treffsicher formuliert von Christophe Chalamet: „this doctrine ... helped [Barth] to say what he wanted to say, namely that although ‚we do not have God, God has us'. God did not cease to be God when he became human, and humanity did not cease to be human when God took flesh. The Logos ‚had' Jesus Christ in his humanity, but his human nature did not ‚have' the Logos. Christ's divinity ‚is not the predicate of his humanity'".[40] Diese Lehre hilft ihm, das Verhältnis zwischen „Geschichte" und „Urgeschichte", und der „Bedeutsamkeit" des historischen „Lebens Jesu" genau auf einen Nenner zu bringen: „Die *Existenz* Jesu, sein historisches Gelebthaben, müßte [...], sobald von ihrer ‚assumptio' durch die Logosperson abstrahiert wird, geradezu *in Abrede gestellt* werden." Dass es die Offenbarung *Gottes* ist, die uns hier einleuchtet, und kein menschlicher Heroismus, keine menschlich-religiöse Persönlichkeit, das soll die „treffliche [...] Lehre von der Anhypostasie" uns klar machen.[41] In dieser Weise verbürgt – und benennt – diese Lehre den *göttlichen* Charakter, und mithin auch den *kritischen* Charakter, der Offenbarung. Aber dass sie konkret, geschichtlich und also wirklich zu uns gekommen ist, das bezeugt die Lehre der Enhypostasie. In den Worten McCormacks: die Dialektik von Zeit und Ewigkeit wird hier eine „*Realdialektik*".[42]

Barths spezifisches Interesse gilt hier also immer noch der *Offenbarungslehre*. Christus wird erkannt als Offenbarung Gottes, wenn wir ihn in der Verborgenheit des Gekreuzigten und Auferstandenen betrachten. Die Offenbarung wird aber in einer „hitzigen", nur auf die Person Jesu und seine innere „Gottesgegenwärtigkeit" gerichtete Christozentrik *verkannt*. Dann

---

38 Das ist sogar noch der Fall in *KD* IV/2, 53 („Gottessohnschaft ... in ... Vollzug"), vgl. 49. 64. 83.

39 Karl Barth, *Unterricht in der christlichen Religion: Erster Band: Prolegomena 1924* (*GA* II), Zürich 1985, 193 (Hervorhebung im Original); vgl. *KD* IV/2, 52–53.

40 Christophe Chalamet, *Dialectical Theologians* (Anm. 19), 167–168. Chalamet verweist auf einen Brief Barths an Paul Althaus (25.5.1928) im Barth-Archiv.

41 Karl Barth, *Unterricht I* (Anm. 39), 109; Karl Barth, *Vorträge und kleinere Arbeiten 1922–1925* (Anm. 4), 509 (Zitate „Das Schriftprinzip der reformierten Kirche", 1925), 594–596 („Dogmatische Prinzipienlehre bei Wilhelm Herrmann", 1925).

42 Bruce McCormack, *Barth's Critically Realistic Dialectical Theology* (Anm. 8), 361–367 (367 Zitat).

soll die Theologie eher „etwas weniger christozentrisch" werden.[43] Dieses Drängen auf das rechte Verständnis der Offenbarung tritt vielleicht am deutlichsten in der *Erwählungslehre* des Göttinger *Unterrichts* (§ 18) ans Licht. Das eigentliche Thema dieses Paragraphen scheint vor allem die Quelle der rechten menschlichen *Erkenntnis*, oder des Nicht-Erkennens, der Offenbarung Gottes zu sein. Das rechte Erkennen, oder Nicht-Erkennen, sagt Barth hier, ist „*in Gott selbst begründet*":[44] „Am Menschen selbst in seinem Verhältnis zum Wort muß es demonstriert werden, was es heißt [...] von dem konkret handelnden Gott zu wissen".[45] Wie Gott konkret handelt, sich verhüllend und enthüllend, wird zwar vor allem in Christus offenbar:[46] er ist der „Inbegriff" des Wortes Gottes und also auch das *speculum electionis*.[47] Aber der Ausdruck „in Christus" bildet sicher nicht den Kern des Erwählungsparagraphen. Dieser Ausdruck fällt bisweilen, nahezu beiseite:[48] aber *die* Entscheidung über Glauben oder Unglauben fällt jetzt, immer aufs Neue, aufgrund der kaum näher umschriebenen „Weisheit und Barmherzigkeit" Gottes.[49] Die Offenbarung in Christus ist also auch hier noch *paradigmatisch* für was „Offenbarung" *heute* bedeutet. Die Christusoffenbarung behält ihre theologische „Kontingenz", ihren Schein der Nicht-Notwendigkeit.

Auch nach seiner Kenntnisnahme und Anwendung der An- und Enhypostasielehre kann man Karl Barths Theologie also noch nicht sofort recht „christologisch konzentriert" nennen.[50]

---

43 Karl Barth, *Unterricht I* (Anm. 39), 109–110; vgl. Karl Barth/Eduard Thurneysen, *Briefwechsel II 1921–1930* (GA V), Zürich 1974, 245 (Barth an Thurneysen, 20.4.1924); Bruce McCormack, *Barth's Critically Realistic Dialectical Theology* (Anm. 8), 351.

44 Karl Barth, „*Unterricht in der christlichen Religion*": Zweiter Band: *Die Lehre von Gott / Die Lehre vom Menschen 1924/1925* (GA II), Zürich 1990, 166. 170.

45 A.a.O., 198, 172.

46 A.a.O., 175, vgl. 193.

47 A.a.O., 205, vgl. 192.

48 A.a.O., 198, 207.

49 A.a.O., 167. Vgl. Bruce McCormack, *Barth's Critically Realistic Dialectical Theology* (Anm. 8), 373–374; Suzanne McDonald, Barth's „Other" Doctrine of Election in the *Church Dogmatic*, in: *International Journal of Systematic Theology* 9 (2007), 136–137.

50 Bruce McCormack, *Barth's Critically Realistic Dialectical Theology* (Anm. 8), 328, nennt Barths Theologie hier noch immer „largely pneumatocentric".

2.4 1925–1931: Andauernde Vertiefung

Einige Monate nach seiner Erwählungslehre setzte sich Barth an die Versöhnungslehre seines Göttinger *Unterrichts*. Nach ihrer Art ist diese Lehre
die Stelle, an der die Christologie aufs Neue durchdacht werden soll – und
genau dies ist es, was Barth hier tatsächlich unternimmt (besonders anhand
der Lehre des *munus triplex*). Nicht länger kann man denken, die Christologie erscheine hier faktisch nur am Rande, als Inbegriff, *nur* als Inbegriff,
einer alles beherrschenden Offenbarungslehre: Sondern alles, was von der
sühnenden Offenbarung zu sagen ist, hat hier mit *Christus* zu tun. Was Jesus
Christus tut, das ist alles, „was zur Versöhnung des Gegensatzes von Gott
und Mensch geschehen muß ..., *stellvertretend*, für das nie und nimmer satis
facere der sündigen Menschheit."[51] Und das nächste Kapitel, die Erlösungslehre, mag nun sogar die Stelle sein, wo die „tumultuarische" Christozentrik, die Barth 1924 noch energisch abgelehnt hatte wegen ihrer „undialektischen" Ausrichtung auf eine unmittelbare Gegenwart Christi, an ihr
relatives Recht erinnern kann – denn die Eschatologie ist die Lehre von der
tatsächlich kommenden Gegenwart *Christi*.[52] Und so überrascht es nicht,
dass Barth, in seiner andauernden und sich immer weiter vertiefenden Beschäftigung mit der „Christusfrage", im Sommersemester 1926 Anselms *Cur
Deus homo?* im Seminar behandelte, und feststellen musste: „‚irgendwie' hat
er sicher recht und ist in Schutz zu nehmen."[53]

Die rechte Weise, um an die Sache der Christologie heranzutreten, war
Barth noch immer nicht klar. Die sollte erforscht werden. Noch 1929 sagt er
etwa suchend, am Ende seiner Vorlesungsreihe über Theologie und Philosophie „Schicksal und Idee": „Da wäre ja wohl die Theologie Theologie des
Wortes, der Erwählung, des Glaubens, wo sie ganz und gar eben Christologie wäre."[54] Am Ende dieser Vorlesung, wo von Christus kaum die Rede
gewesen war, wirkt diese Aussage durchaus überraschend. Michael Beintker
hat zu Recht dazu geschrieben: „[Diese] christologische Bindung göttlicher

---

51 Karl Barth, *Unterricht III* (Anm. 12), 92.
52 A.a.O., 442–445.
53 Karl Barth/Eduard Thurneysen, *Briefwechsel II* (Anm. 43), 411 (Barth an Thurneysen,
   5.5.1926); schon 1922 scheint Barth dies übrigens „irgendwie" erahnt zu haben, vgl.
   a.a.O., 36–37 (Barth, Rundbrief, 11.2.1922).
54 Karl Barth, *Vorträge und kleinere Arbeiten 1925–1930* (GA III), Zürich 1994, 392
   („Schicksal und Idee in der Theologie", 1929).

Freiheit wird hier noch eher erahnt als konsequent fruchtbar gemacht."[55]
Ziemlich „sucherisch" klingt auch die Anekdote, die Barth über seine Begegnung vom Juni 1931 mit dem schottischen Theologen H.R. Mackintosh
erzählt, „der ihn ‚mit sehr ernstem Gesicht nach meiner Auffassung des
Versöhnungstodes Christi' fragte. ‚Meine Antwort dürfte damals eine sehr
kümmerliche gewesen sein.'"[56]

Wieso „kümmerlich"? Welche Lücke in seiner Verfahrensweise in der
Christologie spürte Barth noch um 1931, also *nach* dem Seminar über *Cur
Deus homo?*, *nach* seiner Vorlesung über die Versöhnungslehre, und *nach*
seiner bald zehnjährigen Beschäftigung mit zum Beispiel den reformierten
Bekenntnisschriften?

1931 war auch das Jahr, in dem Barth sich nach einem Dezennium akademischer Tätigkeit genötigt sah, seine Gedanken zu ordnen und sich noch
einmal tiefgehend mit der Frage nach der richtigen theologischen Methode zu beschäftigen. Zweifelsohne war der Anlass[57] für ihn seine wachsende
Unzufriedenheit über die 1927 im Druck erschienenen *Prolegomena* seiner
zweiten Dogmatik-Vorlesung: die *Christliche Dogmatik im Entwurf.* Dieses
Buch enthält einige merkwürdige Paragraphen (5–7) über des Menschen
Verhältnis zum Wort Gottes: die dortige Betrachtungen führen Barth, ganz
untypisch, sogar zu „Näherbestimmungen des Wortes Gottes" (§ 7.5), d.h.
zu Bedingungen, denen Gottes Wort, damit es heute überhaupt vernom-
men werden kann, *a priori* entsprechen soll.[58] Dieses Ringen um das rechte
Verhältnis zwischen der „Möglichkeit" der Offenbarung und deren „Wirklichkeit" scheint mir genau dem Ringen um die richtige Stelle der Christologie zu entsprechen. Dass die Wirklichkeit des Gottmenschen Jesus
Christus eine zentrale Stelle in die Dogmatik einnehmen solle, war Barth
in den letzten Jahren immer klarer geworden. Dass also ein *illic et tunc*
für die Offenbarungslehre gleich wichtig, oder vielleicht sogar wichtiger,

---

55 Michael Beintker, *Krisis und Gnade: Gesammelte Studien zu Karl Barth*, Tübingen 2013,
   13.
56 Eberhard Busch, *Karl Barths Lebenslauf*, München 1978, 217 – diese Erinnerung brachte
   Barth freilich erst 1952 zu Papier.
57 Eberhard Jüngel/Ingolf U. Dalferth, Vorwort der Herausgeber, in: Karl Barth, *Fides quaerens intellectum: Anselms Beweis der Existenz Gottes im Zusammenhang seines theologischen Programms* (1931) (*GA* II), Zürich 1981, VII–VIII.
58 Karl Barth, *Die christliche Dogmatik im Entwurf: Die Lehre vom Worte Gottes: Prolegomena zur christlichen Dogmatik* (1927) (*GA* II), Zürich 1982, 69–150. Vgl. Edward van 't
   Slot, *Openbaringsnegativisme / Negativism of Revelation?* (Anm. 2), 125–126 / § 12.1 (b) i.

grundlegender, sei als ein *hic et nunc*,[59] hatte er schon lange gesehen – und doch war auch dies ihm immer noch deutlicher geworden. Aber wie verhalten sich dieses *illic et tunc* und das doch auch noch immer wichtige *hic et nunc*? Die Frage der *Christlichen Dogmatik* war: gibt es vom *hic et nunc* her zurückwirkende Bedingungen für das Verständnis des *illic et tunc*? Oder in Bezug auf die Christologie: wie soll die Dogmatik sich zugleich richten auf die in der Geschichte verborgene Offenbarung des Christus und auf ihre heutige Überzeugungskraft? Die *Christliche Dogmatik* hatte ihren Verfasser in dieser Hinsicht nur in Aporien geführt. Neue Wege müssten also erkundet werden. Und der Lehrer sollte dabei der in der *Christlichen Dogmatik* schon häufiger auf die Bühne gerufene Anselm von Canterbury sein.

3. Barth „changing his mind" (1936)

Das Resultat der Anselmstudie war das Buch *Fides quaerens intellectum* über den anselmischen „Gottesbeweis", das Barth noch 1931 fertig stellte. Die hier gelernte methodische Klärung, in der Barth sich „von den letzten Resten einer philosophischen bzw. anthropologischen [...] Begründung und Erklärung der christlichen Lehre zu lösen" wusste (erst von der Wirklichkeit der Offenbarung her ist ihre Möglichkeit, das „Inwiefern" der christlichen Lehre, zu erforschen), hat er in einem Aufsatz aus dem Jahr 1939 („How my mind has changed") verbunden mit dem Anfang der „*christologischen Konzentration*" in seinem Denken. „[Alles] vorher Gesagte" sei „jetzt als eine Theologie der Gnade Gottes in Jesus Christus durchzudenken und auszusprechen", alle theologischen Aussagen müssten von jetzt an „direkt oder indirekt Lehre von Jesus Christus" sein.[60] Es lässt sich aber denken, dass Leser des Anselmbuches sich über eine solche Äußerung verwundern würden. Denn von einer Christologie, geschweige denn von einer christologischen „Konzentration", ist in diesem Buch – offen gestanden – keine Spur.[61] Was man hier findet, ist eine Antwort auf die Frage nach der Beziehung zwischen *hic et nunc* und *illic et tunc* – in einer Beziehung, die vielleicht „kirchlicher", „orthodoxer" anmutet als Barth sie je umschrieben hatte und je wieder um-

---

59 Karl Barth, *Unterricht I* (Anm. 39), 70, u.ö.

60 Karl Barth, *Der Götze wackelt: Zeitkritische Aufsätze, Reden und Briefe von 1930 bis 1960*, Berlin 1961, 185–186 („How my mind has changed").

61 Vgl. Edward van 't Slot, *Openbaringsnegativisme / Negativism of Revelation?* (Anm. 2), 164–165.

schreiben würde. Denn Dogmatik treiben heiße jetzt: das Nachforschen des kirchlichen „Credo" in Bezug auf das *illic et tunc*, die Offenbarung im *illic et tunc* bekennend, in der Hoffnung und im Vertrauen, dass sich *so* auch die Offenbarung *hic et nunc* ereigne. Man findet hier also einen theologischen Ansatz, in dem die heutige Gegenwart Gottes, oder Christi, aktueller, „bewegungsmäßiger" verstanden wird als je zuvor. Tatsächlich kann man das Programm der *Kirchlichen Dogmatik* (ab 1932) in dieser Antwort vorgezeichnet finden; seinen *methodischen* Weg hat Barth durch diese Antwort allerdings geklärt. Aber er hat bei dem Weiterwälzen seiner Dogmatik doch mehr Raum, mehr Freiheit von seinen kirchlichen Ahnen gefunden als man aufgrund des Anselmbuches vielleicht erwartet hätte. Die Quelle dafür scheint mir aber nicht so sehr die anselmische Methode zu sein, sondern viel mehr – die schon genannte „christologische Konzentration". Aber wie steht es denn um diese Konzentration? Wenn sie nicht sosehr aus der Anselmstudie aufgekommen ist, woher kommt sie dann?

Eine genaue Beobachtung von Barths schon zitiertem Rückblick von 1939 lehrt uns, dass die „Entdeckung", dass eine christologische Konzentration wünschenswert sei, nicht genau auf ein bestimmtes Jahr datiert werden kann. Es handelt sich hier nicht um einen Blitzeinschlag, sondern um einen Prozess. Barth schreibt: „ich hatte [dies] *in diesen Jahren* zu lernen"[62] – und das also nicht nur in der Anselmstudie. Aber dass hier eine Entwicklung stattgefunden hat, ist klar, und auch, dass Barth um 1939 einen gewissen Ruhepunkt gefunden hat, von dem aus er vor längerer Zeit zuversichtlich operieren könnte. Und auf dem Wege, der ihn zu diesem Ruhepunkt geführt hat, können wir doch *eine* Station sehr bestimmt umschreiben: die Entdeckung des Jahres 1936, dass die Christologie vor allem die Erwählungslehre durchwalten müsse.

1936 hörte Barth seinen Freund Pierre Maury, der in einem Vortrag über „Election et foi" betonte, dass die göttliche Erwählung – Erwählung *in Christus* ist. „Nicht wir sind der Anlaß unserer Erwählung", sagte Maury: „Außerhalb Christi gibt es weder Erwählung noch Erkenntnis der Erwählung"; „weil sie Erwählung *in Christus* ist, ist sie in Wahrheit *unsere* Erwählung." „Wie Christus Allem präexistiert, auch seiner eigenen Existenz im Fleische, so ist in ihm jeder von uns ein Anderer als der, den wir sehen und kennen,

---

62 Karl Barth, *Der Götze wackelt* (Anm. 60), 185 ("How my mind has changed").

ein Gedanke Gottes, ein Wille Gottes, ein Ruf Gottes."[63] Barth war tief von der „Reichweite" dieses theologischen Vorschlags beeindruckt, auch weil er selber im selben Jahr einen Vortrag über die Erwählungslehre halten musste.[64] Und jetzt hören wir ihn dann, in deutlicher Anlehnung – und Ablehnung! – seiner Prädestinationsparagraphen aus Göttingen, sagen: „Erwählt sind wir, indem wir zu unserer Erwählung in Jesus Christus Ja sagen."[65] „Die Prädestinationslehre ... verliert in dem Augenblick die biblische Begründung ..., wo sie zu einem selbständigen Satz wird: etwa ... über das verschiedene Wesen und Schicksal der menschlichen Individuen."[66] Bruce McCormack hat freilich gezeigt, dass auch diese Station von 1936 noch kein richtiger Endpunkt auf dem Wege Barths war – 1939 gelang es ihm, seine Gedanken über die Erwählung eben noch mehr „christologisch zu konzentrieren"[67] – aber doch ist es grundsätzlich diese Erkenntnis aus 1936, die die Christologie zur Grundlage aller theologischen Anthropologie, aller Erkenntnislehre, und so auch aller Gotteslehre macht. Von Gott sprechen, in der Zuversicht, das in wirklicher Bezogenheit auf *Gott* zu tun, und vom Menschen zu sprechen in dem Zutrauen, dem Menschen auch theologisch gerecht zu werden, ist ihm jetzt möglich dank der Erkenntnis, dass die Beziehung zwischen Gott und Mensch in Christus ihren festen Anker hat. Die „eigentümliche Krampflosigkeit des anselmischen Theologisierens"[68] in Bezug auf das freie, immer breitere Nach-Denken über die Offenbarung wird jetzt noch zuversichtlicher und freier in Bezug auf die Lehre des Vorgeschlechts.

Auf diesem Grund kann Barth seine Vorlesungen und Vorträge halten, seine Briefe schreiben und seine großen und kleineren Arbeiten jetzt weiter verrichten. Das Suchen, vor allem das Suchen nach der richtigen Darstellung der Christologie, scheint zum Ziel gekommen zu sein; Barths Theologie scheint jetzt „gereift", erwachsen geworden. In seinem Rückblick des Jahres

---

63 Pierre Maury, *Erwählung und Glaube* (ThSt 8), Zürich: EVZ 1940 (französisch, *Election et foi* 1936), 10, 7, 9–10, 8.

64 Karl Barth, Vorwort, in: Pierre Maury, *Prädestination*, Neukirchen 1959, 5–6. Vgl. Bruce McCormack, *Barth's Critically Realistic Dialectical Theology* (Anm. 8), 455–458.

65 Karl Barth, *Gottes Gnadenwahl* (ThExh 47), München 1936, 29.

66 A.a.O., 5.

67 Bruce L. McCormack, *Orthodox and Modern: Studies in the Theology of Karl Barth*, Grand Rapids 2008, 213–215, 262–264, 303; vgl. Matthias Gockel, *Barth and Schleiermacher on the Doctrine of Election: A Systematic-Theological Comparison*, Oxford 2006, 159–162, 169; Edward van 't Slot, *Openbaringsnegativisme / Negativism of Revelation?* (Anm. 2), 175 / § 14.1 (b).

68 Karl Barth, *Fides quaerens intellectum* (Anm. 57), 171.

1949 fasst er es so zusammen: „Das Jasagen wurde mir [...] wichtiger als das freilich auch wichtige Neinsagen und in der Theologie die Botschaft von Gottes Gnade dringlicher" als alles andere.[69] Jetzt galt es, die also gewonnene Einsicht weiter zu verfeinern, zu entwickeln, weiter herauszuarbeiten: in der Dogmatik, im Politischen, im Denken und im Leben überhaupt.

Ein wichtiges, und überbekanntes, Beispiel dafür finden wir in der 1956er Rede über *Die Menschlichkeit Gottes*. Hier hören wir, das Gottes Göttlichkeit sich nicht erweist „im leeren Raum eines göttlichen Fürsichseins, sondern [...] gerade darin, daß er als des Menschen ... *Partner* existiert, redet und handelt."[70] Und in der bekannten „Lichterlehre" des dritten Teilbandes der Versöhnungslehre (um 1959) vernehmen wir jetzt sogar von „wirklich leuchtende[n] Lichter[n] des Lebens" *extra muros ecclesiae* – die aber „wahre Lichter Gottes" sind in ihrer durch die Erwählung in Christus bedingte Abhängigkeit von dem Gott, der zu allen Zeiten der Gott und Vater Jesu Christi sein wird.[71] Eine lebenslange Intuition Barths, nämlich dass die Existenz solcher Lichter nicht zu verneinen sei, findet hier festen Grund. In beiden Fällen haben wir mit – vielleicht überraschenden – Durchführungen der in den dreißiger Jahren gewonnen Einsichten, mit Konsequenzen der christologischen Konzentration zu tun. Ich bin mit Wessel ten Boom einverstanden, dass Barth auch nach 1936 und 1939 noch einen langen Weg gegangen ist, und dass es sich dabei nicht um ein nur allzu zuverlässiges oder sogar orthodoxes Weitertreiben des christologischen Ansatzes handelt. Es gibt hier tatsächlich viele Überraschungen und nicht vorher zu erwartende Wendungen. Aber die Quelle dieser Überraschungen und Wendungen bleibt immer die enhypostatisch und in diesem Sinne die einmalig gedachte Person Jesu Christi. Selbständige vom Menschen her bewirkte Analogien und Parallelen zu dieser enhypostatischen Einmaligkeit gibt es meines Erachtens in Barths Denken nicht.[72]

---

69 Karl Barth, *Der Götze wackelt* (Anm. 60) ("How my mind has changed"), 191; vgl. auch schon 186 (1939).

70 Karl Barth, *Die Menschlichkeit Gottes* (ThSt 48), Zürich 1956, 10.

71 *KD* IV/3, 107–153.

72 Vgl. in diesem Heft den Beitrag Wessel H. ten Boom, Ecce homo agens: Der königliche Mensch bei Karl Barth, 1 und 3. Vgl. zum Beispiel Karl Barth, *Die Wirklichkeit des neuen Menschen* (ThSt 27), Zürich 1950, 13: „Man kann den *neuen Menschen* nur bezeugen, indem man *Jesus Christus* bezeugt"; *KD* IV/2, 56–63.

4. Gottes Menschlichkeit

Wenn heute von einer neuen Faszination durch Jesus als Mensch unter den Menschen die Rede ist, wenn aber andererseits Barth selber von einem (vom Unglauben her) „sachgemäßen Protest und Widerspruch" angesichts der enhypostatischen Lehre redet[73] – wie kann dann diese Lehre bei den Schwestern und Brüdern des „königlichen Menschen" Jesus Christus ein neues Verständnis des „wirklichen Menschseins" nicht verhindern, sondern dieses sogar ermitteln? Zum Schluss zwei Worte über mögliche „Durchführungen" des Barthschen Ansatzes.

1. Bruce McCormack hat betont, dass die enhypostatische Christologie für Barth darum so faszinierend war, weil die Kenosis des Gottessohnes hier nicht meint, dass der Logos etwa einiges von seiner Göttlichkeit abzieht, sondern gerade etwas zu sich hinzunimmt – nämlich die menschliche Natur.[74] Das ist schön. Aber das Wort „Kenosis" heißt doch auch genau dies: Dass Gott, dass der Logos, auf unwahrscheinliche Weise – von sich selber abziehen, sich „entäußern", etwas verlieren kann, sogar Existenzielles verlieren kann. Dass gerade dieser „verlierende", dieser „unwahrscheinliche Christus" heute – wie immer – große, ich mag sagen: *dialektische* Überzeugungskraft hat, hat zum Beispiel der niederländische Schriftsteller Willem Jan Otten sehr schön ausgearbeitet: Dass gerade die abscheuerregende Gestalt des „kenotischen" Jesus uns etwas über Gott zu sagen hat, ist, sagt er, eine so unwahrscheinliche Behauptung, dass alle, die dafür Zeugnis ablegen, ohnehin – ernst zu nehmen sind.[75]

In Bezug auf die menschliche Seite betont die Barthsche Lehre der Enhypostasie, dass die *unio hypostatica* ein immer aktuelles Ereignis ist, das ausschließlich gedacht werden kann als sich immer ereignend, immer im Vollzug.[76] Gott ist also immer schaffend, nehmend, erneuernd, überwindend dabei. Aber: Enhypostasie, und Kenosis, heißt eben auch, dass es für Gott ein „Sein in" der Entäußerung gibt, ein gar nicht siegreiches Ausharren des Kreuzes. Dass gerade hier das große „Ja" Gottes zu dieser Welt klingt, mag betont werden, aber es ist auch wichtig, dieses große letzte Wort nicht vor-

---

73 *KD* IV/2, 53: denn es handelt sich hier um ein „,anerkanntermaßen' *große[s]* Geheimnis".
74 Bruce McCormack, *Barth's Critically Realistic Dialectical Theology* (Anm. 8), 361.
75 Willem Jan Otten, De onwaarschijnlijke Christus, in: *Benedictijns Tijdschrift* 73 (2012/4), 173–186. Vgl. Oepke Noordmans, *Meditaties* (Verzamelde werken 8), Kampen 1980, 242. 244.
76 *KD* IV/2, 53.

schnell auszusprechen.[77] Das wenig siegreiche Ausharren beim „Vorletzten", das „Wachen mit Christus in Gethsemane"[78], mag eines der großen Aufgaben der heutigen Zeit – unserer Epoche – sein. Dieses „Ausharren" muss Konsequenzen haben für die Gotteslehre,[79] aber auch für die Anthropologie, die Lehre des wahren Menschen. Gerade der Gedanke der – vielleicht nicht nur als aktuell zu denkenden – Enhypostasie schafft den notwendigen Raum um hier, sogar innerhalb der von Barth gezogenen Grenzen, noch „beweglicher", „vorläufige" und auch „schmerzlicher" über Gott und Menschen zu reden als er es schon getan hat.

2. Zweitens unterstreicht Barth, dass die Lehre der Enhypostasie impliziert, dass Jesus Christus als der Sohn Gottes allerdings einzigartig ist, aber nie einsam, nie allein. „Wer ,Jesus Christus' sagt, der sagt: ,Jesus Christus *und die Seinen*', ... ,Jesus Christus als Haupt *seines Leibes*': Jesus Christus in seiner himmlischen *und* in seiner irdisch-geschichtlichen Existenzform."[80] Die Gemeinde ist sogar das einzig richtige Analogon der An- und Enhypostasielehre: denn die Gemeinde lebt nur, „weil und indem er lebt." Aber prinzipiell, das heißt: von der Erwählung her, hat der Gottessohn auch diese Gestalt „hinzugenommen".[81] Diese Gestalt ist zweifelsohne eine wechselnde, wachsende, farbenreiche Gestalt, die es ermöglicht, in vielen Klangfarben über die – auf der Erwählung in Christus begründete, durch den Heiligen Geist ermittelte – Christusgegenwart in der heutigen Gemeinde zu sprechen. Eigentümlichkeiten einzelner Glieder des „Leibes Christi" mit ihrem befremdenden Blickwinkel in Bezug auf Lehre und Kirche sind nicht vorher schon dogmatisch abzulehnen oder zu relativieren; sie relativieren eher den eigenen Gesichtspunkt und sind als solche sehr ernst zu nehmen,[82] vielleicht

---

77 Dietrich Bonhoeffer, *Ethik* (Dietrich Bonhoeffer Werke 6), München 1998², 137–162.

78 Dietrich Bonhoeffer, *Widerstand und Ergebung: Briefe und Aufzeichnungen aus der Haft* (Dietrich Bonhoeffer Werke 8), München 1998, 535, 542. Ich gehe gemeinsam mit Ten Boom (Anm. 72) in der Intuition dass die wahre Menschlichkeit bei Barth bisweilen eine zu große, majestätische und nahezu selbständige Aktualität zugemessen wird. Vgl. aber auch *KD* IV/2, 48: „Um eine Schöpfung wie die erste ... handelt es sich hier freilich nicht."

79 Bruce McCormack betont das sehr aufschlussreich in seinem Aufsatz „Does God Suffer? Karl Barth's Contribution to a Growing Theological Controversy" in dem demnächst erscheinenden Kongressband des Emdener Barth-Symposiums 2014.

80 *KD* IV/2, 63.

81 A.a.O., 64.

82 In Gegensatz zu dem, was Arjan J. Plaisier über Barths Versöhnungslehre in seinem Aufsatz: Motieven voor incarnatie bij Barth, in: *Wat God bewoog mens te worden: Gedachten over de incarnatie*, Zoetermeer 2003, 212–214, behauptet.

sogar als Züge der Gestalt Christi. Der Farbenfülle der Kirche soll eine farbenreiche Lehre – Kirchenlehre, Pneumatologie, Gotteslehre – entsprechen.
Dann können wir das objektive Moment der Offenbarung und das subjek-
tive Moment des Glaubens „als einen *einzigen* Akt des im *Wort* durch den
Geist in seiner *Kirche* herrschenden *Königs* Christus" verstehen.[83]

Barths späte Gedanken über einen pneumatologischen Ansatz in der
Theologie können also als eine konsequente Erweiterung und Entfaltung
der christologischen Konzentration der dreißiger Jahren betrachtet werden,
auch wenn sie ganz unerwarteten Durchführungen und Gedanken hervorrufen. Es gibt hier Raum, wie schon aus Barths Anspielungen hervorgeht,
um noch Vieles – und immer Neues – nachzudenken.

---

83 Karl Barth, *Vorträge und kleinere Arbeiten 1922–1925* (Anm. 4), 596 „Die dogmatische
Prinzipienlehre bei Wilhelm Herrmann", 1925).

Hans Theodor Goebel

Die wiederkehrende Frage nach Jesus von Nazareth

Neuere Jesus-Bücher und Karl Barths Darstellung des „königlichen Menschen" (KD IV/2, § 64.3)

1. Neuere Jesus-Bücher

1.1 Anliegen

Im Februar 2014 ist ein neuer Jesus-Roman erschienen. Unter dem Titel *„Marias Testament"* lässt der Ire *Colm Tóibín* die alt gewordene Mutter Maria die Geschichte ihres Sohnes erzählen.[1] 2012 hat der Theologe *Klaas Huizing* („Ich bin gelernter holländischer Calvinist"[2]) einen Roman über Jesu Kindheit und Jugend mit dem Titel *„Mein Süßkind"* veröffentlicht.[3]

Über diese Romane möchte ich jetzt nicht berichten. Auch nicht über viele andere Jesus-Bücher neben der Romanliteratur. Ich überschaue nicht einmal deren Fülle. Es ist eine mehr oder wenig zufällig zustande gekommene Auswahl, die ich im Folgenden zur Sprache kommen lasse. Auch bleiben dabei wichtige Gesichtspunkte außer Betracht z. B. die verschiedenen Kriterien für „‚echtes' Jesus-Gut". Und die damit zusammenhängende Entscheidung, Jesus in Kontinuität oder in kritischer Differenz zum Judentum zu verstehen („Differenz-" und „Plausibilitätskriterium").[4]

---

1 Colm Tóibín, *Marias Testament*, München 2014.
2 Klaas Huizing, *Calvin ... und was vom Reformator übrig bleibt*, Frankfurt am Main 2008, 14.
3 Klaas Huizing, *Mein Süßkind. Ein Jesus-Roman*, Gütersloh 2012.
4 Siehe Gerd Theißen, *Der Schatten des Galiläers. Historische Jesusforschung in erzählender Form*, München 1986, 179.199. Und: Klaus Wengst, *Der wirkliche Jesus? Eine Streitschrift*

Warum sind immer wieder Bücher über Jesus von Nazareth geschrie
ben und veröffentlicht worden? In zurückliegender und auch in jüngerer
und jüngster Zeit. Verfasst von Menschen verschiedener Konfession und
verschiedener Religion. Und nicht nur theologischer Profession. Es geht die
Rede von einem „praktisch unendlichen Appetit auf Bücher über Jesus".[5]
Wo kommt dieser Appetit her? Was wird da gesucht? Welches Interesse leitet die Frage nach dem wirklichen oder nach dem wahren Jesus - die Frage
nach dem Kern des Christentums?

Mir scheint, da meldet sich ein Bedürfnis, eine Sehnsucht vielleicht
auch, sich in den Ungewissheiten des Glaubens zu vergewissern – und sei es
auch nur in der negativen Form, bestehende Gewissheiten zu hinterfragen,
zu erschüttern. Eine Sehnsucht nach etwas, das nicht mehr hinterfragbar
ist – vielleicht auch nur nach einem „Kriterium" dafür[6] – und sei es mit dem
Ergebnis, dass der Glaube dabei seinen Gegenstand loswird.

Mit dem Suchen nach dem, was gewiss ist, verbindet sich ein zweites, in
dem sich doch nur das erstgenannte Suchen spiegelt oder in dem es Ausdruck findet. Ich meine die Suche nach einem Ausgleich von Glaube und
Vernunft, von Glaube und Wissen oder Wissenschaft. Die Suche nach der
Ganzheit und Einheit der Wirklichkeit und der Wahrheit.[7]

Die Suche nach dem wirklichen Jesus kann sehr persönlich sein und
bleibt doch nicht im Verborgenen und bleibt nicht privat. Wird sie publi-
ziert, richtet sie sich nach außen – will verkündend, seelsorgerlich, aufklä-
rend oder auch apologetisch andere ansprechen. So knüpft *Klaus Berger* an
seine eigene „Jesusbiografie'" *an, um* „modernen Menschen [zu] sagen, was
sie von Jesus haben".[8] *Joachim Ringlebens*[9] „Versuch zu begreifen" soll die
„Möglichkeit" eröffnen, Jesus „uns selber nahe zu bringen" – dem Verfasser wie auch anderen, Glaubenden und Glaubensfernen (6f.). Das Buch des
Papstes *Joseph Ratzinger*[10] soll nach dessen eigenem Bekunden „dazu helfen,

---

über die historisch wenig ergiebige und theologisch sinnlose Suche nach dem „historischen"
Jesus, Stuttgart 2013, 219ff.

5   Luke Timothy Johnson, zitiert von Wengst, a.a.O., 250.

6   Vgl. Wengst, a.a.O.,209 f.

7   Vgl. Hans-Georg Geyer, *Wahrheit und Pluralismus*, Tübingen 2003, 294–305, hier: 298f.

8   Klaus Berger, *Jesus*, München 2004, 13.19.

9   Joachim Ringleben, *Jesus. Ein Versuch zu begreifen*, Tübingen 2008.

10 Joseph Ratzinger. Benedikt XVI., *Jesus von Nazareth. Erster Teil. Von der Taufe im Jor-*
dan bis zur Verklärung, Freiburg ²2007 – (I); ders., *Jesus von Nazareth. Zweiter Teil. Vom*
Einzug in Jerusalem bis zur Auferstehung, Freiburg 2011 – (II); ders., *Jesus von Nazareth.*
Prolog. Die Kindheitsgeschichten, Freiburg 2012 – (III).

dass lebendige Beziehung zu ihm [Jesus] wachsen kann" (I,23). Alles kom-
me auf „die innere Freundschaft mit Jesus" an (I,11). *Ratzinger* bekennt,
zu diesem Buch selbst „lange innerlich unterwegs gewesen" zu sein (I,10).
Auch bei *Hans Küng*[11] verbindet sich seine Lebensgeschichte mit dem zentralen Anliegen seiner Theologie. Er spricht von seinem „Bedürfnis" und seiner „Freude", „nach all dem Segeln in weite theologische Horizonte" „zum
Zentrum meiner Theologie zurückzukehren, wo mein Herz schlägt, und es
noch einmal ganz deutlich herauszuarbeiten" (11). Jesus von Nazareth ist
für *Küng* „das Wesen des Christentums". Er das „christliche *Lebensmodell*",
„das Fundament echter christlicher Spiritualität" (10). Von hierher ergibt
sich für *Küng* die Antwort auf die Frage: „Wer also ist ein Christ?". Nämlich:
„Wer auf seinem ganzen Lebensweg [...] sich bemüht, sich an diesem Jesus
praktisch zu orientieren" (10). Jesus ist „das Besondere des Christentums" –
nach außen gegenüber den „Weltreligionen" und „nachchristlichen Huma-
nismen" (15ff., 21ff.) wie auch nach innen, Jesus der „letztlich Maßgebende"
(23). Dann stellt sich die Frage „Welcher Christus ist der wahre Christus?"
Küng versteht diese Frage als die fundamentale „Wahrheitsfrage" nach dem
„wirklichen Christus" (27). Und gibt die Antwort: der wirkliche Christus ist
„der geschichtliche Christus" (26).

Wie aber finden wir den Jesus der Geschichte? „Historische Jesusforschung" ist Thema des Buches von *Gerd Theißen*.[12] Sein *direktes* Interesse
ist es, in den historischen Gegenstand: Jesus und seine Zeit einzuführen,
indirekt aber auch in die Methode der Forschung einzuführen und die Leser
an ihrem Gang zu beteiligen. Auch ihn bewegt dabei aus seiner persönli-
chen Perspektive heraus die Frage nach der Bedeutung Jesu für uns heute
(vgl. 214f. 227f.). Der Politiker *Heiner Geißler*[13] will über das berichten, was
damals die Zeitgenossen an Jesu Botschaft „außer sich" gebracht hat. Unter
dem Titel „Was würde Jesus heute sagen?" fragt er nach der „politischen Bedeutung des Evangeliums": „vielleicht nicht, [um] die Welt [zu] verändern,
aber [um] das Zusammenleben der Menschen und Völker entscheidend
[zu] verbessern"(7).

Jüngst ist ein Buch über Jesus in die Bestsellerlisten aufgestiegen, das
ein amerikanischer Muslim geschrieben hat.[14] *Reza Aslan*, der Autor, ent-

---

11 Hans Küng, *Jesus*, München Zürich 2012.
12 Gerd Theißen, *Der Schatten des Galiläers* (Anm. 4).
13 Heiner Geißler, *Was würde Jesus heute sagen? Die politische Botschaft des Evangeliums*,
   Berlin ³2003.
14 Reza Aslan, *Zelot. Jesus von Nazaret und seine Zeit*, Reinbek bei Hamburg ²2013.

stammt einer iranischen Familie, die 1979 vor der Islamischen Revolution in die USA geflüchtet ist. Er wuchs in Florida auf, war „als Teenager (wie er selbst sagt) geradezu besessen von Jesus", konvertierte zum Christentum und kehrte später, nachdem er die Bibel studiert hatte, zum Islam zurück. Im August vergangenen Jahres befragte ihn DIE ZEIT: „Mister Aslan, warum ein Buch über Jesus? Die Liste der Autoren ist doch bereits endlos ..." *Aslan* antwortete: „Weil trotzdem etwas fehlt. 90 Prozent der Forschungsliteratur beurteilt Jesus aus der Perspektive des christlichen Glaubens. Ich wollte die erste populäre Biographie schreiben, deren Quelle nicht das Evangelium ist, sondern das Palästina des 1. Jahrhunderts." Gefragt nach seiner „Pointe" antwortete er: „Ein armes Kind aus Palästina, ein ungebildeter Nobody gründet eine Bewegung, die die mächtigste Regierung der Welt in Rage bringt. Dieser Jesus ist so hinreißend, dass man zu seinem Anhänger werden kann, auch ohne ein Christ zu sein." Was ihn und „auch ... Atheisten" heute an Jesus interessiere, sei Jesu „politischer Einfluss" auf die Suche „nach Alternativen zu Herrschaft und Gewalt". *Aslans* Buch hat in den USA eine Diskussion darüber ausgelöst, welches „Recht" er als Muslim habe, „über Jesus zu sprechen".[15]

1.2 Methode

Aus welchem Antrieb auch immer – alle hier vorgestellten Jesus-Bücher wollen auf den Jesus der Geschichte zurück. Ihn aufzusuchen bedeutet, sich die Frage nach dem Weg zu ihm zu stellen: die Methodenfrage.

Ich versuche eine zusammenfassende Typisierung:

Sich selbst begrenzende historische Methode und narrative Offenheit (Theißen)

Gerd Theißen bietet „Historische Jesusforschung in erzählender Form" (Untertitel). *Theißen* will nicht nur die Ergebnisse, sondern auch den Prozess historischer Jesusforschung darstellen. Vorausgesetzt ist dabei der Übergang „von der Ereignis- zur Strukturgeschichte" (33). Die „Tiefenstruktur"

---

15 „Ich war von ihm besessen". Der Autor Reza Aslan über sein Faible für den Erlöser, in: *DIE ZEIT* Nr. 33 vom 8. August 2012, 54.

der narrativen Exegese machen rekonstruierte Verhaltensmuster, Konflikte etc. („Typische" Strukturen) aus. Die „Oberflächenstruktur" der narrativen Exegese bilden die fingierten „individuellen" Ereignisse, die *Theißen* in seinem Roman erzählt. Die Hauptfigur des Romans, der junge Händler Andreas aus Galiläa, wird von Pontius Pilatus erpresst, für die römische Besatzungsmacht „Material über bestimmte religiöse Bewegungen im Land" (25) zu sammeln. Andreas reist umher, führt Gespräche, gewinnt Erkenntnisse, stößt auf Spuren Jesu und seiner Bewegung, deckt politische, wirtschaftliche, soziale, religiöse Zusammenhänge auf, muss kombinieren und kritisch bewerten und rekonstruiert so ein „Bild von Jesus". Aber ihm selbst begegnet er nie. Nur am Schluss sieht er ihn aus der Ferne am Kreuz. Andreas trifft immer nur auf den „Schatten des Galiläers" (Titel). Die „Grundkategorien historischen Bewusstseins": „Kritik, Analogie und Korrelation" sind „auch in den Nachforschungen des Andreas" „wirksam" (121).

Für *Theißen* „verkörpert" die Romanfigur des Andreas „das Abenteuer historisch-kritischer Forschung". Wie der Historiker bleibt Andreas in Distanz zum Gegenstand seiner Untersuchungen" (Jesus). Und er kommt dabei diesem Jesus doch nahe. Der „Forschungsauftrag verwandelt sich für ihn in eine existentielle Auseinandersetzung" (121 f.). *Theißen* leitet seine Jesuserzählung ein und bereichert sie nach jedem Kapitel mit einem Brief an seinen „sehr geehrten Kollegen *Kratzinger*". In diesen Briefen versucht er Schritt für Schritt „Rechenschaft über sein methodisches Vorgehen ab[zu]legen" und auf die von ihm für möglich gehaltenen oder tatsächlich vorgebrachten Bedenken und Einwände der historisch-kritischen Fachgelehrten zu antworten (121). Derlei Bedenken gegenüber vertritt er die Auffassung, dass „der offene Schluss" der Gespräche, die Andreas im Roman führt, den Forschungsprozess viel besser abbildet als ‚festgestellte' Ergebnisse in Publikationen der historischen Wissenschaft. Diese Offenheit kennzeichnet das Genre narrativ dargebotener Jesusforschung im Ganzen (wie mir scheint). Und sie ist Ausweis für eine methodische Selbstbegrenzung des historischen Bewusstseins. „Niemand muss das letzte Wort haben" (81). Narrativ bleibt *Theißen* auch da, wo seine historische Exegese in Hermeneutik übergeht – etwa bei Überlegungen über die Bedeutung des Osterglaubens heute (s. 241). Offen und ohne Festlegungen – ich könnte auch sagen dialogisch – verbleibt so auch der theologische Rand dieser narrativen Historie.

Korrelation von historischer und theologischer Methode *(Berger, Ratzinger, Küng, Ringleben)*

Von einer Offenheit der historischen Methode lässt sich auch bei *Berger, Ratzinger* und *Küng* reden. Aber diese Offenheit ist anderer Art als die bei *Theißen*. Die Offenheit der Jesusforschung in erzählender Form schafft sich im Narrativ ihre adaequate Ausdrucksform. Dementsprechend, dass die historische Methode als solche ein offener Prozess ist und bleibt und diese methodische Unabgeschlossenheit von sich aus nicht überspringen kann. Die Offenheit der historischen Methode bei *Berger, Ratzinger* und vielleicht auch bei *Küng* ist metaphysischer Art: Sie beruht auf einem Ergänzungsverhältnis von Immanenz und Transzendenz, auf der Korrelation,[16] in der alles innerweltlich Seiende und sein außerweltlicher Grund verfasst sind.[17] So geht *Berger* von einem mehrdimensionalen Wirklichkeitsverständnis aus (23). Danach gibt es verschiedene Bereiche von Wirklichkeit. In ihnen wirkt Gott auf verschiedene Weise. So – indirekt – in dem einen, dem Bereich exakter Wissenschaften, durch schöpfungsimmanente Eigengesetzlichkeit. Hier gelten als Zugangsweise die Naturgesetze „und die Regeln der historischen Kritik". In einem anderen „eigenständigen" Wirklichkeitsbereich

---

16 Hans-Georg Geyer hat in seinen Aufsätzen zur Metaphysik die „wesenhaft notwendige Korrelativität des metaphysischen Gottesbegriffs" im ausschließenden Gegensatz zur „biblisch-theologischen Rede von ‚Gottes Offenbarung'" aufgewiesen (Hans-Georg Geyer, Metaphysik als kritische Aufgabe der Theologie, in: ders., *Andenken* [Anm.7], 7–21, hier: 18; vgl. ders., Atheismus und Christentum, in: *Andenken* 91–111 und ders., Theologie des Nihilismus, in: ders., *Andenken* [Anm. 7], 22–38). – Vgl. auch Hans Theodor Goebel, Glaube und Vernunft – Wahrheit und Freiheit. Aus Anlass der Regensburger Vorlesung von Papst Benedikt XVI., in: Katharina von Bremen (Hg.), *Gott und Freiheit. Theologische Denkanstöße Hans-Georg Geyers*, Schwerte-Villigst (Ev. Akademie Villigst im Institut für Kirche und Gesellschaft. Tagungsprotokolle) 2008, 25–42, hier: 27.

17 Ein anderes, aber durchaus vergleichbares Ergänzungs- oder Korrelationsmodell hat Theißen mithilfe des Gedankens grundlegender religiöser Grenzerfahrungen („Religionshermeneutik") zur Diskussion gestellt: Der historische Jesus und der kerygmatische Christus entsprechen einander wie „Grenzüberschreitungen" „ von unten nach oben" und „von oben nach unten". „Der historische Jesus machte mit seinen Gleichnisses und Symbolhandlungen die Welt für Gott transparent und vermittelte so eine *indirekte* Begegnung mit Gott. Der kerygmatische Christus aber konfrontiert *direkt* mit diesem Gott, der aus dem Nichts schafft". Der historische Jesus suchte nach Spuren Gottes in dieser Welt, der kerygmatische Christus bricht in diese Welt ein „als eine Spur Gottes" (Gerd Theißen, Bibelhermeneutik als Religionshermeneutik. Der vierdimensionale Sinn der Bibel, in: *EvTh* 72 [2012], 291–306, hier:298–301).

wirkt Gott direkt. *Berger* nennt ihn den „Bereich von Mystik und Magie"
(277 ff.). Dieser Bereich ist naturwissenschaftlichen Messungen ebenso wenig zugänglich wie historisch-kritischer Methode. „Die mystischen Berichte (…) der Evangelien sind auf besondere Weise historisch wahr, d.h. sie
stehen an der Grenze historischer Faktizität" (52). In diesem Rahmen eines
mehrdimensionalen und d. h. auch mystischen Wirklichkeitsverständnisses
ist nach *Berger* Jesus in seiner wahren Wirklichkeit zu verstehen: als „Einbruch der Wirklichkeit Gottes in und an der Person Jesu" (71). Er ist in Person Gottes „Realpräsenz" (65. 429 f. 459. vgl. 559) in unserer Welt (vgl. 60.
62). Um Jesus so erfassen zu können, bedarf es der methodischen Offenheit
für die (objektive) Wirklichkeit des Handelns und der Präsenz Gottes in der
Welt. Der Bereich mystischer Wirklichkeit ordnet sich bei Berger dem Bereich exakt wissenschaftlich definierter Wirklichkeit ohne Brüche zu. Er ist
eine gleichsam organische und plausible Erweiterung unsres Verstehens der
Wirklichkeit im Ganzen. Verstanden als postmoderner Aufbruch aus natur-
wissenschaftlich verschuldeter Eindimensionalität (vgl. 14).

Küng will den „Jesus der Geschichte und der urchristlichen Verkündigung" aufspüren. In ausdrücklicher Unterscheidung von *Ratzingers* Jesusbuch. Das solle lesen, „wer im Neuen Testament den dogmatisierten
Christus sucht": „ein stark vergöttlichtes Jesusbild" (12f.). Jedoch – *Küngs*
und *Ratzingers* Darstellung Jesu unterscheiden sich nicht einfach wie eine
vom historischen Jesus ausgehende ‚Christologie' von unten' und eine vom
„dogmatisierten" Jesus ausgehende ‚Christologie von oben'. Beide, *Ratzinger* wie *Küng*, gehen – jedenfalls nach ihrer eigenen Beteuerung – von der
geschichtlichen Gestalt Jesu aus und beanspruchen, in diesem Sinn eine
Christologie von unten zu vertreten. Beide sehen in Jesus den Maßstab
oder das Maßgebende des christlichen Glaubens. Beide sehen Jesus ganz
und eigentümlich von der Sache Gottes beansprucht. Zur Darstellung Jesu
bedient sich *Ratzinger* – wie er selbst sagt – der *historischen* (historisch-
kritischen) Methode und begründet deren Unverzichtbarkeit für die Bibe-
lauslegung *theologisch*: „mit dem tatsächlichen Hereintreten Gottes in die
reale Geschichte" (Fleischwerdung) (I,14 vgl. 271). Über die grundsätzliche Bejahung der historischen Methode hinaus markiert er deren Grenzen.
Ohne den Namen von *Ernst Troeltsch*[18] zu nennen, bezieht er sich auf zwei

---

18 Ernst Troeltsch, Über historische und dogmatische Methode in der Theologie (1898), in:
   E. Troeltsch, *Gesammelte Schriften II. Zur religiösen Lage, Religionsphilosophie und Ethik*,
   Tübingen (1913) ²1922 (Neudruck 1962), 729–753, hier 731f.

der „wesentliche[n] Stücke", die dieser zur Kennzeichnung der historischen Methode benannt hat: Sie kann nur zu „Wahrscheinlichkeitsurteile[n]" (*Ratzinger*: „Hypothesen") kommen. Und sie setzt die „Analogie" (*Ratzinger*: „Gleichmäßigkeit") alles geschichtlichen Geschehens voraus. Sie muss also die ihr vorliegenden Worte als Menschenworte behandeln" (I,15). Auch kann die historische Methode vergangenes Wort nicht ‚heutig' machen. Sie muss es „im Vergangenen stehen lassen." Sonst überschreitet sie ihr „Maß" (I,15). Mit den Grenzen der historisch-kritischen Methode will *Ratzinger* nun aber „zugleich" sichtbar gemacht haben, „dass die Methode aus ihrem eigenen Wesen heraus über sich hinausweist und eine innere Offenheit auf ergänzende Methoden in sich trägt" (I,15f.).

Ratzinger nimmt die (in Amerika entwickelte) ‚kanonische Exegese' auf, die die Texte der Bibel in ihrer „Ganzheit" und „Einheit" (synchron) liest (I,16 ff.). Sie führt nach *Ratzinger* die historisch-kritische Methode „organisch" weiter und lässt sie „zu eigentlicher Theologie werden" (I,18). Programmatisch verbindet Ratzinger zwei „ganz unterschiedliche[r] Weisen von Hermeneutik" miteinander „zu einem methodischen Ganzen": nämlich eine textgemäße „ihrer Grenzen bewusste historische Hermeneutik" und eine „christologische Hermeneutik". Er gesteht zu, dass die „christologische Hermeneutik" auf einem „Glaubensentscheid" beruht, nimmt aber in Anspruch, dass dieser Glaubensentscheid „historische Vernunft in sich trägt" (II,9–14; I,17 f.). Hinsichtlich der Quellen geht *Ratzinger* methodisch von der Voraussetzung aus, „dass ich den Evangelien traue". Mit der die historische Methode erweiternden theologischen Methode der Schriftauslegung unternimmt er den „Versuch", „den Jesus der Evangelien als den wirklichen Jesus, als den ‚historischen Jesus' im eigentlichen Sinn darzustellen." „Ich denke, dass gerade dieser Jesus – der der Evangelien – eine historisch sinnvolle und stimmige Figur ist" (I,20 f). Beispielhaft wird das deutlich am Joh-Evangelium, das *Ratzinger* „als Quelle" versteht: „Es zeigt uns [...] wirklich den, der Jesus war, und zeigt uns so gerade den, der nicht nur war, sondern ist; der immerfort im Präsens sagen kann: Ich bin." (I,277). „Das ist" – sagt *Ratzinger* – „der Konstruktionspunkt...meines Buches: Es sieht Jesus von seiner Gemeinschaft mit dem Vater her, die die Mitte seiner Persönlichkeit ist, ohne die man nichts verstehen kann und von der her er uns auch heute gegenwärtig wird" (I,12). Gerade und nur von hierher gelangt man zum historischen Jesus im eigentlichen Sinn. *Ratzinger* zeigt sich hier einem klassischen römisch-katholischen Zuordnungsmodell verpflichtet, demzufolge der Glaube die in ihrem eigenen Wesen für ihn offene und durch ihn ergänzungsbedürftige (historische) Vernunft zu ihrer eigentlichen Wahrheit führt. So versteht Ratzinger die Auferstehung Jesu Christi als „ein Ereignis in der Geschichte, das doch den Raum der Geschichte sprengt und über sie hinausreicht" (II,299 f.). „Natürlich" könne „es keinen Widerspruch geben [zu] dem, was klare wissenschaftliche Gegebenheit ist", und keine Bestreitung derselben. Jedoch sei von Gott dem Schöpfer her nicht auszuschließen das Geschehen eines unerwarteten und unvorstellbaren Neuen im Alten, „eine neue Dimension des Menschseins, der Wirklichkeit überhaupt". Und dann stellt *Ratzinger* die Frage, ob „die Schöpfung auf diesen letzten und höchsten [„ontologischen", II,300] ,Mutationssprung'" „nicht eigentlich" „wartet" (II,271 vgl. 268 f.). Dieser ontologisch gemeinten Frage entspricht *Ratzingers* methodologische Behauptung, dass die historische Wissenschaft offen ist für eine erweiternde theologische Ergänzung durch den Glauben. Erst die Verbindung beider – der wissenschaftlichen Vernunft und des Kirchenglaubens – führt nach *Ratzinger* zu einer Erfassung des Ganzen von Wirklichkeit. Von der Wirklichkeit der Auferstehung werden die Jünger „überwältigt" (II,270). Die wissenschaftliche Vernunft wird „zu ihren höchsten Möglichkeiten" gebracht, wenn sie zur Weisheit wird, zur „Suche nach dem wahren Gott" – konkretisiert in den natürlichen Religionen. Doch damit diese nicht abdriften, sondern zu Jesus hinfinden, bedarf es der „Rede des lebendigen Gottes" (III, 104 ff. 108 f.). Man erkennt hier das römisch-katholische 3-Stufenmodell von natürlicher rationaler Welterkenntnis, natürlicher rationaler Religion und offenbarter übernatürlicher Gotteserkenntnis.[19]

Für die „Selbstüberschreitung" der „Religionen und der menschlichen Vernunft auf Christus zu" stehen nach Ratzinger die Magier aus dem Osten, von denen Matthäus in seinen Kindheitsgeschichten erzählt. Sie waren nicht nur wissenschaftliche Sterndeuter, sondern auch „Weise", die den „Aufbruch der Menschheit auf Christus hin" verkörpern und die doch zuletzt der Weisung durch Gott selbst bedurften (III,104ff. 108 f.).

Ratzinger wie *Küng* suchen den geschichtlichen Jesus als das Eigentliche im christlichen Glauben und für die Kirche. Beide sehen seine Sache als Gottes Sache an seine Person gebunden. Jesus in dem von ihm selbst ausge-

---

19 Siehe Hans-Georg Geyer, Wahrheit und Pluralismus, in: ders., *Andenken* (Anm. 7), 294–305, hier: 298f. Vgl. Hans Theodor Goebel, Glaube und Vernunft – Wahrheit und Freiheit, in: *Gott und Freiheit* (Anm. 16), 25–42.

sprochenen Persongeheimnis – so Ratzinger (I,92.90.227). Er vollzieht „die radikale Gleichsetzung von Wille Gottes und Wohl des Menschen" und ist „*in Person die lebendige, maßgebende Verkörperung seiner Sache*" – so Küng (278. 145 vgl. 150). Diesen Jesus oder Jesus als eben diesen wollen *Küng* wie *Ratzinger* mit der historischen Methode finden. Und wissen sich doch beide der Differenzierung verpflichtet, die Wirklichkeit des Handelns Gottes in der Geschichte nicht einfach mit der historischen Wahrheit in eins zu setzen. Beide stehen damit vor der Frage, was die historische Methode leisten kann. Eine Frage, der sich Benedikt ausdrücklich stellt. So wie *Küng* im geschichtlichen Jesus Christus den unterscheidenden und entscheidenden Maßstab auch für die „institutionelle Kirche" selbst (vgl. 10) sieht, so hält er die historisch-kritische Methode für ein „Instrument", mit dem die Theologie diesen Maßstab herausarbeiten kann. Damit wird der historischen Kritik eine fundamentaltheologische Aufgabe zugewiesen. Nämlich, „das für den Glauben Ausreichende und Entscheidende" zu ermitteln (41 f.). Wenn aber der „konkrete" Jesus Christus in seiner Einheit und Ganzheit als „historischer Jesus" und verkündigter „Christus der Christenheit" „der Maßgebende" sein soll, wie kann er als solcher von der historisch-kritischen Methode erfasst werden? Zumal dann, wenn die Ganzheit und Einheit seiner Person begründet sein soll durch das Handeln Gottes an ihm in seinem Kreuzestod und in seiner Auferweckung – und die Auferweckung ist doch nach Küng ein zutiefst „wirkliches", aber historisch nicht fassbares Geschehen (vgl. 284.288–291, 246).

Ratzinger will den „realen Jesus" finden. Deswegen betreibt er eine Christologie „von unten", die porös ist für eine auf ihr aufbauende und sie erweiternde Christologie „von oben". *Ratzinger* sieht die Lösung des methodischen Problems in der notwendigen, aber auch möglichen „Selbsttranszendierung" (I, 15 f.) der historischen in eine christologische Methode. Um darin zu ihrer Wahrheit als historische Methode zu kommen. Wird damit „historisch" als Begriff zur Kennzeichnung einer Erkenntnismethode mit ihren Möglichkeiten und Grenzen nicht überdehnt – beim Kirchenkritiker Küng wie bei Papst Benedikt?

Ringleben setzt historische und theologische Methode in ein wechselseitiges Verhältnis. „Maßgeblich" orientiert am Markus-Evangelium geht er über das Zusammentragen und Erklären in historischer Manier hinaus und versucht, seinen „Deutungsvorschlag, was Jesus angeht [...] in einem konstruktiven Gegenüber zur historischen Exegese anzusiedeln". Die für ihn „entscheidende Frage" ist dabei: „Wie ist das *historisch* Feststellbare *theologisch* zu verstehen. Wie ist es sachlich im Zusammenhang mit Gott zu begreifen?". Jesus in seinem Wort und in seiner Geschichte *„von Gott her"* als von seinem Grund und einheitsstiftenden Mittelpunkt her zu begreifen – darauf kommt es für Ringleben entscheidend an und darin stimmt er mit Ratzinger überein. Die so formulierte Aufgabe hat nach Ringleben eine Kehrseite, auf die es genauso ankommt, nämlich: „auch *Gott von Jesus her* ganz neu zu verstehen" (3–6). Als Grund-These seines Jesusbuches gibt *Ringleben* an: *„Indem Jesus Gott bringt, bringt Gott sich (bei uns) selbst hervor – der Gott, der mit dem Kommen Jesu selber im Kommen begriffen ist: der Gott des Sohnes."* Der Weg Jesu als „der Weg Gottes zu uns" ist „zugleich der Weg Gottes zu sich selbst". *Ringleben* formuliert spitz: „Die Menschwerdung Gottes ist so zugleich die Gottwerdung Gottes" (652. 657. 659).

Das Verständnis Jesu vs. Kirchliche Glaubenslehre *(Aslan, Geißler)*

Ratzinger sagt: Erst im Licht der Auferstehung lässt sich der Sinn des vorher Geschehenen erkennen. In einem vom Heiligen Geist geleiteten Prozess entbirgt sich die „Tiefendimension des Geschehenen" – „in immer neuen ‚Relectures‘". Papst Benedikt XVI. sieht den Entstehungsprozess und den Verstehensprozess der kanonischen Schrift in engem Zusammenhang mit dem Leben der werdenden und gewordenen Kirche. Wie die Schrift Gottes Maßstab für die Kirche ist, so ist die Kirche auch „das lebendige Subjekt der Schrift", in dem die biblischen Worte „immer gegenwärtig" sind. In der Kirche vollzieht sich das „Einssein von Logos und Faktum", auf das alles ankommt (I,17 ff. 272 ff.; II,254 ff. 227 vgl. 277). „Absolute" oder „letzte Gewissheit" der geschichtlichen Wirklichkeit „schenkt uns […] das demütige Mitglauben mit der vom Heiligen Geist geführten Kirche aller Jahrhunderte" (II, 122–124). *Ratzinger* geht also affirmativ von der Einheit der Selbstverkündigung Jesu mit der christologischen Dogmenentwicklung der Kirche durch die Jahrhunderte aus, sieht in ihr gar den Schlüssel zum erweiterten, aber so erst schlüssigen Verständnis des geschichtlichen Jesus.

Diesem Verständnis *Benedikts XVI.* steht antithetisch gegenüber, wie *Reza Aslan* das Verhältnis von geschichtlichem Jesus und christlicher Kirche bestimmt. *Aslan* beschreibt sein Buch als einen „Versuch, den Jesus der Geschichte, den Jesus *vor* dem Christentum, so weit wie möglich zurückzuholen" (27). Zurückzuholen aus seiner Verwandlung „in einen romanisierten Halbgott" (218), die ihm durch die frühe Christenheit, namentlich durch die für jüdische Ohren gotteslästerliche Christologie des Paulus, widerfahren ist (238f.). *Aslan* will Jesus verstehen im Zusammenhang der Zustände im Palästina des 1. Jahrhunderts. Er bezieht sich dabei auf römische Quellen wie z.b. Josephus. Palästina „durchlebte" in der Zeit vor und nach Jesus eine „Ära intensiver messianischer Energie" und apokalyptischer Erwartung (19f. vgl. 24 f.) und erfuhr, dass die römische Besatzungsmacht messianische Erhebungen jeweils mit harter Hand niederschlug. Jesu zentrale Botschaft war die Ansage des Königreichs Gottes (158f.) in seiner Person (169). Als jetzt anstehende „radikal neue Weltordnung" für alle irdischen Verhältnisse (161). Dieses Königreich zu verheißen, war nach *Aslan* „ein Aufruf zur Revolution" (162 vgl. 202). „Letztendlich sind es nur zwei harte historische Fakten in Bezug auf Jesus von Nazaret, auf die wir uns wirklich verlassen können: zum einen, dass Jesus ein Jude war, der eine jüdische Volksbewegung in Palästina zu Beginn des 1. Jh.s n. Chr. anführte, und zum anderen, dass Rom ihn deshalb ans Kreuz schlug" (24). Er hatte Anspruch auf die Königsherrschaft erhoben und damit zum Aufruhr aufgewiegelt (202 vgl. 117). So nennt *Aslan* Jesus „Zelot" (Buchtitel) und versteht darunter einen für Gottes Herrschaft „eifernden Gotteskrieger" (74f. 117 f.). Nachdem Jerusalem im Jahr 70 durch die Römer zerstört und die Juden in alle Welt zerstreut waren, schrieb Markus sein Evangelium „in der Sprache der Sieger" (106f.). Die frühchristliche Kirche versuchte Jesus von allem jüdischen Nationalismus „fernzuhalten" (163). Man nahm dem jüdischen Bauernrevolutionär sein politisches Profil. Der historische Jesus verschwand hinter dem Himmelswesen (16. 218), hinter dem „Gott in Fleischesgestalt" (209). Der als König der Juden auftrat, wurde unsichtbar hinter dem kosmischen König, der keinen Anstoß mehr erregte, hinter dem „guten Hirten" (24. 163) und Prediger universaler Feindesliebe. So sieht es *Reza Aslan*. Und sagt zugleich, „dass zwei Jahrzehnte gründlicher akademischer Forschung zu den Ursprüngen des Christentums aus mir einen Anhänger des Jesus von Nazaret gemacht haben, leidenschaftlicher als meine Begeisterung für Jesus Christus je war. Mit diesem Buch möchte ich die frohe Botschaft des historischen Jesus mit demselben Eifer verbreiten wie früher als Junge die Geschichte des Christus" (16).

Aslan ist bei Jesuiten zur Schule gegangen und sagt, sein „Verständnis vom Kern des Evangeliums" ähnele dem des *Papstes Franziskus. Franziskus* ist Jesuit. *Aslan* fasziniert, dass dieser Jesus aus dem Volk gegen Macht und

Herrschaft eingetreten ist – für die „Armen und Ausgestoßenen" und damit bis heute politisch auf uns einwirken kann.[20]

Heiner Geißler war selbst Jesuit, bevor er Politiker wurde, und hat ein Noviziat bei den Jesuiten durchlaufen. Sein Buch „*Was würde Jesus heute sagen?*" habe er geschrieben (so sagte er im Dezember 2003 in einem Gespräch), „weil der politische Inhalt der Botschaft mich immer mehr interessiert." Die theologische Dimension als solche, die christologische Frage ist *Geißlers* Thema nicht. Nicht darüber schreibe er, „wer oder wo Gott ist, sondern über Jesus, der sagt, wie eine bessere Welt aussieht".[21] Den „revolutionären Kern der Botschaft" Jesu sieht *Geißler* zum einen in der Verankerung der Würde des Menschen in Gott (statt in der eigenen Lebensleistung oder im Urteil der Menschen) – und zum anderen in der Forderung der Nächsten- und Feindesliebe. Die „bewirkte langfristig den Umsturz der politischen Machtverhältnisse im Römischen Reich" (26.28 vgl. 38). Dieses „Evangelium stört" – „besonders bei der Ausübung von Macht".[22] Die Botschaft Jesu findet *Geißler* „so glänzend und überzeugend, dass sie nicht von der Theologie erschlagen werden darf" (8). Und so legt er sie gleichsam als Messlatte an die aktuellen wirtschaftlichen, machtpolitischen, gesellschaftlichen, kulturellen Problemfelder unserer Welt an: *Was würde Jesus heute dazu sagen?*

1.3 Eine Bilanz

Unter dem Titel „*Der wirkliche Jesus?*" hat *Klaus Wengst* 2013 ein Buch veröffentlicht, dessen Untertitel Charakter und Ergebnis seiner Ausführungen in schöner Klarheit benennt: „*Eine Streitschrift über die historisch wenig ergiebige und theologisch sinnlose Suche nach dem ‚historischen' Jesus*".[23] In detaillierten Referaten stellt der Bochumer Neutestamentler eine Reihe von Leben-Jesu-Forschern mit ihren Denkwegen vor (13). Und fasst dabei den Zeitraum von der Mitte des 18. Jh.s (Reimarus) bis zur Jetzt-Zeit ins Auge. Kritisch formuliert Wengst ein doppeltes Ergebnis. *Historisch* gesehen ist

---

20 Reza Aslan, „Ich war von ihm besessen", in: *DIE ZEIT* (Anm. 15).

21 Die Würde des Menschen ist in Gott verankert. Ein ZEIT-Gespräch mit Heiner Geißler über die Botschaft des Evangeliums, über Angela Merkel und das C in der CDU, in: *DIE ZEIT* Nr. 1 vom 22.12 2003, 47.

22 Ibd.

23 Klaus Wengst, *Der wirkliche Jesus?* (Anm. 4).

die Suche nach dem historischen Jesus „hinter" den Evangelien von ihrer Struktur her unausweichlich zum „Scheitern" verurteilt (s. 228.305.303. 150). Denn die Evangelien als einzig vorhandene Quellen geben kein Bild des historisch „ursprünglichen" (vgl. 174f. 180) Jesus her. Eine Rekonstruktion bleibt angewiesen auf Vorurteile oder Imaginationen der jeweiligen Jesus-Forscher. Historische Forschung wird hierbei immer „Vermutungswissenschaft" sein (305). In den von den Forschern selbst geschaffenen Jesus-Bildern spiegeln sich die Forscher notwendig selbst (208).

Diese Bilanz des Scheiterns ist aber nicht nur *historisch*, sondern ebenso und mehr noch *theologisch* zu verstehen. Denn der wirkliche Jesus ist nicht der rekonstruierte Jesus hinter den Evangelien, sondern der, den Gott nach dem Zeugnis der Evangelien auferweckt hat von den Toten – der gegenwärtig Lebendige. Von diesem „Konstruktionspunkt" (44 ff.) her schreiben die Evangelisten über den irdischen Jesus. Sie bewegen sich dabei auf einer grundsätzlich anderen „Ebene" als die historische Wissenschaft (56.281.292). Für diese kommt „eine andere Dimension von Wirklichkeit und Wahrheit als die historischer Faktizität ... nicht in den Blick" (43).

Ein „grundsätzliches Dilemma" historischer Jesusforschung zeigt" sich für *Wengst* dann, „wenn sie ihr Geschäft als ein theologisches Unternehmen begreift" (98). Deswegen versteht *Wengst* seine „Streitschrift als einen Appell", den „Holzweg" der Suche nach dem historischen Jesus nicht weiter zu beschreiten (305f.). Historisch, weil es die Quellenlage nicht hergibt, theologisch, weil diese Suche ein kategoriales Missverständnis bedient: als könnten Wahrscheinlichkeitsergebnisse der historischen Wissenschaft über Jesus von Nazareth Legitimation oder doch Kriterium für den Jesus sein, den die Evangelien verkünden. Für die christliche Theologie als „Funktion der Kirche" und besonders für die neutestamentliche Exegese ergibt sich dementsprechend eine bestimmte positive Aufgabenstellung: Sie hat die im Kanon vorgegebenen Evangelien in ihrem eigentümlichen Profil und in ihrer Unterschiedenheit auszulegen. Indem sie sich dabei auf den „Konstruktionspunkt der Evangelien": die Auferweckungstat Gottes am gekreuzigten Jesus erklärtermaßen einlässt und die methodische Selbstbeschränkung übt, ihn nicht zu hintergehen, benennt sie ihre „theologischen Voraussetzungen" als Wissenschaft und macht sich als solche kommunikabel (303–306; vgl. 44. 279).

1.4 Anhang und Überleitung zu Karl Barth

Es ist „der Name *D. Fr. Strauß*", der für *Barth* „den *Protest* gegen" die „Methode" der Leben-Jesu-Forschung bedeutet: „die Erklärung der *Undurchführbarkeit des ganzen Unternehmens*" (506).[24] *Wengst* hat das zitiert und *Barths* Urteil übernommen (*Wengst*, 86. 205). „Mit seinem „ersten Leben Jesu von 1835/36" (so *Barth*) habe *Strauß* der Theologie „in prinzipieller Schärfe" die „historische Frage" gestellt: das „Problem der Offenbarung Gottes in der Geschichte". Die Theologie aber habe seine Frage „*nicht* gehört" (491. 514). *Strauß* hat (so sieht es *Barth*) eine für die Leben-Jesu-Forschung grundlegende Korrelation seinerseits grundsätzlich in Frage gestellt: „die Geschichtsimmanenz der Beziehung zwischen Christus und dem Glauben". Im Blick auf die Methode bedeutet das: „was wir *glauben*, das können wir als solches *nicht* in der Geschichte zu finden meinen. Und was wir in der *Geschichte* suchen wollen, das muss als solches" „einem am Glauben uninteressierten *Beobachten* und *Denken*" „zugänglich sein." *Strauß* hat hiermit – *Barth* zufolge – die Theologie vor die Frage nach der Möglichkeit des Glaubens überhaupt gestellt: „Ist es nicht so, dass die Auffassung des Christenglaubens als einer geschichtsimmanenten Beziehung und also die Historisierung des Glaubens dessen *Aufhebung* als Glaube bedeutet?" (506. 512).

Es sei hier auch an das Urteil von *Ernst Troeltsch* erinnert, dass die „Tatsachen" der „dogmatischen Methode" „andere" sind als „die der gewöhnlichen Geschichte" und daher durch historische Kritik „nicht festgestellt und nicht erschüttert werden können."[25] Dem auf „überprüfbare Ereignisse" fixierten historischen Wahrheitsbegriff steht fremd gegenüber auch der nach Sinn suchende (poetische) „Wahrheitsbegriff der Literatur". Der sei „ähnlich" dem Wahrheitsverständnis der Evangelien, meint *Ulrich Greiner* in einer Besprechung des Jesus-Romans von *Tóibín*. „In der Literatur" hätten dann aber auch „Häresien…ihre Heimat" und „dienen der Schärfung des Denkens".[26]

---

24 Karl Barth, *Die protestantische Theologie im 19. Jahrhundert. Ihre Vorgeschichte und ihre Geschichte* (1946), Zollikon/Zürich ²1952, § 19 Strauß (490–515).

25 Ernst Troeltsch, Über die historische und dogmatische Methode in der Theologie (Anm. 18).

26 Ulrich Greiner, „Das war es nicht wert". Colm Tóibín erzählt in: „Marias Testament" das Leben Jesu gegen den Strich, in: *DIE ZEIT* Nr. 9 vom 20.2.2014, 50.

2. Karl Barth, Der königliche Mensch (KD IV/2, § 64,3)[27]

2.1 Karl Barth macht den Menschen zum Thema

Karl Barth macht – nach der Schöpfungslehre noch einmal – den Menschen zum Thema. Den Menschen Jesus von Nazareth „als solchen" (s. 173 f.). Warum tut er das? Gerade ihm ist doch aus Theologiegeschichte und Zeitgenossenschaft die Gefahr eines solchen Unternehmens bewusst. Die Gefahr, dass die Theologie ihr Thema an die Anthropologie oder verwandte Humanwissenschaften verliert (vgl. 7 ff.).

Das Thema des Menschen (Jesus) hat bei Barth seinen bestimmten Ort in der Versöhnungslehre der Dogmatik. Sofern es hier um den mit Gott „versöhnten Menschen" (3), den „*neuen* Menschen" (4 f. 173) geht. Der wird ansichtig und der muss ansichtig werden, wenn an Gott in seinem Versöhnungswerk gedacht wird.

Barth redet hier von dem Menschen, der als Empfänger der versöhnenden Gnade Gottes nicht passives Objekt bleibt, sondern selbst tätiges Subjekt in diesem Geschehen wird. Wo ist dieser neue Mensch zu finden? Nirgendwo anders als in dem Versöhnungsgeschehen selbst.

Barth beschreibt in seiner Dogmatik die Versöhnung als ein geschehenes und gleichwohl aktuelles Geschehen, das sich in zwei gegenläufigen Bewegungen vollzieht. In der Bewegung Gottes von oben nach unten als der Erniedrigung Gottes „zum Menschen hin" und in der Bewegung des Menschen von unten nach oben als der Erhöhung des Menschen „zu Gott hin" (2 ff.). Beide Bewegungen geschehen in *einem* Akt (20 f.), jedoch in der bestimmten Ordnung, die durch die ewige Initiative Gottes als unumkehrbar gesetzt ist. So dass in der Bewegung von Gott aus zum Menschen hin die Bewegung des Menschen zu Gott hin eingeschlossen ist. Der versöhnende Gott ist nicht anders zu denken als in dieser Bewegung, als im Werk der Versöhnung. Sein Sein ist nicht anders zu denken als in seinem Tun, sein Sein „als ein Akt", der Akt als sein Sein (116. 120).

Entsprechend hat der versöhnte Mensch sein Sein in der Bewegung der Erhöhung. Im Vollzug der Erhebung, die ihm geschieht, wird der Mensch als „Objekt" der freien und befreienden Gnade Gottes „handelndes Sub-

---

27 Karl Barth, *Die Kirchliche Dogmatik. Die Lehre von der Versöhnung*. Zweiter Teil (KD IV/2), Zürich (1955) ²1964, 173–293.

jekt" des ganzen Geschehens (19 vgl. 2). Das allen Menschen gemeinsame „menschliche Wesen" wird in Jesus Christus „in seine *Wahrheit"* erhoben, die es als solches nicht bei sich hat. Ihnen allen zur Verheißung (105. 52 vgl. 28 ff. 74 ff.). Wie der Begriff des wahren Gottes in seiner Selbstbestimmung für den Menschen so vollzieht sich auch „der Begriff des wahren Menschen" geschichtlich, in der Existenz Jesu Christi. „In der Identität des Sohnes Gottes mit dem *Menschensohn Jesus von Nazareth"* „wird der Mensch zum neuen, zum mit Gott versöhnten Menschen" (38. 19*)*. Die Wahrheit des menschlichen Wesens wird von Jesus Christus in der „menschlichen *Tat seines Lebens"* verwirklicht. Hierbei ist er als menschliches Subjekt verstanden (102. 214 ff.). So ist „die Existenz Jesu Christi" zu verstehen „als sein Sein im Tun" (116 vgl. 120). *„Das Subjekt Jesus Christus ist diese Geschichte"* (118). Seine „Existenz und Geschichte" ist für *Barth* das hier „entscheidende Faktum" (173 f. 131), „*die* Substanz des Ganzen" unter diesem besonderen Aspekt der Versöhnungslehre (174). Das bedeutet nun: Zum Versöhnungsgeschehen gehört „wesentlich", es „gehört zu seiner *Substanz,* dass es nicht nur ‚Tat Gottes' ist, sondern als solche eine menschliche Geschichte, die Geschichte des wahren Menschen – und das ist die Existenz des Menschen Jesus – in sich schließt" (36). Dieses „Faktum" (174), die Existenz des Menschen Jesus von Nazareth, die *Barth* hier zum eigenständigen Thema macht und „die Substanz des Ganzen" nennt – können wir diese Substanz als das betrachten, nach dem wohlverstanden Jesus-Bücher und Leben-Jesu-Forschung gesucht haben und suchen? Oder handelt es sich hier und da um etwas ganz anderes in den zwei gleichlautenden Fragen nach dem wahren Menschen?

2.2 Den wahren Menschen „für sich selbst" sprechen lassen

Dieses „Faktum" der Existenz und Geschichte Jesu von Nazareth will Barth nun nicht nur „Ausgangspunkt" und „Ziel" der christologischen Überlegungen sein lassen – er will es „als solches hervorheben und für sich selbst sprechen lassen" (174).

Das kann nur gelingen, wenn dieses Faktum kein ‚historisches Faktum' im Sinne eines vergangenen Geschehens (Praeteritum) ist, sondern als in der Geschichte geschehenes ein Perfectum praesens (119. 182 vgl. 49). „Denn indem es noch *ist, spricht* es auch noch für sich selbst, spricht es sich als dieses Sein noch und noch, wieder und wieder aus, ist es eben [...] sein eigener Erkenntnisgrund" (150). Das ist deswegen vorauszusetzen, weil das

Subjekt Jesus Christus seine Geschichte ist – er selber dieses Faktum. So „kommuniziert" das Faktum der Existenz und Geschichte Jesu von Nazareth „sich selbst", indem *er selbst* sich mitteilt und erschließt: *„Selbstkundgabe"* (149 vgl. 135. 160 ff.).

Wo ist das Faktum des Menschseins Jesu Christi aufzufinden? Konkret nur in seiner „neutestamentlichen Bezeugung". „Dort stoßen wir auf seine Selbstkundgebung." Der Mensch Jesus von Nazareth existiert *„für unsere Erkenntnis"* nirgendwo anders als da (174).

2.3 „… *etwas Anderes ist hier* Kennen, *etwas Anderes* Erkennen"

„Gibt es so etwas wie eine ‚historische', d. h. neutral und objektiv feststellende Erkenntnis" des „Ereignisses" Jesus von Nazareth? *Barth* erwägt diese Frage und kommt zu dem Ergebnis: Ja, so ein historisches Erkennen Jesu gibt es, es ist nicht nur möglich, es ist auch notwendig. Und zwar als *„Heranführung"* oder „Hinzuführung" zur Offenbarungserkenntnis Jesu Christi und als „ Voraussetzung" für sie. Historisches Erkennen als mögliche und notwendige Heranführung an theologische Erkenntnis Jesu Christi (167).

Wie ist das von *Barth* gemeint? Und wie ist es nicht gemeint? Ein „ordentlicher Historiker" kann Jesus als „eine Figur der Weltgeschichte" *„kennen* und *kennt* […] ihn auch". Wie Josephus, Sueton und Tacitus und viele nach ihnen (100. 40), sagt *Barth*.

„Aber etwas Anderes ist hier *Kennen,* etwas Anderes *Erkennen"* (40). Ihn nur so kennen, wie man andere Figuren der Geschichte historisch kennt, bedeutet noch keineswegs erkennen, mit wem man es in diesem Jesus zu tun hat. Solches Kennen ist nicht *Er-* sondern *Ver*kennen (40. 100). Und kann von Barth als Heranführung an die Offenbarungserkenntnis Jesu nicht gemeint sein.

Barth bestimmt das ‚historische' Erkennen Jesu in besonderer Weise, ohne damit doch den Begriff ‚historisch' uneigentlich zu meinen. Ganz im Gegenteil. Was hier als das ‚Historische' zu erfragen ist, ist ihm die Bezeugung Jesu in den neutestamentlichen Texten. Sie sind das „echt ‚Historische'". Neutrale, objektiv feststellende historische Erkenntnis heißt darum für Barth: die vorliegenden Texte des NT möglichst „unbefangen" durch eigene „Vorentscheidungen" das über Jesus von Nazareth sagen lassen, „was sie *selber* sagen *wollen* und tatsächlich *sagen"*. Historisches Erkennen bedeutet so verstanden den methodischen Verzicht auf das Suchen nach einem

objektiven ,historischen Faktum' „hinter" den Texten. Wollte man unter
Abblendung der Selbstbezeugung des Auferstandenen ein „vorösterliches
Vorher" als solches ins Auge fassen, hinterginge man die neutestamentlichen Texte, die – „so wie sie uns als historisches Dokument vorliegen" – von
Jesus Zeugnis ablegen (167. 174). Die Nichthintergehbarkeit der Evangelien
spiegelt auf der historischen Ebene die Selbsterschließung Jesu Christi als
grundlegend für die Erkenntnis.

Die „Selbsterschließung" des *Auferstandenen* ist die schlechthin her-
ausgehobene Aktion der Offenbarung. Es hat jedoch seine *ganze* Existenz
und Geschichte „Offenbarungscharakter" (150 f.). Freilich nur im Licht von
Ostern. Von hierher sind die evangelischen Berichte über Jesus von Nazareth erstattet und „von Anfang an" in der Kirche aufgenommen worden. Die
Wahrheit der geschichtlichen Existenz Jesu hatte „sich ihnen nachträglich
selbst entdeckt" (274 f.). *Barth* lässt sich auf das „,historische' Problem" der
Erkenntnis des Jesus von Nazareth so ein – und jeden anderen Weg der Erkenntnis schließt er als nicht gangbar aus – dass er sich einlässt auf die neutestamentliche Sicht von Ostern und Himmelfahrt her zurück auf das Sterben und Leben Jesu. Das neutestamentliche Zeugnis der ersten Gemeinden,
die Jesus von diesem „Standort" jenseits seines zeitlichen Lebens sehen, ist
nach Barth als solches historisch vorgegeben. *Barth* will erklärtermaßen die
eigenen Voraussetzungen des neutestamentlichen Zeugnisses teilen, er will
diesen „geschlossenen Kreis" nicht verlassen. Das ist für ihn nicht verhan-
delbare methodische Voraussetzung und die „allein sachgemäße Weise",
den geschichtlichen Menschen Jesus in den Blick zu nehmen (174. 274).
Diese methodische Selbstbeschränkung (Inhibition) ist nicht allein negativ
in dem ausschließlich einseitigen Quellenbefund begründet, sondern viel
mehr noch positiv in der Selbstbezeugung Jesu Christi.

Das NT blickt nach Barth so auf Jesus zurück, dass es von seiner Auferstehung her mit diesem Perfektum als einem Präsens und Futurum rechnet.
Das heißt mit Jesus als dem Lebendigen, der sich selbst bezeugt und zu erkennen gibt. Da schieben sich die Zeit, von der die Evangelien erzählen: die
erzählte Zeit – und die Zeit, in der die Evangelisten leben und erzählen: die
Erzählzeit übereinander. Kommunikationsebenen schieben sich übereinander: die der Personen in der Erzählung und die zwischen Autor und Lesern.

Erzählungen werden zu kommunikativen Handlungsspiclen, die die Leser immer neu als Mitspieler einbeziehen.[28]

Zu bedenken ist bei dem Problem der Erkenntnis des Menschen Jesus eine grundsätzliche Klarstellung, die *Barth* vornimmt: Wenn der Ausleger der Evangelien (im Sinne *Barths*) historisch feststellt, was diese sagen und sagen wollen, ist er als forschendes Subjekt auf dem Weg der *Heranführung* an die wahre Erkenntnis Jesu, aber noch im Bereich von deren *Vorausset-zung*. Soll es zu einer wirklichen Erkenntnis Jesu kommen, bedarf es der Ak-tion des Erkenntnisobjektes. Und die muss dem Vollzug der Erkenntnis Jesu durch ein Subjekt vorausgehen. Jesus als den erkennen, der er in Wahrheit, von Gott in seinem ewigen Ratschluss her, ist, heißt subjektiv teilnehmen an der Neuheit und Fremdheit seines Seins (40 f.). Das „Faktum" der Existenz und Geschichte des Menschen Jesus erschließt sich selbst, „es erweitert sich selbst in die Richtung auf ein Subjekt hin..., es wird das erkannte Objekt dieses Subjekts. Das Subjekt wird in dieser Aktion des Objekts aus einem es nicht erkennenden zu einem es erkennenden Subjekt" (136 vgl. 163. 166). Der Mensch, der hier erkennen will, der Historiker und der Theologe, er wird aus seiner primären „Subjektstellung" herausgenommen.[29]

Eben dieser Gedanke ist schon grundlegend in Barths Lehre von der Er-kenntnis Gottes: Gott muss sich zuerst zum Gegenstand menschlicher Er-kenntnis machen und dem Menschen an seiner Selbsterkenntnis teilgeben, bevor der Mensch daraufhin ein Gott erkennendes Subjekt wird.

2.4 Die „Fülle" des Menschen Jesus

Unter diesen methodischen Klarstellungen unternimmt es *Barth*, die „Fül-le" der Existenz Jesu Christi „nach seiner *menschlichen* Seite" zu entfal-ten(173 f. 276).
Er tut dies in vier Durchgängen.

I.   In einem ersten (175–185) hebt er die „Eigentümlichkeit"

---

28 Ich benutze hier in Freiheit Begriffe der „pragmatischen Erzähltextanalyse", die ich 1997 in Vorlesung und Seminar des Alttestamentlers Rüdiger Lux an der Universität Leipzig kennengelernt habe.

29 Vgl. Geyer: Die „Rede von ,Gottes Offenbarung'" intendiert „Gottes unaufhebbare Sub-jektstellung auch für das Denken" (Geyer, Metaphysik, in: ders., *Andenken* [Anm. 7] 18 vgl. 91–111, bes. 102–105).

der Existenz Jesu (214) hervor: unübersehbar, unüberhörbar, unvergesslich, unwiderruflich und somit „singulär" gegenüber allen anderen Menschen (184).

II. In einem zweiten (185–213) sieht Barth den Menschen Jesus in Übereinstimmung mit der Existenzweise Gottes.

III. In einem dritten Durchgang (214–274) entfaltet *Barth* Jesu Leben als Jesu Lebenstat.

IV. Zuletzt (274–293) schaut *Barth* auf Jesu Kreuz und versteht es als die *„Krönung"* dieses Leben (279). Jesu Weg dahin steht unter einem göttlichen „Muss", in das Jesus freien Willens einwilligt (286 ff.). Eben darin wird und ist er Gott gleich.

Zeichnet *Barth* mit den geschilderten Zügen in dieser vierfachen Explikation das Bild eines „einzigartig[en]" Menschen, einer „übermenschliche[n] Persönlichkeit"?[30]

Wer mit *Wengst* die Geschichte der Suche nach dem historischen Jesus durchmustert, kann zu dem Eindruck kommen, der historische Jesus sei als einzigartig in seinem Menschsein dargestellt worden, entweder weil er zugleich Gottes Sohn sein sollte (ontologisch-christologische Variante) (128. 289ff.) oder weil er als „Stifter" und „Gegenstand" des christlichen Glaubens angesehen wurde (liberale Variante) (95. 100. 143). *Wengst* hat kritisch eingewandt, die „Leben-Jesu-Schreiber" hätten von der „Einzigartigkeit Jesu" nicht geredet „bezogen auf ein Handeln Gottes an ihm" (128). Das ist eine hilfreiche Formulierung auch, um im Gegenentwurf Barths Verständnis zu klären: Einzigartig ist Jesus Christus als Mensch, sofern er als Mensch in die „Werkgemeinschaft" (172) mit Gott erhoben wird. Eben darin vollzieht er sein wahres Menschsein, wie wir anderen Menschen alle es gerade nicht tun. Die „besondere Menschlichkeit, in der Jesus sich selbst zu erkennen gibt…ist dadurch gekennzeichnet, dass sie der aller Menschen zugleich *ganz* gleich und *ganz* ungleich ist". Das *„ganz* ungleich" bezieht Barth „entscheidend" auf die Geschichte, die Tat, das Werden seines Menschseins, das in dem Tun Gottes an ihm und in ihm begründet ist (28 f.).

---

30 Albert Schweitzer, s. Wengst, *Der wirkliche Jesus?* (Anm. 4) 143.

2.5 Jesus handelt konkret

„Jesus in der von ihm vollzogenen *Tat* zu verstehen" – das hat *Barth* für das hier „Entscheidende" gehalten. Eben darum hat Jesu Leben „den Charakter von *Geschichte*" (214). Von diesem Grundverständnis her erscheint es als folgerichtig, dass Barth sich mit besonderer Aufmerksamkeit den „konkreten *Handlungen*" zuwendet, die neben Jesu Wort seine „Lebenstat" ausmachen. Diese Handlungen verdeutlichen ihrerseits, dass sein Wort Tatcharakter hat (214 f. 232 f.) – performatives Wort ist, in dem geschieht, was es ansagt: nämlich das Reich Gottes. Die Berichte über Jesu Taten dürfen in den Evangelien nicht fehlen. Sie offenbaren die „Entscheidung" Gottes, die in der „Tatsache" der Existenz des Menschen Jesus gefallen ist, als die Entscheidung Gottes *für* den Menschen (233 vgl. 200 f.).

Barth bezeugt den Taten Jesu, sie seien überwiegend „außerordentlicher Art" gewesen, „negative Zeichen" des Neuen, das mit Jesus in die Welt hereingebrochen ist als deren Durchbrechung (234 f.). Jedoch – der Charakter des Außerordentlichen ist nur *relativ*, verbleibt auf der Phänomen-Oberfläche, ist nicht geeignet, das wahre Wesen dieser Handlungen Jesu zu erklären. Finden sich doch zu Jesu Taten Analogien im Kontext hellenistischer Wunderheilungen. Auch gibt es Erklärungen aus den Bereichen neuzeitlicher Psychiatrie und Spiritualität.

„*Absolute*" oder *absolut* außerordentliche Wunder sind dagegen Jesu Handlungen, sofern in ihnen das Reich Gottes in die irdisch-kosmische Wirklichkeit einbricht und in ihr sich ereignet (238 f.). Jesu Heilungen, Dämonenaustreibungen und Totenerweckungen gelten Menschen, denen es nicht gut geht, leidenden Menschen. Und sie zeigen Gott als unmittelbar interessiert an seiner Kreatur. Einen Gott, dem das Leid des Menschen widerwärtig ist. Und der sich des Menschen annimmt, weil er will, dass der Mensch in seiner Ganzheit „heil sei" (249). *Barth* hebt hervor, dass Jesus in den Heilungsgeschichten umstandslos nach des Menschen leiblicher Not sieht und nicht nach des Menschen Sünde. „Es ist nicht der böse, sondern es ist der *leidende* Mensch", dem Jesus und in ihm „Gott selbst" zur Hilfe kommt (257).

Eine bestimmte „Linie" macht *Barth* in diesen Wundern aus, ein Licht sieht er von hierher auf Gott und auf den Menschen fallen und auf ihre Geschichte miteinander. In Jesu Heilungstaten nimmt Gott sich parteiisch und kämpferisch des Menschen an, der besonders physisch Not leidet und dem es einfach schlecht geht (244 ff.). *Barth* äußert seine Verwunderung

darüber, dass diese „Dimension des Evangeliums": die *„Befreiung"* vom
„Tode" und von der *„Gewalt* des Üblen" „so gänzlich übersehen [werden]
konnte" – nicht nur im westlichen Katholizismus, sondern auch im Protestantismus. Anders in der Ostkirche (258). Es ist die „freie Gnade Gottes"
(258), die in den Heilungen Jesu die konkrete physische Existenz des Menschen angeht. Da geschieht und offenbart sich *antizipierend* (vorweg) und
partikular (an Einzelnen) *konkret* schon das Reich Gottes, schon Erfüllung
des Verheißenen „als Zeichen für Jedermann" (271 ff.).

   Barth erkennt in den Heilungswundern Jesu einen „Überschuss" der
Gnade Gottes, ihren „Überfluss" in die leiblich-kosmische Existenz des
Menschen – geradezu einen „Luxus" der Gnade (272 vgl. 268). Der ist für
Barth zugleich die Bestätigung der *Freiheit* der göttlichen Gnade – verkannt
im Protestantismus, und gerade der hätte es doch erkennen können und
müssen (258. 273). Dieses von *Barth* pointierte Tätig-Sein Gottes in Jesu
konkreten Taten ist die reine Zuwendung Gottes zum leiblichen Menschen
und reiner tätiger Wille, dass der Mensch heil sei und Zukunft habe (vgl.
247) und dafür auf seine Beine gestellt wird. Hier wird in Kampfbegriffen
gedacht und geredet. Jesu „Kampfhandlungen" bringen indirekt den Macht-
charakter des „Nichtigen" zur Sprache, in dessen Gewalt der Mensch kaputt
und zunichte gemacht wird. In Jesu Dämonenaustreibungen und Totenerweckungen aber ereignet sich sein „schlechthin siegreicher Zusammenstoß
mit dem *Nichtigen"* (255. 257). Dass Jesus und Gott in ihm zunächst an des
Menschen Sünde vorüber geht, nimmt diesen Heilungen Jesu alles Mora-
lische und vom Leid der Menschen Abgehobene. Die Errettung vom Ver-
derbnis menschlichen Daseins geschieht hier um der „Ehre Gottes" willen:
Er will es nicht dulden (250).

3. Betonungen. Karl Barth und andere

3.1 Vernünftig oder neu. Grundentscheidungen *(Ratzinger, Barth)*

Ich finde die von *Barth* vorgenommene theologische Qualifizierung der
Wundertaten Jesu ungemein tröstlich. Diesen Überschuss der freien Gnade
Gottes, der doch gerade ihr Wesen ins Licht stellt. Gottes bedingungslose
Parteilichkeit und Streitbarkeit für den Menschen, dem es einfach schlecht-
geht. Warum haben Menschen, die über Jesus schreiben, so wenig einen

Blick dafür? Warum sehen sie diese Dimension gar nicht? Oft hat wahrscheinlich einfach die historische Glaubwürdigkeit als Thema dominiert. Aber da findet sich noch anderes. Schauen wir in das Jesusbuch von *Papst Benedikt*. Er hält die „Heilungswunder bei Jesus selbst und bei den Seinen [für] ein untergeordnetes Element im Ganzen ihres Wirkens, in dem es um das Tiefere, eben um das ‚Reich Gottes' geht". Den Boten Jesu damals und heute ist das „Exorzisieren" aufgetragen. Das meint: „die Welt in das Licht der *ratio* stellen, die von der ewigen schöpferischen Vernunft und ihrer heilenden Güte herkommt und auf sie zurückweist". „Wie der Exorzismus die Dämonenfurcht vertreibt und die Welt, die aus der Vernunft Gottes kommt, der Vernunft des Menschen übereignet, so ist auch das Heilen durch Gottes Macht zugleich Anruf, an Gott zu glauben und die Kräfte der Vernunft für den Dienst des Heilens zu gebrauchen". Und dann heißt es bei *Benedikt*: „Immer ist dabei eine weit aufgetane Vernunft gemeint, die Gott wahrnimmt und die daher auch den Menschen als Einheit aus Leib und Seele erkennt" (I, 211. 213 f.). In den Heilungen kommen dann göttliche und menschliche Vernunft zur heilsamen Entsprechung, Medizin und Glaube. Solche Entsprechung ist uns schon begegnet in dem Warten der Schöpfung auf den „Mutationssprung" der Auferstehung, in der Zusammenführung von historischem und christologischem Textverständnis „zu einem methodischen Ganzen" und in dem hermeneutisch notwendigen „Einssein" (I,274) von historischem Faktum und sinngebendem Logos in den biblischen Schriften. Vernunft und Glaube sind – wie *Papst Benedikt* in seiner Regensburger Vorlesung 2006 öffentlich deutlich gemacht hat – jeweils um ihrer selbst willen aufeinander angewiesen. Diese Bedeutung des Logos kommt für *Ratzinger* wohl direkter in Jesu Worten zum Ausdruck als in seinen Wundertaten.

Das ist bei *Barth* anders. Aber sehen wir noch einmal weiter auf *Ratzingers* Jesusdarstellung. Und fragen: Deckt sie sich nicht weithin grundsätzlich mit der *Barths*? *Ratzinger* versteht Jesus von seiner Gottessohnschaft, von seiner „Gemeinschaft mit dem Vater" her (I, 12). Jesus ist („ontologisch"), was er bringt („heilsgeschichtlich") und was jeder Mensch braucht: Gott selbst, das Leben (vgl. I, 73. 345. 405 f.). Der *Papst* nimmt die biblischen Texte als Einheit und Ganzheit von Christus her und auf Christus hin, den Kanon als „historisches Datum" (I, 16). *Benedikt* sieht, dass sie nur im Licht von Ostern geschrieben sind und zu verstehen sind und versteht so mit den Evangelien das Frühere vom Späteren her. Dass Jesus auch heute „immerfort im Präsens" (I, 277) ist und sich selbst bezeugt als der, der er in

Wahrheit ist, das hält *Ratzinger* für grundlegend. Und dass das Evangelium „performative Rede" ist, also tut, was es ausspricht (I, 76 f.).

Sagt all das nicht auch *Barth*? Und sind damit nicht grundsätzliche Methodenfragen von beiden in gleichem Sinn entschieden? Das ist so, meine ich. Und doch ist da etwas anders. Es ist in dem allen bei *Barth* eine Bewegung, eine Dynamik, eine Geschichte im Vollzug, die ich so bei Ratzinger nicht sehe. Barth denkt: Was der Mensch Jesus ist, das wird er in Gottes Bewegung zum Menschen hin und in seiner Bewegung zu Gott hin. Sein Sein ist in seinem Tun zu suchen. So wird auch Jesu Christi Person und Werk in eins gedacht. Was da in seiner Existenz und Geschichte geschieht, ist der Einbruch des Reiches Gottes, da bricht – grundstürzend und grundlegend – das Neue in den alten Weltzusammenhang ein. Mit dem Reich Gottes ist das der Welt Fremde (vgl.238) und nicht das ihr irgendwie vernünftig und übervernünftig Entsprechende hereingebrochen. Vielmehr das, was die Welt in doppeltem Sinn aufhebt.

Ratzinger denkt in Seinskategorien, die Gott und Welt einfassen. Er handelt sich damit ein dogmatisch-statisches Denken ein. *Barth* hat dagegen die Seinskategorien in Geschichtskategorien transformiert. Das gibt ihm die Freiheit, unbefangener auf den *Ereignis*charakter der Existenz des Menschen Jesus zu sehen. Für *Barth* liegen der „Seinsgrund" und der „Erkenntnisgrund" des Menschen Jesus in nichts anderem als in dem „Majestätakt Gottes" als solchem (vgl. 38–42). Dieser Majestätsakt ist in seiner Kontingenz weder aus Gott selbst noch aus der Welt ableitbar. Er ist „der reine Anfang".[31] So ist die Existenz und Geschichte dieses Menschen „ein schlechthin *neues* Geschehen" – von Gott in seiner ewigen Selbstbestimmung her gewollt. Und dementsprechend kann Erkenntnis dieses Menschen nur „vollzogen werden" als „eine an der Neuheit seines Seins teilnehmende Kenntnisnahme". Erst diese „Selbsterschließung" Jesu Christi ermöglicht die Erkenntnis des Menschen Jesus (39–41, vgl. 163 f.). Aus und in den eigenen Möglichkeiten und Selbsttranszendierungen des Kosmos konnte der Mensch Jesus nicht entstehen und ist er auch nicht zu verstehen. *Ratzinger* scheut vor diesem absolut verstandenen „Majestätsakt" Gottes zurück. Er fürchtet (nicht nur

---

31 Geyer: „…für das Denken im Horizont des christlichen Glaubens bleibt Gott grundsätzlich und gänzlich einsinnig der reine Anfang, von dem das Denken allemal nur ausgehen kann" (Geyer, Atheismus, in: ders., *Andenken* [Anm. 7], 105). – In Auslegung von Röm 3, 31-4,8 hat Barth den Glauben „als radikales Wunder (4,1-8)", „als reine[n] Anfang (4,9-12), „als ursprüngliche Schöpfung (4,13-17a)" bezeichnet. Vgl. K.arl Barth, *Der Römerbrief* (²1922), München ⁵1929, 92.

im Islam) einen „absolut transzendent" gedachten „Willkür-Gott", dessen Wille an keine unsrer Kategorien mehr gebunden ist. Auch nicht an die der Vernünftigkeit (so der *Papst* in seiner Regensburger Vorlesung von 2006). Mit seiner Kirche denkt der *Papst* im Entsprechungsschema von Gottes schöpferischer Vernunft und geschaffener menschlicher ratio. Schon in seiner Bonner Antrittsvorlesung von 1959 hatte er „die analogia entis eine notwendige Dimension der christlichen Wahrheit" genannt.[32]

Warum denkt *Barth* so betont in Geschichtskategorien? Ich verstehe das als Konsequenz aus der Voraussetzung, Gott als Gott für uns ganz und gar im lebendigen Jesus Christus und das heißt in seiner Geschichte zu begreifen. Und wie Gott kann auch der wahre Mensch nur in der Geschichte Jesu Christi begriffen werden. Wie weit sich *Ringlebens* Versuch, Gottes Menschwerdung zugleich als Gottes Gottwerdung zu begreifen, mit Barths Denken berührt und wieweit nicht, wäre noch auszuarbeiten und kann von mir hier nicht geleistet werden.

3.2 Der unpolitische politische Jesus *(Theißen, Aslan, Barth)*

Als historisch gesichert gilt *Aslan* wie *Theißen*, dass Jesus als Schüler des Täufers begann und als Revolutionär hingerichtet wurde (Theißen, 179; Aslan 24 f. 128). Aber *Theißen* akzentuiert anders als *Aslan* (vgl. *Aslan* 159–162): „Jesus erwartet politisch radikal veränderte Verhältnisse, aber nicht, dass sie durch politische Veränderungen realisiert werden. Das Ziel ist ‚politisch', seine Verwirklichung geschieht ohne Politik: Gott wird das Ziel realisieren. Und das heißt: Menschen dürfen dies Ziel nicht durch Gewalt gegen andere Menschen verwirklichen" (136). Jesus vertritt eine „Wertrevolution", sagt *Theißen* (179). Die unten, das Volk, sollen bekommen, was die oben schon haben. Und *Theißen* stellt die nachdenkenswerte Frage: Könnte es sein, dass „der historische Jesus bei großen Theologen so wenig galt" aus einer Abwehrhaltung heraus? Weil man „ahnte": Wenn wir uns auf ihn einlassen, begegnen wir „einer Verkündigung, die nicht nur Auswirkungen in der Kirche haben will, sondern in der ganzen Gesellschaft!" (136 f.).[33]

---

32 Papst Benedikt XVI., Glaube, Vernunft und Universität. Vorlesung in der Universität Regensburg am 12.9.2006, in: *FAZ.NET* – Politik; Joseph Ratzinger. Benedikt XVI, *Der Gott des Glaubens und der Gott der Philosophen. Ein Beitrag zum Problem der theologia naturalis,* Heino Sonnemans (Hg.), Trier 2006, 29.

33 Vgl. dazu auch Geißler, *Was würde Jesus heute* (Anm. 13).

Wie politisch oder unpolitisch ist der „königliche Mensch" in *Barths*
Darstellung? *Barth* betont den „ausgesprochen *revolutionären* Charakter
seines Verhältnisses zu den in seiner Umgebung gültigen Wertordnungen
und Lebensordnungen" (191). Aber Jesus verfocht damit nicht ein „Prinzip"
oder „Programm" gegen andere. In „königlicher *Freiheit*" stellte er – „und
das war das tief Beunruhigende seiner Existenz nach allen Seiten – *alle* Programme, *alle* Prinzipien in Frage". Gerade das machte ihn zum Revolutionär
und Radikalen ohnegleichen (191 f.). Die „königliche *Freiheit*", in der Jesus
den „Ordnungen" in Religion, Ökonomie und Politik gegenübertrat, war die
des Reiches *Gottes*. Das war in Jesus hereingebrochen als „die Krisis…über
die ganze menschliche Ordnungswelt" (196), als der „*radikale* Gegensatz",
als das absolut „Neue" und „Inkommensurable". Wer Jesus nicht als diesen
„Parteigänger der Armen" und „Revolutionär" kennt, kennt ihn nicht – sagt
Barth. In ihm hat sich Gott der Welt entgegengesetzt, sich ihr und ihren
Kategorien entzogen. Konservativismus wie Fortschrittsglaube setzen immer noch voraus, „dass das Neue und das Alte in irgendeiner Kommensu-
rabilität … bestehen können." Aber der neue Wein lässt sich nicht in alten
Schläuchen fassen. Und es ist dieses totale Nein zur alten Welt doch nur
die Rückseite des göttlichen Ja zu ihr, das Jesus in seiner Existenz darstellt
(191–200).

Ist dieser Jesus ein politischer Jesus? Oder doch nicht eher ein unpolitischer? Oder vielleicht eben als unpolitischer politisch radikal? *Theißen*
hatte gesagt: Bei Jesus war das Ziel politisch, seine Verwirklichung aber
werde durch Gott geschehen, „ohne Politik". Im Sinne *Aslans* könnte man
sagen: Jesu Ziel war Gottes absolute alles verändernde Herrschaft, die
Verwirklichung aber sollte durch zelotische Bewegungen geschehen. *Barth*
sieht in Jesus den Einbruch des Reiches Gottes, das sich aus eigener Kraft
verwirklicht. Politik spielt auf einer kategorial anderen Ebene. Was das politische Handeln angeht, sagt *Theißen*: er sei zu dem „Ergebnis" gekommen,
die radikalen Forderungen von Jesu Bergpredigt „sollten" „indirekt" die
Strukturen der Gesellschaft und unser politisches Handeln" „bestimmen"
(227).

Barths streng theologisches Verständnis des Reiches Gottes schließt unser politisches Handeln nicht aus – im Gegenteil. Nur muss von vorneherein
eine Unterscheidung beachtet werden: Eines ist es, dass der Mensch Jesus
nicht in die Kategorien unserer Ordnungswelt einzupassen ist. Ein anderes ist es, in der Inkommensurabilität von bestehender Welt und hereinbre-
chendem Reich Gottes unter der „Weisung des Sohnes" (§ 64,4) historisch

konkrete Entsprechungen politisch auszuarbeiten. Gleichnisse des Himmelreichs auf der Erde. Und dazu macht der Mensch Jesus Mut.

Martien E. Brinkman

Der verborgene Christus im Film

Seine unsichtbare Göttlichkeit und seine sichtbare Menschlichkeit

Einführung

Während ich an einem früheren Buch über den nicht-westlichen Jesus[1] arbeitete, wurde ich immer wieder von meinem nicht-westlichen Gesprächspartner gefragt: „Und was ist los mit dem westlichen Jesus?" In meinem Buch über den verborgenen Christus in der westlichen Kunst seit 1960[2] habe ich drei Jahre später nach einer Antwort auf diese Frage gesucht. In diesem Beitrag werde ich – in expliziter Auseinandersetzung mit Karl Barths Theologie – näher über die theologischen Implikationen dieser Antwort reflektieren.

Hinweise auf die moderne Kunst sind in der gegenwärtigen Theologie immer noch relativ selten und dienen in der Regel nur dazu, Erkenntnisse, die die Theologie bereits festgestellt hat, zu veranschaulichen.[3] Diese Neigung negiert den Einfluss, den die Jesusfigur tatsächlich auf die westliche Kultur ausgeübt hat. Im Laufe der Jahrhunderte hat er diese Kultur durch die Bibel, die Literatur, die bildende Kunst und die Musik geprägt. Meine zentrale These wird sein, dass die Jesusfigur noch immer ihren Einfluss ausübt in der westlichen Kultur, aber heute oft nur als ein verborgener Christus.

In diesem Beitrag beschränke ich mich auf eine Analyse der Rolle, die Jesus in modernen Filmen spielt. Dabei mache ich einen strengen Unterschied zwischen dem sogenannten Leben-Jesu- und den verborgenen

---

1 Martien E. Brinkman, *The Non-Western Jesus: Jesus as Bodhisattva, Avatar, Guru, Prophet, Ancestor or Healer?* London 2009.

2 Martien E. Brinkman, *Jesus Incognito: The Hidden Christ in Western Art since 1960*, Amsterdam-New York 2013.

3 Dan A. Seidell, *God in the Gallery: A Christian Embrace of Modern Art*, Grand Rapids 2008, 14.

Christus-Filmen. In den mehr oder weniger klassischen Leben-Jesu-Filmen (z.b. *Das Evangelium nach Matthäus* von Pasolini, *Jesus Christ Superstar* von Norman Jewison, *die Letzte Versuchung Christi* von Martin Scorsese oder *Die Passion Christi* von Melvin Gibson) wird die göttliche Dimension Jesu immer schon vorausgesetzt. Diese Dimension hält man allgemein für bekannt. Aber das ist im Neuen Testament während seines Lebens niemals der Fall. Seine Göttlichkeit war dauernd ein Streitpunkt. Sie blieb selbst seinen Jüngern lange Zeit verborgen. Ständig wird gefragt, wer er war. Wer von uns würde ihm gleich erkannt haben? Es ist nicht sofort klar, dass er der Sohn Gottes ist. Etwas Ähnliches kann in Bezug auf den verborgenen Christus in modernen Filmen auch gesagt werden. In diesem Sinn sind sie oft biblischer als die Leben-Jesu-Filme (die sogenannten *Biopics*), trotz ihrer oft hohen Anmaßung biblischer Zuverlässigkeit.[4]

In diesem Beitrag konzentriere ich mich auf die sogenannten verborgenen Christus-Filme,[5] aber das meiste, was in Bezug auf sie gesagt werden kann, kann auch über den verborgenen Christus in der Literatur und in der bildenden Kunst gesagt werden.[6] Ich sehe einen verborgenen Christus als einen fiktiven Menschen, den wir verstehen können als eine neue Verkörperung der positiven Bedeutung, die in der Gegenwart der biblischen Jesusfigur zugeschrieben werden kann.[7] Diese Bedeutung ist in der Regel nicht offensichtlich und darum möchte ich von einem verborgenen Christus sprechen. Zentral werden die hermeneutischen Fragen sein, die eine christliche Interpretation dieser Filme hervorruft. Wie weisen die Filmemacher auf die

---

4 Paul V.M. Flesher / Robert Torry, Filming Jesus: Between Authority and Heresy, in: *The Journal of Religion and Film* 8 (2004), 1-19. Vgl. für den Unterschied zwischen Leben Jesu- und verborgenen Christus-Filmen Adele Reinhartz, Jesus and Christ-Figures, in: John Lyden (ed.), *The Routledge Companion to Religion and Film*, London/New York 2009, 420-439.

5 Vgl. u. A. W. Barnes Tatum, *Jesus at the Movies: A Guide to the First Hundred Years*, Santa Rosa (1997) 2004; Richard C. Stern, Clayton N. Jefford and Guerric Debona, *Savior on the Silver Screen*, New York 1999; Christopher Deacy, Screen Christologies: An Evaluation of the Role of Christ-figures in Film, in: *The Journal of Contemporary Religion* 14 (1999) 325-337 and Adele Reinhartz, *Jesus of Hollywood*, New York 2007.

6 Vgl. Karl-Josef Kuschel, *Jesus in der deutschsprachigen Gegenwartsliteratur*, Zürich/Gütersloh ³1979; ders., *Mensch, Gott und Jesus in der Literatur des 20. Jahrhunderts*, Düsseldorf 1997 und Robert Detweiler, The Christ Figure in American Literature, in: Martin E. Marty und Dean G. Peerman (Hg.), *New Theology*, Vol. II, New York-London 1965, 297-316.

7 Martien E. Brinkman, *Jesus Incognito* (Anm. 2), 5.

göttliche Dimension des Lebens Jesu hin?[8] Wie zeigen sie das Göttliche an ihm?

Selbstverständlich kann man fragen ob wir eine solche, christliche Interpretation brauchen. Tauft man dann nicht eigentlich einen Film? In der heutigen Literatur und Filmkritik spielt jedoch nicht mehr nur die Intention des Autors die entscheidende Rolle, sondern auch die eigene Struktur des Kunstwerkes und die Interpretation der Leser oder der Zuschauer. Oft spricht man von einem Dreieck der *intentio auctoris, operis* und *lectoris*.[9] Und es wird deutlich werden, dass es im idealen Fall um ein balanziertes *match* zwischen diesen drei Aspekten gehen wird.[10] Das bedeutet aber, dass in der heutigen Literatur- und Filmkritik die Intention des Autors nicht mehr das alles Entscheidende ist. Mich hat das dazu geführt, dass ich selbstverständlich immer versuche, meine Interpretation mit der (oft in Interviews explizit geäußerten) Intention der Filmemacher übereinstimmen zu lassen, aber dass ich diese Übereinstimmung nicht immer als absolute Bedingung einer richtigen Interpretation benötige. Jedes Kunstwerk hat ja auch eine eigene Wirkungs- und Rezeptionsgeschichte die manchmal viel weiter reicht als die Intention des Künstlers.

Wie kann man das Göttliche und Menschliche abbilden?

Wie kann das Göttliche in unserer säkularen, modernen Welt dargestellt werden?[11] Wie können wir uns Gott vorstellen, wenn wir keine Erinnerung mehr von ihm haben? Das war schon Augustins Frage.[12] Und wenn wir keine Bilder für Gott mehr haben, haben wir auch keine Bilder und Worte mehr für das Geheimnis Jesu. Sein Geheimnis hat ja in allem damit zu

---

8 Diese Frage stellt Willem A. Visser 't Hooft in seiner Rembrandtinterpretation mehr im allgemeinen: "Welche Mittel wird nun der Künstler anwenden, um das Unaussprechliche dieses Gottesdramas wiederzugeben, das sich doch mitten im menschlichen Dasein abspielt?" Vgl. Willem A. Visser 't Hooft, *Rembrandt's Weg zum Evangelium*, Zürich 1955, 24.

9 Martien E. Brinkman, *Jesus Incognito* (Anm. 2), 30–33.

10 Vgl. Anthony C. Thiselton, *New Horizons in Hermeneutics: The Theory and Practice of Transforming Biblical Reading*, London 1992, 501 und Kevin J. Vanhoozer, *Is there a Meaning in this Text? The Bible, the reader and the Morality of Literary Knowledge*, Grand Rapids 1998, 401–407.

11 Lloyd Baugh, *Imaging the Divine: Jesus and Christ-figures in Film*, New York 1997.

12 Augustinus, *Bekenntnisse*, Stuttgart 1989, X. 17.

tun, dass wir nicht über das Göttliche in ihm sprechen können ohne das Menschliche und nicht über das Menschliche ohne das Göttliche. Das ist das gott-menschliche Geheimnis, das er nach den Bekenntnissen der alten Kirche verkörpert.[13] Ich bin mir darüber bewusst, dass ich mit dieser Stellungnahme schon eine wichtige Entscheidung artikuliere. Ich sage hier, dass man keinen interessanten Jesusfilm machen kann ohne diese beiden Aspekte seiner Person zu verdiskontieren. Zu meiner Freude habe ich feststellen können, dass heute auch viele Filmmacher nur wegen dieser Zwei-Einheit die Jesusfigur interessant finden. Wenn nun Jesus in der Tat diese Zwei-Einheit einer göttlichen und menschlichen Dimension verkörpert, stellt sich sofort nach der Frage, wie das Göttliche abzubilden ist, auch die Frage, wie das Menschliche darzustellen ist.

Es ist ja unmöglich, auf einfache Art und Weise das Göttliche und das Menschliche anzuzeigen. Niemand kann definitiv sagen: Das ist typisch göttlich und das ist typisch menschlich. Das bedeutet, dass wir auch eine andere Frage Augustins wiederholen können: „Was aber liebe ich, wenn ich dich liebe?",[14] weil ja niemand je Gott gesehen hat (Johannes 1,18). Kann man dasselbe auch hinsichtlich des wahren Menschen fragen?

Selbstverständlich gilt das nicht für den empirischen Menschen, sondern nur für das, was wir als den Kern des Menschlichen betrachten, das wahrhaft Menschliche. Wir fragen ja noch immer: „Was ist der Mensch, dass du seiner gedenkst?"(Ps 8, 5). Wir haben im letzten Jahrhundert in Europa einen hohen Preis für die Säkularisierung bezahlt, denn der Prozess der Säkularisierung hat nicht beim Gottesbegriff Halt gemacht. Das Menschenbild wurde auch mitgezogen. Wir sahen drei Eruptionen einer ungeheuerlichen Verachtung der Menschenwürde (Erster Weltkrieg, Russische Revolution und Zweiter Weltkrieg mit dem Holocaust). Wenn der Angriff auf einen bestimmten Gottesbegriff zunächst noch erträglich zu sein schien (wenn nicht gar befreiend), der Angriff auf den Menschenbegriff war das von Anfang an bestimmt nicht.

Eine Gegenbewegung setzte sich dann auch sofort nach dem Zweiten Weltkrieg zuerst im Bereich des Menschenbegriffs durch: Zunächst im sozialen Humanismus der Nachkriegszeit und später im utopischen Neomar-

---

13 Ich halte es noch immer für eine der größten Herausforderungen für jeden Theologen, die Tragweite der chalcedonensischen Formel über die zwei Naturen Jesu Christi („unvermischt, unverwandelt, ungeteilt und ungetrennt") richtig zu verstehen. Ich empfinde mich hier noch immer als Anfänger.

14 *Augustinus, Bekenntnisse* (Anm. 10), X.6.

xismus der sechziger und siebziger Jahre. In beiden Bewegungen gab es den Versuch, jenseits des sichtbaren (empirischen) Menschen zu einem neuen Menschenbild zu gelangen. Offenbar sehnte man sich nach mehr als was vor Augen steht. Mit dem Prediger könnte man sagen: „Das Auge sieht sich niemals satt, und das Ohr hört sich niemals satt." (Prediger 1,8) Vielleicht erklärt dieses Phänomen die Popularität der Filme mit einem verborgenen Christus. Ein geheimnisvoller Mensch, der an die Stelle des anderen tritt als ein richtiger Stellvertreter, spricht offenbar die Phantasie des Publikums an. Konnte das Göttliche und das Menschliche dann vielleicht doch nicht so leicht voneinander getrennt werden, wie wir das für eine Weile dachten? Und sind diese Filme nun vorläufige und vorsichtige Versuche, ihre Verwobenheit wieder zu zeigen?

Auch wenn wir keine fertige Antwort auf die Frage nach der Anwesenheit Gottes und des wahren Menschen geben können, bleibt doch aus christlicher Sicht die Frage nach dem wahrhaft Menschlichen und dem wahrhaft Göttlichen in Jesus Christus zu stellen. Die Frage nach Gott ist dann auch die Frage nach dem Menschen und umgekehrt.[15] Die Bedeutung des historischen Jesus als wahrer Mensch kann deshalb nur aus seinem Gottesbezug begründet werden. Und wer Gott ist, kann nur im Blick auf diesen Menschen begründet werden. Diesen Gedanken hat Karl Barth in den fünfziger Jahren oft in kleinen Publikationen wie *Die Menschlichkeit Gottes*; *Die Wirklichkeit des neuen Menschen*; *Humanismus*; und *Christus und Adam nach Röm.5* formuliert und gleichzeitig im ersten und zweiten Band seiner Versöhnungslehre weiter und breiter herausgearbeitet.[16]

In den sechziger und siebziger Jahren hat Eberhard Jüngel die christozentrische Anthropologie Barths auf hervorragende Weise zusammengefasst und zugespitzt in zwei aufschlussreichen Artikeln mit den Titeln „Der Gott entsprechende Mensch" und „... keine Menschenlosigkeit Gottes

---

15 Anton Houtepen, *Gott – eine offene Frage. Gott denken in einer Zeit der Gottesvergessenheit*, München–Gütersloh 1999.

16 Karl Barth, *Die Wirklichkeit des neuen Menschen*, Zürich 1950; Idem, *Humanismus*, Zürich 1950; Idem, *Christus und Adam nach Röm.5*, Zürich 1952; Idem, *Die Menschlichkeit Gottes*, Zürich 1956; Idem, *K.D.* IV/1, Zürich 1953, 171–872 (`Jesus Christus, der Herr als Knecht') und Idem, *K.D.* IV/2, Zürich 1955 (`Jesus Christus, der Knecht als Herr'). Vgl. auch Martien E. Brinkman, Wie wirklich ist die Wirklichkeit der Menschlichkeit Gottes bei Karl Barth?, in: ZDTh 8/1 (1992) 11–28.

..."[17] Für Barth ist Adam an Christus zu messen und nicht umgekehrt. Die Adamswirklichkeit ist ontologisch abhängig von der Christuswirklichkeit. Deswegen konnte Miskotte in seinem berühmten Aufsatz über „Naturrecht und Theokratie" auch sagen dass das Humanum kein Profanum ist.[18] In Jesus Christus gibt es keine Verschlossenheit vom Menschen her nach oben und keine Verschlossenheit von Gott her nach unten.

Das Humanum ist kein Profanum

Diese Interpretation der Christuswirklichkeit hat alles mit dem christlichen Gedanken der Inkarnation zu tun. In anderen Religionen ist eine solche Vorstellung fast völlig undenkbar, weil sie ihren Heilsträger mit solcher ungeheuren Intensität ins Menschliche – auch in seiner negativen Seite – hineinbringt, dass das Göttliche leicht mit dem Menschlichen, eben dem allzu Menschlichen vermischt werden kann. Deswegen haben wir ja auch Chalcedon als Hüter sowohl ihrer Verwobenheit als auch ihres Unterschieds.[19] Christlich gesprochen sind ja die anthropologische Haltung von Gottoffenheit und das Sprechen über Gottes Nähe in Jesus Christus eng miteinander verbunden. Seine irdische Existenz ist untrennbar verknüpft mit der Weise, wie Gott sich offenbart und umgekehrt.[20] Das bedeutet dann in der Tat, dass das Humanum kein Profanum sein kann und das macht es zum Beispiel in

---

17 Eberhard Jüngel, Der Gott entsprechende Mensch. Bemerkungen zur Gottebenbildlichkeit des Menschen als Grundfigur theologischer Anthropologie, in: ders., *Entsprechungen: Gott – Wahrheit –Mensch*, München 1980, 290–317 und Eberhard Jüngel, ... Keine Menschenlosigkeit Gottes ... Zur Theologie Karl Barths zwischen Theismus und Atheismus, in: ders., *Barth-Studien*, Zürich-Gütersloh 1982, 332–347.

18 Kornelis H. Miskotte, *Theologische Opstellen* (Verzameld Werk 9), Kampen 1990, 318–361, 361.

19 Alois Grillmeier, *Jesus Christus im Glauben der Kirche, Bd.I: Von der apostolischen Zeit bis zum Konzil von Chalcedon (451)*, Freiburg-Basel-Wien ³2004, 765–775 („Chalcedon – Ende oder Anfang?"), insbesondere 774: „auf die Verbindung Gott-Mensch, Gott-Welt in der Unterscheidung kommt es an."

20 Martien E. Brinkman, The Reciprocal Relation between Anthropology and Christology, in: Eduardus Van der Borght / Paul van Geest (Hg.), *Strangers and Pilgrims on Earth. Essays in Honour of Abraham van de Beek*, Leiden/Boston 2012, 209–222, bes. 211 u. 215.

der Kunst auch möglich, uns nicht nur vom Christusbild zum Menschenbild zu bewegen, sondern auch vom Menschenbild zum Christusbild.[21]

Was bedeutet das nun für unsere Frage nach einen verborgenen Christus im modernen Film? Es bedeutet im Wesentlichen, dass in der Identifizierung mit Jesus auch unsere Existenz eine offene Existenz ist. Offen für Erfahrungen, die unsere, tägliche Existenz transzendieren. Anscheinend kann der immanente Rahmen,[22] worin der säkularisierte, westliche Mensch sich selbst aufgeschlossen hat, auch durchbrochen werden. Theologisch sprechen wir dann von Offenbarung. Ich möchte hier die Begriffe Transzendenz und Offenbarung nicht so streng unterscheiden wie es manchmal geschieht. Natürlich bin ich mir bewusst, dass oft mit Transzendenz vor allem Empfänglichkeit (Offenheit) verbunden wird (also etwas von Seiten des Menschen) und mit Offenbarung vor allem Durchbruch (also etwas von Seiten Gottes). Als Implikation des Inkarnationsgeschehens möchte ich jedoch von Anfang an mit einer gleichzeitigen kritischen Wechselwirkung oder Interaktion zwischen Gottoffenheit und Durchbruch rechnen.

Transzendenz und Offenbarung

Der Katalysator für eine Durchbruchserfahrung wird oft die Erfahrung von einem „zu viel" sein. Ein „zu viel" an Bedeutung (ein Überschuss) begegnet in den Menschen, Dingen und Ereignissen um uns herum. Der französische Philosoph Jean-Luc Marion spricht hier von „Phänomenen des Überschusses" und nennt sie „gesättigte Phänomene". Als Beispiel verweist er auf einen Schwamm so voll mit Wasser, dass das Wasser aus ihm tropft. Wie ein Schwamm mit so vielem Wasser gesättigt sein kann, dass er es selbst nicht mehr vollständig absorbieren kann, so können auch unsere Erfahrungen mit Menschen, Dingen und Ereignissen so überwältigend sein, dass wir diesen Erfahrungen nicht mehr in unserem traditionellen Denkrahmen einen Platz geben können. Sie durchbrechen bestehende Gesetze, Bedingungen und Erwartungsmuster.

Für Marion kann diese Intuition für das, was nicht offensichtlich ist, was bis dahin als unmöglich galt, als Offenbarung gelten. Für ihn hat Offenba-

---

21 Horst Schwebel, Vom Menschenbild zum Christusbild. Zu Werner Knaupps 'Kreuzigung 11.3.1978, in: Horst Schwebel/Heinz-Ulrich Schmidt (Hg.), *Ecce Homo. Vom Christusbild zum Menschenbild*, Menden 1987, 32.

22 Charles Taylor, *Ein säkulares Zeitalter*, Frankfurt am Main 2009.

rung nichts zu tun mit einer Art *deus ex machina*, mit einem Gott, der von außen eingreift, sondern alles mit einer Empfänglichkeit in der Mitte der Phänomene, die im Prinzip für alle zugänglich sind. Marion hat nicht nur Phänomene im Blick, die unsere üblichen Gedanken über Quantität und Qualität übersteigen – wie Naturkatastrophen, die überwältigend sind wegen ihrer Größe oder wie Kunstwerke von außergewöhnlicher Schönheit und Ausdruckskraft –, sondern auch die durchdringende Auseinandersetzung mit Körperlichkeit (in Entsetzlichkeit bei ernsthafter Krankheit oder in Freude bei Erotik) und mit der immer wieder überraschenden Erfahrung mit den vielen unterschiedlichen Ausdrucksformen des menschlichen Gesichts.[23] Alle diese Phänomene rufen eine Empfänglichkeit hervor für das, was das unmittelbar Wahrnehmbare transzendiert. Sie erfüllen die Rolle von Ikonen: Ikonen weisen über sich selbst hinaus, im Gegensatz zu Idolen, die sich selbst verabsolutieren. Ikonen haben dann auch in erster Linie eine Fensterfunktion. Und diese Fensterfunktion ist nicht als Einbahnstraße zu verstehen, sondern als eine Bewegung von zwei Seiten: Wir sehen uns Ikonen an, aber Ikonen sehen uns auch an.[24]

Also, Offenbarung betrifft seiner Meinung nach kein außergewöhnliches Wissen, wofür ein Mensch eine besondere religiöse Antenne zu entwickeln hat, sondern ein Wissen, das aus dem Alltag erworben wird, aus dem „zu viel", dem Überschuss, der unser Leben positiv und negativ charakterisiert.[25] Dieses „zu viel" ist traditionell der Boden für die religiösen Aspekte des Lebens. Wenn wir nun anschließend die Offenbarungen des „zu viel" mit dem Inhalt der Botschaft Jesu verbinden, ist es möglich, von christlichen Erfahrungen der Offenbarung im täglichen Leben zu sprechen. Auch dann haben wir jedoch im Auge zu halten, dass jede endgültige Bestimmung des Göttlichen unmöglich bleibt, denn Jesus ist in Anbetracht Marions „das Ebenbild des unsichtbaren Gottes" (Kol 1,15) par excellence. Das Wort, das hier im ursprünglichen griechischen Text verwendet wird, ist „eikoon", Ikone: Jesus als Ikone Gottes, als Fenster zu Gott.

Wir können hier von Erfahrungen der immanenten Transzendenz sprechen. Hier kann nun der Begriff der Transzendenz mit dem Begriff der Offenbarung identifiziert werden. Beide haben die gleiche komplexe Struktur. Sie sind komplex, weil sie sich gleichzeitig auf Enthüllung und Verhüllung

---

23 Jean-Luc Marion, *The Visible and the Revealed*, New York 2008, 18-48 und 119-21.

24 Hillary Brand/Adrienne Chaplin, *Art and Soul: Signposts for Christians in the Arts*, Carlisle 1999, 82–85.

25 Jean-Luc Marion, *The Visible and the Revealed* (Anm. 23), 46–47.

beziehen. Die Begriffe Transzendenz und Offenbarung beziehen sich nie auf offensichtliche Aspekte, die empirisch festgestellt werden können. Sie weisen auf den enthüllten, aber zugleich auch verhüllten Aspekt der Nähe des Unendlichen, Heiligen, Unantastbaren, Gnädigen, Ewigen hin.[26] Sie drücken sowohl die Nähe als auch die Distanz aus, die jeder Gottesname zu artikulieren versucht. In jeder Offenbarung bleibt immer vieles verborgen.

Faszinierend ist hier, sicher im Blick auf Barths Theologie, zu fragen, von woher die Fähigkeit kommt, transzendiert zu werden und woraufhin die Bewegung der Transzendenz gerichtet ist. In *KD* I/2 äußert sich Barth 1938 in dieser Hinsicht ganz klar. Ereignisse, Verhältnisse und Ordnungen können in ihrer verhüllenden und enthüllenden Funktion Zeichen der Offenbarung sein, aber dass sie Zeichen sein können, beruht nicht auf einer ihnen innewohnenden Fähigkeit, nicht auf einer *analogia entis*, sondern auf göttlicher Einsetzung. Sie haben etwas hinzu bekommen.[27] Barths zurückhaltende Würdigung hat hier mit der Freiheit Gottes zu tun: „Gott hat uns, er hat aber nicht sich selbst an die Zeichen seiner Offenbarung gebunden. Sie sind Zeugnisse, aber sie sind keine Einschränkungen seiner Majestät und Herrlichkeit."[28]

Wie bekannt, hat Barth später seine Äußerungen über die Existenz von Gleichnissen, Ähnlichkeiten, wahren Wörter und Lichter mit einer christologischen *analogia relationis* begründet.[29] Wie exklusiv das rein christologisch möglich ist, kann man sich dann natürlich immer noch fragen.[30] Es gibt ja keine „reine" Christologie. Selbst der Christus des Neuen Testaments ist ja schon ein kontextueller, und das heißt dann ja auch, kultureller Christus.[31] Deshalb möchte ich hier gerne wie schon gesagt von einer kritischen

---

26 Regina M. Schwartz (ed.), *Transcendence: Philosophy, Literature, and Theology Approach the Beyond*, New York-London 2004, VII–XI.

27 *K.D.* I/2, Zürich 1938, 243/244.

28 *K.D.* I/2 (Anm. 25), 245.

29 Eberhard Jüngel, Die Möglichkeit theologischer Anthropologie auf dem Grunde der Analogie. Eine Untersuchung zum Analogieverständnis Karl Barths, in: ders., *Barth-Studien* (Anm. 15), 210–232. Vgl. auch Hendrik Berkhof/Hans Joachim Kraus, *Karl Barths Lichterlehre* (ThSt 123), Zürich 1978 und Aat Dekker, *Homines Bonae Voluntatis. Das Phänomen der profanen Humanität in Karl Barths Kirchlicher Dogmatik*, Kampen 1969.

30 Vgl. Martien E. Brinkman, Wie wirklich ist die Wirklichkeit der Menschlichkeit Gottes bei Karl Barth? (Anm. 16), 15 und auch schon ders., Die politische Kontroverse um Barths Theologie in den Niederlanden, in: *ZDTh* 2 (1986), 379–387.

31 Karl-Heinz Ohlig, *Fundamentalchristologie. Im Spannungsfeld von Christentum und Kultur*, München 1986, 620–621.

Wechselwirkung (Interaktion) zwischen Gleichnisfähigkeit (Gottoffenheit) und Gnade (Durchbruch) sprechen. In den letzten Abschnitten dieses Beitrags werde ich die Art und Weise dieser Interaktion genauer herausarbeiten anhand des Begriffs einer „wechselseitigen Transformation".[32]

Zurück zum Transzendenzbegriff. Von meinem ehemaligen Kollegen Wessel Stoker, Professor für Ästhetik, habe ich gelernt, vier Formen der Transzendenz zu unterscheiden: immanente Transzendenz, radikale Transzendenz, Transzendenz der Alterität und radikale Immanenz. Letzteres kann bisweilen auch eine Art von Transzendenz genannt werden.

Angewandt auf die göttliche Dimension von Jesu irdischer Existenz können wir bei immanenter Transzendenz vom Hinweischarakter seiner Existenz sprechen. Zu denken ist dann zum Beispiel an die Rolle, welche Wasser, Brot, Wein und Licht in seinem Leben erfüllt, und an die Rollen, die er selbst spielt (Arzt, Hirt, Freund, Führer, usw.). In der christlichen Identifikation mit seinem Leben zeigt sich dann auch in unserem Dasein dieser Hinweischarakter. Tillichs Theologie ist ein gutes Beispiel dieser Denkweise.

Wir können auch die Existenz Jesu radikal verschieden von der unsrigen verstehen. Wir sprechen dann von radikaler Transzendenz. Der Barth des zweiten Römerbriefs gehört zu diesem Ansatz. Radikale Transzendenz kann auch einen primär horizontalen Inhalt haben und auf eine irdische Alterität, ein menschliches Anders-sein hinweisen, das sich nicht gegenüber unserem täglichen Dasein manifestiert, sondern in seiner Mitte. Die Philosophie des französischen Philosophen Emmanuel Levinas ist ein gutes Beispiel dieses Ansatzes.

Schließlich kann der immanente Charakter der Transzendenz so streng aufgefasst werden, dass Jesu Leben nur die Radikalität der nackten menschlichen Existenz vergegenwärtigt. Diese radikale Immanenz kann man auch eine Art der Transzendenz nennen, weil alle täglichen Formen unserer Existenz hier transzendiert werden. In der Tiefe der menschlichen Not, also *de profundis*, offenbart sich die menschliche Existenz in ihrer wahren Gestalt. Nicht als etwas darüber Aussteigendes, sondern als ihres inneres Geheimnis. Himmel und Erde fließen dann hinein. Die sogenannte „Gott ist tot"– Theologie der sechziger Jahre könnte als Vertreter dieses kenotischen Ansatzes

---

32 Martien E. Brinkman, *The Non-Western Jesus* (Anm. 1), 17–36. Auf English spreche ich hier von einer „double" transformation im Sinne von einer „two-sided" transformation: Christus transformiert die Kulturen, sondern die Kulturen transformieren Christus auch. Einen ‚nackten' Christus gibt es ja auch im N.T. nicht.

angesehen werden oder heute vielleicht auch das Werk Mark Taylors.[33] In der Kunst spricht man dann bisweilen von „Ikonen des Aufschreis".[34]

In diesen vier Beispielen von Transzendenz geht es immer um eine Relation: eine Tiefendimension, ein Gegenüber, eine Grenze oder eine wahre Gestalt. Gerade dieser relationale Aspekt ist charakteristisch für religiöse Transzendenz. Ich erkenne fünf Merkmale des Religiösen und ich habe dabei dann vor allem die drei monotheistischen Religionen vor Augen: (1) Religion setzt immer eine existenzielle Beziehung voraus. (2) Diese Beziehung wird als die empirische Wirklichkeit übersteigend angesehen. (3) Von der Seite des Menschen wird das Objekt der Beziehung (Gott) als mächtig angesehen, der (4) das Denken und Handeln beeinflusst. Und (5) schließlich wird auch immer die Existenz einer gläubigen Gemeinschaft angenommen.[35]

Diese fünf Merkmale des Religiösen setzen einen hohen Grad von Verbundenheit voraus (religare), lassen Raum für die dauernde Interpretation dieser Verbundenheit (relegere) und gehen davon aus, dass diese Verbundenheit zu immer neuen Lebensentscheidungen leitet (re-eligere).[36] Wahrscheinlich hat ja die Herkunft des Religionsbegriffs mit diesen drei lateinischen Verben zu tun. Alle drei lassen sich sehr gut verbinden mit dem relationalen Charakter der oben genannten Formen der Transzendenz. Es bedeutet auch, dass das Religiöse nie eine eigenständige Kategorie ist, sondern immer eingebettet ist in die Alltagserfahrung. Es geht hier immer um eine erfahrene und interpretierte Relation. Manchmal ist das Religiöse so offensichtlich in klassischen, religiösen Kunstwerken, dass wir fast vergessen, dass das Religiöse immer eine Relation, eine Beziehung voraussetzt. Aber in der modernen Kunst ist der religiöse Aspekt schon lange nicht mehr so offensichtlich. Das Religiöse wahrnehmen ist in der Regel heute eine Sache von eigener Erfahrung und existentieller Interpretation.

---

33 Wessel Stoker, Culture and Transcendence: A Typology, in: Wessel Stoker / Willem L. van
    der Merwe (Hg.), *Looking Beyond? Shifting Views of Transcendence in Philosophy, Theology, Art, and Politics*, Amsterdam/New York 2012, 5–28.
34 Horst Schwebel und Heinz-Ulrich Schmidt (Hg.), *Ecce Homo* (Anm. 21), 5.
35 Martien E. Brinkman, *Jesus Incognito* (Anm. 2), 12.
36 Ebd.

Religiöse Filminterpretation

Das Erkennen der religiösen Dimension eines Films impliziert oft eine bestimmte, symbolische Deutung der alltäglichen Wirklichkeit. Es geht dann um ihren Hinweischarakter. Ich habe das soeben immanente Transzendenz genannt. Eine solche Deutung ist nie eine Sache einer gleich offensichtlichen Interpretation. Im Mittelalter wurde unterschieden zwischen dem Buch der Natur und dem Buch der Offenbarung (der Bibel). Die Natur war, wie sie war, ein offenes Buch. Gott könnte darin erkannt werden. Diese Evidenz ist inzwischen weitgehend verschwunden. Aber das bedeutet nicht, dass unsere Erfahrung der Wirklichkeit nun völlig eindimensional geworden ist. In Übereinstimmung mit einer wichtigen Schule in der Symboltheorie[37] und Sakramentstheologie[38] findet man auch in der Filmliteratur viele Hinweise auf die Gleichzeitigkeit von Anwesenheit und Abwesenheit des Symbolisierten im Symbol. Diese Anerkennung des verhüllenden und enthüllenden Charakters des Symbols hat mit der tiefen menschlichen Erfahrung zu tun, dass der Hinweischarakter der alltäglichen Wirklichkeit nie eindeutig ist, sondern immer ambivalent. Nur selten spricht die Natur für sich. Ob Wasser zum Beispiel ein Symbol der Erfrischung oder der Gefährdung ist, hängt ganz von der Situation ab. Dasselbe gilt auch für menschliche Handlungen. Eine Kuss kann liebevoll gemeint, aber auch ein Judaskuss sein. Deshalb können wir nicht ohne weiteres vom positiven, transzendenten Potenzial der wahrnehmbaren Wirklichkeit reden. Dafür sind unsere Handlungen oft zu ambivalent und ist die Natur zu launisch. Vorzugsweise spreche ich deshalb sowohl über die köstliche als auch über die entsetzliche Natur.[39]

Filmemacher sind sich oft sehr gut dieser Ambivalenz bewusst. Dennoch kann ein Film ein hohes Maß an Offenheit für symbolische Interpretationen hervorrufen.[40] Speziell die verborgenen Christus-Filme spielen darauf an. Die Offenheit kann auf viele Weisen erreicht werden. Oft werden sogenannte

---

37 Paul Ricoeur, *The Symbolism of Evil*, New York 1967, 10–18.

38 Louis-Marie Chauvet, *Du Symbolisme au Symbole: Essai sur les Sacrements*, Paris 1979, 77–79 und 91–93; ders., *Symbole et Sacrement: Une Relecture Sacramentelle de l'Existence Chrétienne*, Paris 1988, 85–115 und Groupe des Dombes, *L'Esprit Saint, l'Église et les Sacrements*, Taizé 1979, 36 . 57.

39 Martien E. Brinkman, *Het leven als teken. Over de verschrikkelijke en verrukkelijke natuur*, Baarn 1986.

40 John R. May, 'Visual Story and the Religious Interpretation of Film', in: John R. May/Michael S. Bird (Hg.), *Religion in Film*, Knoxville 1984, 23–43.

Kontrasterfahrungen benutzt in der Hoffnung, dass das Gegenteil evoziert wird. Abstieg (Deszendenz) setzt dann Aufstieg (Transzendenz) schon voraus. Aufstieg ist dann typisch eine Aktivität, die vom Betrachter der Filme erwartet wird. Filme fangen oft von unten an, aus der Tiefe (*de profundis*) der menschlichen Existenz. Bisweilen ist das die einzige Möglichkeit, Licht aus der Finsternis der menschlichen Existenz hervorzurufen. Deszendenz konstituiert dann auf paradoxale Weise Transzendenz.[41]

Die transzendierende Aktivität des Betrachters kann übereinstimmen mit der Absicht des Filmemachers, aber kann auch darüber hinausgehen. Was der Filmemacher beabsichtigt, ist ja schon lange nicht mehr das einzige Kriterium in der Filminterpretation. Das gilt auch für literarische Texte. Was der Autor gemeint hat, ist nur ein Aspekt. Auch mit der Rezeption der Leser (*the reader response*) ist zu rechnen ebenso wie auch mit der Reaktion der Betrachter (*the audience reception*). Ihre Reaktion kann einen Gegensatz bilden zu der Intention der Filmemacher und doch eine durchaus legitime Interpretation sein (siehe auch schon oben).[42]

Neuordnung

In der gegenwärtigen Kunst findet, auch in Bezug auf die Christusfigur, eine Neuordnung der Bilder statt. Das Publikum wird mehr und mehr dazu aufgefordert, seine eigenen Identifikationen zu vollziehen und zwischen der abgebildeten Christusfigur und der Wirklichkeit, auf die es sich bezieht, zu unterscheiden. Es handelt sich somit immer um einen „refigured", d.h. erneut Form gegebenen Christus.[43] Man spricht dann von „Refiguration". In den letzten Jahrzehnten hat insbesondere der französische Philosoph Paul Ricoeur seinen Stempel auf diesen Begriff gedrückt. Im Zusammenhang mit seiner Analyse von literarischen Texten entwickelte er die bekannte Trias von Präfiguration, Konfiguration und Refiguration.[44]

Auf die Person Christi übertragen bedeutet dies, dass jeder Autor schon eine „Christuswirklichkeit" antrifft. Diese präfigurierte Wirklichkeit ist sein Material. Er konfiguriert es so, dass es seine eigene Interpretation wird. Der

---

41 Ernest Ferlita, The Analogy of Action in Film, in: John R. May/Michael S. Bird (Hg),
   Religion in Film (Anm. 39), 44–57, bes. 54.
42 A.a.O, 55–56.
43 Lloyd Baugh, *Imaging the Divine* (Anm. 9), 3–6 and 234–237.
44 Paul Ricoeur, *Time and Narrative*, Vol. I, Chicago 1984, 52–87.

Leser liest das und nimmt es in seiner eigenen Wirklichkeitsinterpretation auf. Er eignet sich den Text existentiell zu. Das ist seine Refiguration. Um zu vermeiden, dass dieser letzte Schritt als billige Annexion interpretiert wird, spricht Ricoeur konsequent von einer Appropriation, einem Aneignungsprozess, in dem die Fremdheit des Textes bleibend anerkannt wird. Aneignung ist also nie eine einfache Identifikation. Anerkennung dieses bleibenden Abstands versteht Ricoeur als eine absolute Verstehensbedingung jedes literarischen Textes.[45]

In Einklang mit seiner Aufmerksamkeit für die fortdauernde Fremdheit eines Textes betont Ricoeur, dass ein Text sich letztendlich immer auf eine bestimmte Wirklichkeit bezieht. Diese Wirklichkeit kann nicht vom Autor oder vom Leser manipuliert werden. Sie übersteigt beide. Ein Text ist immer „ein Vorschlag für eine Welt", in dem der Leser vorübergehend leben möchte.[46] Es ist nicht die Wirklichkeit selber. Auf Christus angewendet bedeutet, dass literarische, filmische und andere künstlerische Bilder immer auf eine Wirklichkeit hinweisen, die die Bedeutung, die wir ihr geben, transzendiert. Das ist auch mit dem sogenannten „refigured", in einer neuen Form gegebenen Christus der Fall. Er bezieht sich immer auf eine Wirklichkeit, die die des Künstlers und des Publikums übersteigt. Aber das schließt nicht die Tatsache aus, dass beide, Autor und Leser, aktiv in den Prozess der Zuschreibung von Bedeutung einbezogen sind.

Eine Christologie „von unten"

Spannend an diesen verborgenen Christusfilmen ist also die Art und Weise, wie das Göttliche im Alltag dargestellt wird. Manchmal benutzt ein Filmemacher traditionelle Symbole wie Sturm, Donner oder Blitz, aber in der Regel verwendet er doch mehr originale, überraschende Anspielungen. Sie weisen oft auf zwischenmenschliche Erfahrungen hin. In der Regel ist das – wie gesagt – eine Erfahrung des „zu viel". Das können ein Blick, nur eine bloße Geste oder nur einige Worte sein. Es sind übersteigende Erfahrungen. Sie bieten einen Durchblick und funktionieren als Fenster.[47]

---

45 Paul Ricoeur, *Interpretation Theory: Discourse and the Surplus of Meaning*, Fort Worth ²1976, 91–94.

46 A.a.O., 94.

47 Jean-Luc Marion, *The Visible and the Revealed* (Anm. 23), 18–48 und 119–121.

Der religiöse Aspekt des Filmes ist somit nicht vom Alltag zu trennen. Jeder Film, der die Möglichkeit eines Hinweises auf einen verborgenen Christus offen lässt, wird dann auch immer mit seiner Menschlichkeit anfangen. Das menschliche Verhalten wird in einem solchen Film im Mittelpunkt stehen. Im theologischen Jargon bedeutet dies, dass es immer in erster Linie um eine Christologie „von unten" geht. Man könnte auch sagen: Es dreht sich immer um die Inkarnation, die Fleischwerdung. Christlich gesprochen kann darum die Wahrnehmung unserer alltäglichen Realität immer suggestiv sein. Sie kann Hinweise auf eine andere Wirklichkeit enthalten. Um Eliot zu zitieren: „Den Hinweis zur Hälfte erraten, die Gabe zur Hälfte verstanden, ist Inkarnation".[48]

In diesen Erfahrungen werden die Grenzen von dem, was es heißt, Mensch zu sein, erforscht und manchmal auch verschoben und damit durchbrochen. Dann ist es, als ob Unten und Oben zusammenkommen, Himmel und Erde sich begegnen. Dann nähern wir uns in der Tat dem, was wir Inkarnation nennen. Darin geht es nie nur um Affirmation, sondern auch um Negation. Es deutet auf eine zweiseitige Erfahrung hin. Einerseits ist es eine Erfahrung der Entledigung. Es hat alles zu tun mit dem Tod unseres alten Adam, mit Kenosis, mit der Kunst des Loslassens, Mit-Sterben mit Christus. Andererseits hat es auch alles mit Wiedergeburt, Mit-Auferstehung mit Christus zu tun, mit dem Empfang eines Geschenkes (Kolosser 2,12). Es kommt zum symbolischen Ausdruck in den Sakramenten der Taufe und des Mahls des Herrn.[49]

Der verborgene Christus ist also – das Wort sagt es schon – niemals ein offensichtlicher Christus. Auch im Neuen Testament war es, wie gesagt, nicht offensichtlich, dass Jesus der Christus war. Oft wurde er nicht als solcher erkannt. Neben Geräten und Kunstgriffen haben Filmemacher eigentlich nur zwei Methoden zur Verfügung, um auf einen verborgenen Christus anzuspielen: die Methode der positiven Ähnlichkeit oder die des negativen Kontrastes. Beide Methoden haben ihre Vor- und Nachteile. Ähnlichkeit hat den Vorteil der Einsichtigkeit, aber kann auch zu direkt, zu eindimensional werden. Das Kontrastverfahren ist in der Regel überraschender, aber kann auch so radikal sein, dass es nichts mehr hervorruft. Das Negativum kann so negativ sein dass es unmöglich wird, noch über ein positives Negativum

---

48 Thomas S. Eliot, *Four Quartets*, No.3: The Dry Salvages, 3: "The hint half guessed, the gift half understood, is Incarnation."

49 Jeremy S. Begbie, *Voicing Creation's Praise: Towards a Theology of the Arts*, Edinburgh 1991, 214 und auch Martien E. Brinkman, *Jesus Incognito* (Anm. 2), 49.

zu sprechen wie zum Beispiel Miskotte das manchmal in seiner Literatur-
analyse getan hat.[50]

Merkmale der Christusfigur

Obwohl eine objektive, filmische Christusfigur nicht vorhanden ist,[51] muss
man doch ein sicheres Bild von ihm haben, bevor man anfangen kann, ir-
gendwo einen verborgenen Christus zu entdecken. Mein Vorschlag ist, dass
wir uns auf vier Hauptmerkmale konzentrieren. Sie können mehr oder weniger als Zusammenfassung der Evangelien und der Glaubensbekenntnisse
der alten Kirche betrachtet werden. Als wesentliche Aspekte des Lebens Jesu
verstehe ich seine göttliche Berufung, seine Botschaft vom kommenden
Reich, das Opfer seines Lebens als Implikation seiner Berufung und seine
Auferstehung. Er fühlte sich von Gott gerufen die riskante Botschaft einer
radikal anderen Welt mit seinem eigenen Tod als Voraussetzung zu verkün-
digen und er war von der Vollendung (göttliche Bestätigung) seines Lebens
nach seinem Tod überzeugt.

In diesem Bild ist von Anfang an Raum für das Geheimnis, das nach
der christlichen Tradition die Figur des Jesus Christus verkörpert, nämlich
die Gleichzeitigkeit seiner göttlichen und menschlichen Natur. Eine
solche Voraussetzung ist nicht dazu gedacht die künstlerische Freiheit
einzuschränken. Auch ist sie nicht von einer Institution (einer Kirche)
vorgeschrieben worden. Und die vier oben genannten Identitätsmerkmale
brauchen auch nicht alle gleichzeitig erkannt zu werden. Eines von ihnen
kann so prominent da sein, dass dieses schon ausreicht, um die Verbindung
mit der Christusfigur hervorrufen zu können.

Diese Merkmale sind nur ein Instrument der Analyse. Wir haben es
nötig. ihre Anwesenheit in einer einigermaßen substantiellen Weise fest-
zustellen, um die fiktiven, verborgenen Christusfiguren in Filmen mit dem
Christus der christlichen Tradition identifizieren zu können.[52] Man könnte
hier auf den bekannten Unterschied aus der Wissenschaftstheorie zwischen

50 Kornelis H. Miskotte, *Theologische opstellen* (Anm. 18), 226.
51 Christopher Deacy, Reflections on the Uncritical Appropriation of Cinematic Christ-
Figures: Holy Other or Wholly Inadequate?, in: *Journal of Religion and Popular Culture* 13
(Sommer 2006) 1–16.
52 Peter Malone, Jesus on Our Screens, in: John R. May (Hg.), *New Image of Religious Film*,
Kansas City 1997, 69–70 (57–71).

einem Begründungs- und einem Entdeckungszusammenhang verweisen. Die vier genannten Identitätsmerkmale seines Lebens gehören dem Begründungszusammenhang zu. Was man in einem Film tatsächlich wahrnimmt, gehört dann dem Entdeckungszusammenhang zu als Lebenszusammenhang des Betrachters.[53]

Die Jesus- und die Christusfigur

Ich habe das transzendente Moment im fiktiven Leben der Christusfiguren mit dem Göttlichen identifiziert und mit den vier Identitätsmerkmale des Lebens Jesu (Berufung, Botschaft, Tod und Auferstehung) verbunden. Da könnte man seine Identität finden als Offenbarer der göttlichen Nähe, so lautet meine These. Wie wir genau in diesen Figuren die Offenbarung Gottes (in der Mitte aller Verhüllung) erkennen können, bleibt jedoch auch mit diesen Analyse-Instrumenten immer noch eine offene Frage. Brauchen wir dazu etwas radikales Neues im Vergleich zu dem, was wir wahrzunehmen gewohnt sind? Oder geht es um den Hinweischarakter dessen, was an und für sich schon lange bekannt war? Oder betrifft es die Nähe des ganz Anderen, des Fremden? Oder ist es die eindringende Konfrontation mit den harten Seiten der nackten menschlichen Existenz die vielleicht als Kontrast, als ein positives Negativum, fungieren kann?

Die Christusfigur und die historische Jesusfigur können natürlich weder in der Wirklichkeit der Gläubigen noch in der Konzeption von Künstlern getrennt werden. Die Liste der nicht weniger als 25 Merkmale der Christusfigur, die der australische Filmkritiker Anton Karl Kozlovic zusammengestellt hat, ist ein gutes Beispiel für dieses Ineinander von historischen und rezeptionsgeschichtlichen Aspekten.[54] Solche Merkmale tragen jedoch nur in begrenztem Umfang zu dem Prozess des Bedeutunggebens bei. Bedeutunggeben ist ja mehr als Parallelen zwischen Filmfiguren und dem biblischen Jesus zu ziehen.[55] Die Zuschreibung von Bedeutung geschieht nicht durch die Zusammenstellung einer Art von Checkliste der Parallelen, son-

---

53 Gerhard Sauter, Die Begründung theologischer Aussagen – wissenschaftstheoretisch gesehen', in: ZEE 15 (1971) 299–308 und auch Wolfhart Pannenberg, *Wissenschaftstheorie und Theologie*, Frankfurt am Main 1973, 295–298 und 323–324.

54 Anton K. Kozlovic, The Structural Characteristics of the Cinematic Christ-Figure, in: *Journal of Religion and Popular Culture* 8 (Herbst 2004), 1–71.

55 Christopher Deacy, Reflections on the Uncritical Appropriation (Anm. 51), 4.

dern hat mit der geistigen Verarbeitung dieser Parallele durch die Betrachter zu tun. Es ist eng verbunden mit dem, was der Film präsentiert und was der Betrachter entdeckt in Bezug auf diese Repräsentationen Christi. Nur eine kreative Interaktion zwischen diesen beiden Polen kann zu neuen zeitgemäßen Interpretationen der Jesusfigur führen. Dann wird meiner Meinung nach die Jesusfigur eine Christusfigur: ein aktueller Jesus. Absichtlich spreche ich hier von einer Christusfigur und nicht von einem Christusprinzip wie es zum Beispiel in der heutigen indischen christlichen Theologie oft geschieht.[56] Das Wort „Figur" bezieht sich hier auf eine konkrete (sei es auch fiktive) Person, die spricht und handelt. Wie wir von alttestamentlichen Präfigurationen sprechen, können wir vielleicht auch von neuzeitlichen Postfigurationen sprechen.

In Prä- und Postfigurationen wird die Typologie immer nur zu einem gewissen Grad absorbiert. Die verschiedenen Figurationen zeigen immer nur einen gewissen Aspekt der Figur, die im Mittelpunkt steht. Jesus selbst ist der einzige, der das Bild komplett verkörpert. Prä- und Postfigurationen sind somit nie identisch mit ihm. Sie sind nur mehr oder weniger identifizierbar mit ihm. An der Schnittstelle von Identität und Nicht-Identität mit dem historischen Jesus wird diese Figur immer wieder gefunden werden. Daher macht es nicht viel Sinn, immer wieder daraufhin zu weisen, dass die filmische Christusfigur sich vom historischen Jesus unterscheidet. Das ist logisch und der Idee der Postfiguration inhärent. Es ist wichtiger, die Gemeinsamkeiten in neuen Bilder zu suchen, die uns seine bleibende Bedeutung enthüllen können.

Filmische Christusfiguren repräsentieren konkret vorgestellte, fiktive menschliche Individuen, die als unabhängige Filmcharaktere auf die zeitgenössische Bedeutung der Jesusfigur hinweisen.[57] Durch die Anspielung auf die Jesusfigur bringt der Filmemacher (oder Betrachter) eine zusätzliche Tiefendimension an in einen an und für sich vollwertigen filmischen Charakter.[58] Als unabhängiger Charakter ist die filmische Christusfigur mehr als „nur" ein Nachahmer von Jesus. Solch eine Figur weist auch hin auf die Bedeutung der Person Jesu. Das tut er nicht als *homo optimus*, als der ideale Mensch, auch nicht als die Verkörperung der *condition humaine* im allge-

56 Raimon Panikkar, *Trinity and the Religious Experience of Man*, Maryknoll 1973, 54 und 68, wo Panikkar von einem „christic principle" spricht.

57 Martien E, Brinkman, *Jesus Incognito* (Anm. 2), 41.

58 Christine Downing, Typology and the Literary Christ-Figure: A Critique, in: *The Journal of the American Academy of Religion* 36 (1968) 25–26 (13–27).

meinen, sondern als *homo proximus*, der den Wörtern und Handlungen des Menschen Jesus am nächsten kommt und damit auch der göttlichen Nähe, die er verkörpert.

Die Christusfigur wird in der Regel genug Aspekte umfassen, um durch den immanenten Rahmen unserer säkularen Wirklichkeit zu brechen und damit die Möglichkeit zu eröffnen, neu auf unsere eigene Existenz im Lichte des Gott-Mensch-Geheimnisses zu reflektieren, das Jesus verkörpert.[59] Daher bin ich auf der Suche nach zeitgenössischen Bildern von Christus. Ich suche nicht nach archetypischen Erlöserbildern, deren Merkmale auch in anderen Religionen anerkannt werden können. Meine Intention ist es, vor allem zu einer theologischen Bewertung dessen zu kommen, was zwischen Film und Theologie in Bezug auf Jesus geschieht.

Ich habe den Eindruck, dass die religiöse „Entzauberung" unserer Welt (Max Weber) nur teilweise stattgefunden hat. Eine rein naturalistische Annäherung unserer Wirklichkeit bleibt für viele Künstler unbefriedigend.[60] Man kann vielleicht sogar von einer Wiederverzauberung sprechen, wenn auch bisher ohne eine erweiterte theoretische Basis. Es gibt noch immer eine theoretische „Einsamkeit", wozu viele Künstler sich selbst im vorigen Jahrhundert verurteilt haben.[61] Ich möchte dieser Einsamkeit nicht das letzte Wort geben, denn es ist ja immer noch möglich, dass Konvergenzen zwischen den zentralen Fragen, die die Grundlage des Christentums formen, und den Fragen, die die moderne westliche Kunst aufwirft, festgestellt werden können. Da könnte noch immer eine „analoge Einbildung" sein.[62]

Theologische Ideen können sozusagen anonym (inkognito) von der Kunst an die Theologie „zurückgegeben" werden. Dann sind sie in der Übersetzung nicht verloren gegangen (*lost in translation*), sondern aufbewahrt (*found in translation*). Die künstlerische Darstellung ist dann nicht ein Verrat (*betrayal*), sondern eine Bestätigung (*portrayal*) der christlichen Wahrheit. Die Phrase „Jesus inkognito" erhält dann eine solche positive Konnotation, dass man über einen verborgenen Christus sprechen darf. Offenbar gibt es eine eindringende, geheimnisvolle Kraft, wodurch das menschliche Vorstellungsvermögen die kreativen, fiktiven Charaktere und dramatische

---

59 Robert Detweiler, The Christ Figure in American Literature (Anm. 6), 312–315.
60 David Morgan, Enchantment, Desenchantment, Re-Enchantment, in: James Elkins and David Morgan (Hg.), *Re-Enchantment*, London 2009, 9–14 (3–22).
61 Jeremy S. Begbie, *Voicing Creation's Praise* (Anm. 49), 186–204.
62 David Tracy, *The Analogical Imagination: Christian Theology and the Culture of Pluralism*, New York 1981 und Ernest Ferlita, 'The Analogy of Action in Film' (Anm. 41), 44–57.

Plots erfinden kann, die den zentralen Charakteren und Ereignissen in den vier Evangelien gleichen.[63]

Nur eine fiktive Figur?

Geht es nur um *fiktive* Charaktere? Wie können fiktive Charaktere die Heilsbedeutung von Christus repräsentieren? Vieles hängt hier von dem ab, was man unter Fiktion versteht. Nach dem nordamerikanischen Philosophen Nicholas Wolterstorff hat jeder Künstler in seinen fiktiven Projektionen immer die Anmaßung, etwas über die wirkliche Welt herauszusagen.[64] Das bedeutet, dass die projektierte Welt immer das Potential enthält, die wahre Wirklichkeit zu enthüllen. Selbstverständlich ist das kein Plädoyer, den Unterschied zwischen der fiktiven and der wirklichen Welt auszulöschen. Es ist eher ein Versuch, Aufmerksamkeit auf die Tatsache zu richten, dass unsere Alltagserfahrung von der fiktiven Welt bereichert und illuminiert werden kann.[65]

Natürlich sollen, wie gesagt, alle Kunstinterpretationen, die eine Offenheit für christliche Interpretationen zeigen, früher oder später mit den genannten vier Identitätsmerkmalen des Lebens Jesu in Verbindung gebracht werden. Nicht um sie in eine Zwangsjacke zu zwingen, sondern um einen Dialog zu initiieren. Ansonsten bleiben Theologie und Film für einander verschlossen. Man könnte hier von der Möglichkeit einer *wechselseitigen Transformation* sprechen.[66]

Neue Interpretationen können neues Licht auf die christliche Überlieferung werfen und die biblische Überlieferung wird immer wieder neue Interpretationen vertiefen und ergänzen (kritisch oder zustimmend).[67] Konkret heißt das, dass nicht nur die Christusfigur immer wieder neue Bedeutungen enthält, sondern dass auch dieselbe Christusfigur neue Interpretatio-

---

63 Neil P. Hurley, Cinematic Transfigurations of Jesus, in: John R. May and Michael S. Bird (Hg.), *Religion in Film* (Anm. 40), 75 (61–78).

64 Nicholas Wolterstorff, *Art in Action: Towards a Christian Aesthetic*, Grand Rapids 1980, 125.

65 Jeremy S. Begbie, *Voicing Creation's Praise* (Anm. 49), 252.

66 Der Gedanke der wechselseitigen Transformation ist der Schlüsselbegriff meiner beiden Bücher über den *Non-Western Jesus* (Anm. 1) (17–23) und den *Jesus Incognito* (Anm. 2) (46–54).

67 Christopher Deacy, Redemption, in: John Lyden (Hg.), *The Routledge Companion to Religion and Film* (Anm. 4), 358–359 (351–367).

nen erzeugt. In Christus manifestiert sich immer wieder seine historische und gegenwärtige Ausdruckskraft in dauernder Interaktion.[68] So, im Begriff der *wechselseitigen Transformation,* betone ich sowohl die transformierende Kraft der Kunst als auch der Person Jesu Christi.[69]

Wenn wir hier richtig von Interaktion im Sinne von wechselseitiger Transformation sprechen können, bedeutet das, dass wir unsere eigene Kultur auch als Gesprächspartner der Theologie ernst nehmen können ohne dem klassische Risiko zu erliegen, dass die Kultur das Evangelium überwältigt. Dagegen bieten die oben genannten vier Identitätsmerkmale Jesu hinreichend Gegengewicht. Wichtig ist es dabei auch zu unterstreichen, wie schon gesagt, dass in der Inkarnation Affirmation immer mit Transformation zu tun hat. Wer Inkarnation sagt, sagt Kreuz und Auferstehung, er weist hin auf das Sterben und Auferstehen mit Christus. Es wird immer eine kritische Aneignung betreffen. Deswegen sehe ich mein Plädoyer für einen echten Dialog zwischen Kunst und Theologie auch nicht als eine Wiederholung des Dialogs Barths mit der „Kultur" seiner Zeit. Die in der damaligen Kultur artikulierte „Erfahrung" spricht Barth jede Lebensnähe ab. Ihm geht es darum, eine Perspektive des Menschen und der Welt zu entwickeln, die von vornherein die Erfahrung Gottes in Rechnung stellt.[70] Nur unter dieser Voraussetzung könnte er zum Beispiel die Werke Dostojevskis und Overbecks kritisch würdigen.[71] Pauschal abweisend gegenüber den Kunstausdrücken seiner Zeit war er niemals.

Jetzt habe ich den Eindruck dass die großen Wörter der christlichen Überlieferung dank oder trotz der Säkularisation auf der Straße liegen. Jedermann kann sie aufnehmen. Dann und wann nimmt ein Filmmacher sie tatsächlich auf. Darauf möchte ich mit diesem Beitrag hinweisen.

---

68 Ders., Reflections on the Uncritical Appropriation, (Anm. 51), 13–16.
69 Robert K. Johnston, *Reel Spirituality: Theology and Film in Dialogue,* Grand Rapids ²2006; 251.
70 Vgl. Cornelis van der Kooi, *Anfängliche Theologie. Der Denkweg des jungen Karl Barth,* München 1987, 245.
71 Vgl. Ekaterina Vladimirovna Tolstoj, *Caleidoscoop. Fjodor .M. Dostojewski en de vroege dialectische theologie,* Gorinchem 2006 und Hans Schindler, *Barth und Overbeck. Ein Beitrag zur Genesis der dialektischen Theologie im Lichte der gegenwärtigen theologischen Situation,* Darmstadt 1974.

Wechselseitige Transformation

Neue künstlerische Formen können verborgene Anspielungen auf die Rolle der zentralen Charaktere und Ereignisse der vier Evangelien enthalten.[72] Das bedeutet, dass nicht nur das Neue Testament angewandt werden kann, um neue, filmische Interpretationen von Christus zu verstehen, sondern auch, dass diese Interpretationen angewandt werden können, um das Neue Testament zu verstehen. In diesem Zusammenhang ist der Begriff der „Umkehr des hermeneutischen Flusses" geprägt worden.[73] Der Fluss bewegt sich dann nicht nur vom Text zum Kontext, sondern auch vom Kontext zum Text.

In der Geschichte des Christentums gibt es viele Beispiele, dass künstlerische Arbeiten einen wichtigen Beitrag geliefert haben, die existentielle Bedeutung der Bibeltexte zu verstehen.[74] Selbstverständlich denkt man hier zuerst an Bachs Matthäus- und Johannespassion, aber man kann auch an Rembrandts bekannte Darstellung der Rückkehr des verlorenen Sohnes denken (Lk 15,11–32)[75] oder die Erläuterungen von Abrahams Bereitschaft, Isaak zu opfern (Gen. 22,1–19), wie sie in Kierkegaards berühmtem Buch *Furcht und Zittern* (1843) zu finden sind, um nur einige mehr oder weniger klassische Beispiele zu nennen. Barth würde hier sicher auch Mozart nennen.[76] In allen Fällen wird es um kritische Aneignung gehen. In Bezug auf die Christusfigur würde ich hier in der Nachfolge Barths – den Paragraphen 44.3 über den wirklichen Menschen in KD III/2 referierend – von der „menschlichen Potentialität vom Akt des wirklichen Menschen

---

72 Neil P. Hurley, Cinematic Transfigurations of Jesus (Anm. 63), 75; Anton Karl Kozlovic, The Structural Characteristics of the Cinematic Christ-Figure (Anm. 54), 6 and Dan A. Seidell, *God in the Gallery* (Anm. 3), 74.

73 Larry Joseph Kreitzer, *The New Testament in Fiction and Film: On Reversing the Hermeneutical Flow*, Sheffield 1993; Idem, *Gospel Images in Fiction and Film: On Reversing the Hermeneutical Flow*, London 2002, 8; Christopher Deacy, Reflections on the Uncritical Appropriation (Anm. 51), 14 und Robert K. Johnston, *Reel Spirituality* (69), 253.

74 Larry Joseph Kreitzer, *The New Testament in Fiction and Film* (Anm. 73), 151–152.

75 Henri J.M. Nouwen, *The Return of the Prodigal Son: A Story of Homecoming*, New York 1992 (Holländische Übersetzung: *Eindelijk Thuis. Gedachten bij Rembrandts 'De terugkeer van de Verloren Zoon'*, Tielt 1992.

76 Karl Barth, *Wolfgang, Amadeus Mozart*, Zürich 1956. Vgl. auch Colin Gunton, Mozart the Theologian, in: *Theology* XCIV (1991) No. 761, 346–349. Siehe auch Reiner Marquard, *Karl Barth und der Isenheimer Altar*, Stuttgart 93–94 und Barths kritische Bemerkungen zu Bachs Matthäuspassion in *KD* IV/2, 280.

her" sprechen, wodurch auch künstlerische Phänomene als Symptome des Menschlichen eingesehen und gewürdigt werden können.[77] Dann nimmt man wirklich ernst, was es bedeutet, dass unsere Wirklichkeit in Christus eine Christuswirklichkeit geworden ist. Wir interpretieren Christus nicht in unsere Wirklichkeit hinein, sondern er ist schon da.

Vielleicht können heute viele Bilder aus Filmen zu den bekannten biblischen Bildern auf ähnliche Weise hinzugefügt werden, wie das immer in der Kirchengeschichte auch in anderen Bereichen (Philosophie, Musik, Malerei und Literatur) passiert ist. In der östlichen Orthodoxie vor allem ist es ein weit verbreiteter Gedanke, dass der (charismatische) Ikonenmaler nicht nur einfache Gläubige, sondern auch die Theologen mit seiner Kunst erzieht. Dann sind tatsächlich immer zwei gegensätzliche Richtungen vorausgesetzt. Wir kommen – wie schon eher gesagt – zu den Ikonen, aber die Ikonen kommen auch zu uns.[78] In der östlichen Orthodoxie ist Ikonen-Unterricht dann auch ein regulärer Teil des theologischen Unterrichts. Filme könnten, möchte ich sagen, auch diese Rolle erfüllen. Selbstverständlich können bei weitem nicht alle Filme diese fast ikonische Rolle übernehmen. Auch möchte ich nicht ein Plädoyer für die Rolle von Filmen (und nicht nur Filmen) als Gesprächspartner der Theologie halten, als wären sie mit dem direkten Offenbarungsgehalt, den man da den Ikonen zudenkt, zu vergleichen.

Aber es lässt sich doch nicht leugnen, dass viele künstlerische Ausdruckformen im Prozess der gegenwärtigen Zurechnung von Bedeutung eine hervorragende Rolle spielen. Natürlich ist das Neue Testament die wichtigste Quelle auch der gegenwärtigen Interpretation der Christusfigur, aber zugleich ist zu betonen, dass man ohne die Hilfe von gegenwärtigen Ausdruckformen das Neue Testament nicht richtig verstehen kann, wie das in der Geschichte des Christentums immer der Fall war. Ob dieser Argumentationskreis ein Teufelskreis ist oder nicht, hängt davon ab, ob wir die theologische und spirituelle Sensibilität entwickeln können, um zu einer breiter erarbeiteten, christlichen Hermeneutik der gegenwärtigen Kunst zu kommen, in der die Gleichzeitigkeit von Distanz und Nähe, Fremdheit und Aneignung adäquat durchdacht ist.[79]

---

77 *KD* III/2, Zürich: Zollikon 1948, 238. Vgl. auch Martien E. Brinkman, Wie wirklich ist die Wirklichkeit des Menschlichkeit Gottes bei Karl Barth? (Anm. 16), 26–28.

78 Jim Forest, *Praying with Icons*, New York 1997 und auch Archimandrite Vasileios, *Hymn of Entry: Liturgy and Life in the Orthodox Church*, New York 1984, 81–90.

79 Vgl. dazu schon John W. de Cruchy, *Christianity, Art and Transformation*, Cambridge 2001; ders., Holy Beauty: A Reformed Perspective on Aesthetics within a World of Ugly

Exkurs: Das Beispiel von J.M. Coetzee's „Schande'

An Hand des Romans (und Films) *Schande* des südafrikanischen Autors J.M. Coetzee lässt sich das oben Genannte gut illustrieren.[80] Coetzees Roman ist ein Roman des Umbruchs im individuellen und gesellschaftlichen Sinne. Es spielt in Südafrika nach dem Ende der Apartheid. Wenn Coetzee 1987 den Jerusalem-Preis empfing, hat er in seiner Dankesrede die katastrophale Wirkung des Regimes der Apartheid für das individuelle Gefühlsleben betont. Es schädigt das menschliche Vermögen, seine Mitmenschen normal zu lieben, fundamental.[81] In seinem Roman ist der (weiße) Vater, David, das klarste Beispiel dieses Unvermögens. Es gelingt ihm nicht, Frauen auf eine normale Weise zu lieben. Nur am Ende des Buches entdeckt er, dass er dafür seine Auffassung von Liebe zu ändern hat. Das gelingt ihm nur, wenn er, der manchmal im Roman sagt, dass er sich nicht ändern will, bereit ist, das bekannte Wort von Rilke über das „Du musst dein Leben ändern"[82] in seine eigene Lebenshaltung zu integrieren. Wenn er auf der letzten Seite des Buches seinen verletzten Lieblingshund aus den Händen gibt, gibt er de facto auch endlich sein eigenes Leben aus seiner Hand. In der Verfilmung dieses Romans sieht man als letzte Szene David den Hund tragen wie in der christlichen Ikonografie der gute Hirt das Lamm Gottes trägt. Er gleicht dann einem Christophorus.[83]

In der Mitte des Romans wird Lucy, die Tochter, von drei schwarzen Männern vergewaltigt. Als sich herausgestellt hat, dass sie schwanger ist, verweigert sie sich einer Abtreibung und einer Anzeige der Täter bei der Polizei. Sie sieht ihre Schwangerschaft als eine Art von Wiedergutmachung für das, was ihre weißen Ahnen in Südafrika falsch gemacht haben. Im gan-

---

Injustice, in: Brian A. Gerrish (Hg.), *Reformed Theology for the Third Christian Millennium*, Louisville 2003, 13–25; William A. Dyrness, Reformed Theology and Visual Culture: The Protestant Imagination from Calvin to Edwards, Cambridge/New York 2004 u. Nicholas Wolterstorff, Art in Action (Anm. 64).

80 J.M. Coetzee, Schande, Frankfurt (1999) ³2003. Der englische Titel lautet: Disgrace und der niederländische Titel: In ongenade.

81 J.M. Coetzee, Jerusalem Price Acceptance Speech, in: D. Attwell (eHg.), *Doubling the Point: Essays und Interviews,* Cambridge MA/London 1992, 96–99.

82 Text des letzten Satzes des Gedichts: Archaischer Torso Apollos. Vgl. J.M.Rilke, *Sämtliche Werke, Bd.1,* Frankfurt am Main 1955, 557.

83 2009 hat Steve Jacobs den Roman mit John Malkovich und Jessica Haines in den Hauptrollen verfilmt. Nicht nur der Roman, sondern auch der Film hat viele Preise gewonnen.

zen Roman spielt die Frage, was ein Mensch mit seiner Reue bewirken kann, eine herausragende Rolle. Das gilt sowohl für David als auch für Lucy. Ich bin geneigt, diesen Roman gegen den Hintergrund eines Essays von Coetzee zu interpretieren, das er selbst „pivotal" (entscheidend) für sein Werk genannt hat, nämlich dem Essay über „Confession and Double Thought: Tolstoi, Rousseau, Dostojewski". Er charakterisiert diesen Essay als eine Debatte zwischen Zynismus und Gnade. Zynismus als die Negation einer letzten Basis für Werte. Gnade als eine Kondition, in der die Wahrheit unmissverständlich deutlich werden kann, erzählt ohne Blindheit.[84] In dem genannten Essay betont er die beschränkte Reichweite von Selbst-Introspektion. Wir können oft nicht die volle Wahrheit über uns selbst wissen. Konfession als Selbst-Bekenntnis kennt dann auch seine Grenze und das bewirkt auch, dass unsere Möglichkeiten zur Vergebung ihre Grenze kennen. Deswegen brauchen wir göttliche Absolution, eine Intervention von Gnade in unserer Welt. Für Coetzee gehören Selbstbekenntnisse dann auch in eine Reihe mit Übeltat (Transgression), Konfession, Pönitenz und Absolution. Also innerhalb des klassischen Schemas des Sakraments der Busse.[85] Deshalb bin ich geneigt, Coetzees Roman als einen Ruf nach göttlicher Absolutionsgnade zu lesen. Letztendlich dreht sich sein Roman dann paradoxaler Weise doch um Gnade.[86]

---

84 D. Attwell (Hg.), *Doubling the Point* (Anm. 63), 391–392. Vgl. für den Text des Essays, a.a.O., 251–293. Vgl. auch M.E. Brinkman, *Jesus Incognito* (Anm.2),123–139.
85 D. Attwell (Hg.), *Doubling the Point* (Anm. 63), 251–253 und 291–293.
86 Vgl. R. Ammicht-Quinn, Aus der Gnade gefallen, in: E. Garhammer/G. Langenhorst (Hg.), *Schreiben ist Totenerweckung. Theologie und Literatur,* Würzburg 2005, 116–130.

Wessel ten Boom

ECCE HOMO AGENS
Der königliche Mensch bei Karl Barth

Gestatten Sie mir, Sie in der Form einer Frage mitzunehmen auf eine Reise durch die dogmatische Landschaft Karl Barths, oder besser gesagt: einigen Ansätzen seiner Theologie im Laufe seiner Zeit entlang, die meines Erachtens sehr miteinander verknüpft sind. Diese Reise wird in einer ernsthaften Frage an Barth enden, inwiefern er doch mehr Zollgeld an die Moderne bezahlt hat, um seine einsame Pilgerfahrt weiterführen zu können, als er sich selbst und uns vorgemalt hat.

1.

Christus war für Barth eine Kampfparole. Es ist bekannt, dass vor allem der junge Barth gerne in der Sprache des Militärs geredet hat, wo Christus wie der Brückenkopf Gottes und seiner Revolution in der öden, von Gott verlassenen Landschaft des ersten Weltkrieges erscheint. Auch Feldwebel Barth hat sich mit seinem Spatel tüchtig in die Diskussionen des 19. Jahrhunderts eingegraben, und man bekommt manchmal den Eindruck, dass es ihm nie mehr ganz gelungen ist, aus seinem Schützengraben herauszukriechen. Vielleicht wollte er das auch nicht. Denn wenn ein Christ kein Soldat mehr ist, singt er wie ein einsamer Vogel auf dem Dach,[1] und auch dieses Lied bleibt doch immer noch eine Kampfparole. Jesus ist Sieger![2]

---

1 Ps. 102, 8. Das Zitat lässt sich bei Barth an mehreren Stellen auffinden, so z.B.: "In der ihm aufgetragenen *besonderen* Sorge muss der Theologe *wach* bleiben, ein einsamer Vogel auf dem Dach, auf der Erde also, aber unter dem offenen, weit und unbedingt offenen Himmel", Karl Barth, Theologische Existenz heute, in: ThExh 1 (1933), 40.

2 Vgl. der Überschrift von Par. 69, Kap. 3 der KD IV/3: Jesus ist Sieger!

Ich unterscheide vier Perioden in der Theologie Barths und sehe dementsprechend vier Bollwerke, vier Festungen in der Landschaft auftauchen,
die alle vier Christus in seinem Kampf mit dieser Welt dienen sollten. Vier
sehr unterschiedliche Bollwerke, die aber unterirdisch miteinander verbunden sind, irren wir uns da nicht. Denn dass die Theologie Barths immer in
Bewegung, im Aufmarsch ist, und nie eine feste Position vertritt, gehört zu
ihrem Wesen, ihrer Größe, ihrer Mühe. Nur Gott ist der feste Punkt und wir
kreisen immer umher mit unseren vorläufigen und armseligen Kreidekrei-
sen.

Ich sehe da die Festung des frühen, sozusagen bürgerlich-revolutionären
Barths, der sich emanzipatorisch bewegt vom Humanismus zum Sozialismus, weil Gott für *alle* da ist. Wir können von Gott nicht groß genug denken. Barth liest Schiller und später Karl Marx, wie so viele. Stichwort: Gott
sagt Ja zu dem Menschen und er schließt keinen davon aus. Diese Burg hat
Barth nie mehr verlassen. Es ist der eigentliche Inhalt seines Feldpostens:
Wir geben keinen auf. Sie war aber in der Form des 1. Römerbriefes nicht
mehr haltbar und nun, seit Tambach, erhebt sich ein zweites Bollwerk, und
es ist ein totaler Angriff: Gott sagt zu allen Menschen Nein. Es ist das Trau-
erbollwerk ohnehin, das Bollwerk eines verlorenen Liberalismus, eines verlorenen Sozialismus, jedes verlorenen optimistischen Weltbildes überhaupt,
aber immerhin das Bollwerk Gottes großer Solidarität mit der Welt, denn
dieses absolute Nein ist die Folge gerade Gottes absoluten Ja. Denn Gott ist
Gott.

Und dann über Nacht ist es lange Zeit ruhig. Barth professiert statt pro-
testiert, er liest Luther, er liest Calvin, er hält Vorträge in München, Berlin,
Utrecht. Und da, plötzlich: es weht eine weiße Fahne, die Burg ist schon
verlassen, eine neue hat sich erhoben. Hierher! Alle Heiligen, die ganze mi-
litia Christi, ziehen sich zurück zu einem neuen Friedensangebot an diese
verlorene Welt: christologische Konzentration. Sagen wir so ungefähr in
den dreißiger Jahren. Stichwort: Gott sagt Ja und Nein in Christus Jesus.
Es ist die innerste Konzentration der Barthschen Theologie, nicht nur eine
Parole, sondern nun auch entscheidend Christus als der eine Pol Gottes, in
dem schon der Mensch seinen festen Wohnsitz hat. Es ist das Bollwerk, das
sagt: Kommet her zu mir alle, die mühselig und beladen seid, ich will euch
erquicken.[3] Mein Bollwerk ist ein Haus des Friedens und ich bin die Tür. Ihr
seid schon mein.

---

3 Vgl. Mt 11, 28.

Höhepunkt: die *Kirchliche Dogmatik* II/2, mitten im Krieg die Lehre der Erwählung: in Christus sagt Gott Ja zu den Menschen, während er das Nein sich selber vorbehält. Gerade in seiner Konzentration war diese Theologie Theologie des Widerstandes, denn auch hier ist Christus eine Kampfparole, da Barth auf Grund des Ja Gottes höchst konzentriert gegen jede natürliche Theologie zu Felde zieht. Und großartig ist es, wie Barth die ganze Kirchengeschichte mit ihren Dogmatikern als Zeuge seiner Sache anzurufen und sie dementsprechend aufzustellen weiß. Und nun fragen wir: Wohin bewegt sich diese Theologie? Jeder, der Barth liest und kennt, weiß, wie gerade die Schmalspur seiner Theologie immer der breiteste Weg sein möchte, wie im Nein das Ja steckt, in Christus die ganze Menschheit und der ganze Kosmos im Spiel ist – und jeder wird dieser Dialektik auch mal etwas müde. Jedenfalls, so ergeht's mir und ich bin nicht der einzige. Wohin bewegt sich also diese Theologie, und wohin konnte sie sich bewegen?

Nun sehen wir doch eine vierte feste Burg auftauchen, aus den Nebeln des zweiten Weltkrieges. Es ist nicht die Burg eines definitiven orthodoxen Barths, so wie er immer mehr verstanden wird, glaube ich. Der Barth, der in der christologischen Wende eine Ruhe, eine theologische Mitte gefunden hat und nun seine Sache einfach ruhig weitertreibt. Der Barth, der nun theologisch mehr oder weniger zuverlässig wäre, auch wenn er politisch vielleicht etwas überspitzt oder gerade zu neutral ist. Ich hoffe, dass es diesen orthodoxen Barth nie geben wird, und gerne stimme ich Friedrich-Wilhelm Marquardt in seinen damaligen Bestrebungen zu, Barth in all seinen Wendungen politisch zu lesen. Nicht dass die Wahlzettel Barths uns so sehr zu interessieren brauchen, obwohl natürlich jeder spürt, dass in seinen Werken kein liberaler Bürger und noch weniger ein Christ-Demokrat die Feder führt. Es ist die Theologie selber, gerade die Theologie der KD, die sich gegen eine orthodoxe Lektüre wehrt und wendet, weil sie in ihrer ganzen Struktur, man könnte mit Marquardt ruhig sagen, „sozialistische Inhalte produziert", linke Assoziationen hervorbringt[4] – oder sagen wir es heutzutage so: die anspielt auf die Moderne, auf die moderne demokratische Gesellschaft mit ihren Fragen und Chancen, die, so wie Gott, *für alle* da ist. Es ist doch unübersehbar, dass der Angriff Barths auf das liberale Christentum in Kirche und Gesellschaft, mit ihrer Hervorhebung der menschlichen Autonomie und Subjektivismus, nicht aus feudalen und klerikalen Einsichten

---

4 Vgl. Friedrich-Wilhelm Marquardt, *Theologie und Sozialismus. Das Beispiel Karl Barths*, München ³1985, vor allem die Kapitel VI u. VII.

und Wünschen hervorkommt, sondern von links her, als „Überkritik" so-
zusagen, weil wir, um Barths berühmte Aussage in Tambach zu paraphrasie-
ren, es uns leisten können, liberaler als die Liberalen zu sein, sozialer als die
Sozialen, christlicher als die Christlichen.[5] Es liegt ein langer Weg zwischen
Trinitäts- und Tauflehre, zwischen I,1 und IV,4. Haben wir schon die vierte
Festung im Visier, die Barth in der Nachkriegszeit aufgeworfen, gegraben,
besetzt hat? Da ist er: der *königliche* Mensch. Stichwort: die *Menschlichkeit*
Gottes. Der Mensch, der in seiner selbstbeantragten Taufe aufsteht zum
neuen, wirklichen, wahren Menschen.

Dieser königliche Mensch findet dogmatisch gesehen vor allem seinen
Grund in dem Teil der Versöhnungslehre, mit dem wir uns diesen Tagen beschäftigen. Die Frage, die ich Ihnen nun vorlegen möchte, ist diese: Stimmt
es, dass dieser „königliche Mensch" aus der *Kirchlichen Dogmatik* der Versuch des älteren Barths ist, sein ursprüngliches politisches, emanzipatori-
sches Anliegen nun auf der innersten Ebene der Dogmatik, also innerhalb
der Christologie, wieder aufzunehmen und ihm neuen Raum zu erschaf-
fen? Und ist dieser Versuch zugleich nicht auch der Versuch, aus den engen
Grenzen der traditionellen Christologie oder vielleicht sogar seiner eigenen
christologischen Konzentration herauszubrechen, ohne jedoch ihre Intentionen zu verlassen? Und nicht zuletzt: was halten wir davon?

2.

In der Einführung des dritten Kapitels über den königlichen Menschen
sagt Barth, wie wir gesehen haben, dass die alte Dogmatik es unterlassen
hat, das historische Faktum Jesus von Nazareth für sich ins Auge zu fassen,
obwohl es zweifellos immer ihre Voraussetzung und ihr Ziel war.[6] Klar ist
der Ansatz dieses Kapitels: Was die unterlassen haben, werden wir hier ausführen. Denn diese Seite hat die Christologie, ja, die Lehre der Versöhnung
auch. Nicht nur die Seite der Erniedrigung Gottes, indem das Wort in dem

---

5 Vgl. „Wir können es uns leisten, romantischer zu sein als die Romantiker und humanis-
   tischer als die Humanisten", Karl Barth, Der Christ in der Gesellschaft (1919), in: Karl
   Barth, *Vorträge und kleinere Arbeiten 1914-1921*, in Verbindung mit Friedrich-Wilhelm
   Marquardt hg. von Hans-Anton Drewes, Zürich 2012, (546-598) 580. Vgl. dazu die Aussage Barths von 1968: "War (und bin?!) ich doch selbst ein wenig Romantiker", in: *Schleiermacher-Auswahl. Mit einem Nachwort von Karl Barth*, München u. Hamburg 1968, 291.
6 Karl Barth, *Die Lehre von der Versöhnung. Zweiter Teil (KD IV/2)*, Zürich ⁴1985, 174.

Menschen Jesus von Nazareth Fleisch ward, sondern da ist auch die Seite, dass dieser historische Mensch als der Menschensohn der wahre Mensch war und ist, den Gott zum Herrn und König zu seiner Rechten erhöht hat. Also der Herr wird Knecht und der Knecht wird Herr. Die Frage ist: Warum braucht Barth diese Extra-Betonung im Vergleich zur alten Dogmatik, die natürlich immer von den zwei Naturen Christi und dem Aufgang zu Gott gewusst hat?

Wir erkennen in diesem Programm das Anliegen des sogenannten Extra-Calvinisticum, dass Christus gerade in seiner menschlichen Gestalt im Himmel regiert, gegen die lutherische These von der Allgegenwart Jesu auf Erden; so wie auch Thomas in seiner *Summa* die Frage stellt, ob Christus in menschlicher Gestalt wiederkommt.[7] Aber es geht Barth um mehr: es gibt scheinbar auch noch so etwas wie ein *Extra-Barthianistikum,* dass dieser wahre Mensch als Geschöpf, nicht als ein vergotteter Mensch, sondern als wahrer Mensch, der der Erstgeborene der ganzen Schöpfung ist und in dem alles geschaffen ist (Kol 1, 15), nicht als „logos asarkos", sondern als Mensch Jesus schon bei Gott ist. Ich zitiere: „Er ist aber als dieses Geschöpf, weil von Gott ersehen und gewollt, *vor* aller, auch vor dem Anbruch seiner eigenen Zeit, als primärer Gegenstand und Inhalt seines Schöpferwillens bei, mit und vor Gott in seiner Weise so real wie Gott es in der seinigen ist: in Gottes alle Realität begründendem Ratschluss auch er *grund*real."[8] So Barth in der Einleitung des Par. 64. Nicht nur der Sohn ist von Ewigkeit her beim Vater, wie die alte Dogmatik lehrte, sondern auch der Mensch Jesus in seiner ganzen Fleischlichkeit oder sogar Historizität. Er ist genau wie Gott *grundreal.* Aber geht es Barth um den einen, einzelnen Jesus in seiner menschlichen Natur, oder geht es ihm damit auch zugleich um die menschliche Natur, die das Wort angenommen hat, um die Gattung „Mensch", sagen wir die *humanitas*? Wenn Barth anschließend sagt,[9] dass auch wir in ihm von Gott mit gewählt und mitgewollt sind, dann heißt es also, dass auch wir als wahre Menschen gewollt sind. Dass der Mensch überhaupt so gewollt, sogar so geschaffen ist. Ja, man könnte fragen, ob dann nicht auch wir schon vor unserer eigenen Schöpfung als wahre Menschen da sind. Ob nicht unsere Realität schon auf der ewigen Realität Jesu ruht, als, ich zitiere: „dem neuen Menschen, dem zweiten Adam, in welcher aller Menschen Heiligung ge-

7 Vgl. S.Th.q.XC,I: "Utrum Christus in forma humanitatis sit judicaturus", S. Thomae Aquinatis, *Summa theologica*, Tom. V, Turin 1820, 714.
8 Karl Barth, *KD IV/2* (Anm. 6), 34.
9 A.a.O., 35.

schehen und wirklich ist".[10] In Tambach hieß es: das Reich Gottes kommt vor dem regnum naturae und regnum gratiae.[11] Hier heißt es, so könnte man sagen: die Urnatur des Menschen geht seiner gebrochenen Natur voraus; sie ist statt Übernatur also eher so etwas wie seine Unternatur. Die Schöpfung ruht auf der realen Auserwählung. Von seinem Bruder Heinrich hat Barth den Begriff des Ursprungs übernommen.[12] Ich glaube, der wird hier wieder voll aktiviert. Als platonischer Gedanke leuchtet mir das alles ein. Ich denke an die schöne Skulptur in der Kathedrale von Chartres, wo Gott der Schöpfer vor der Schöpfung schon den Menschen zart und voller Liebe ins Auge fasst. Aber sieht Gott da den Menschen, der aufzieht zu Ihm als den wahren Menschen, oder sieht er auf ihn in seiner armseligen Gestalt, wie der Vater den Sohn gesehen hat am Kreuz in seiner Wirklichkeit? Was sieht Gott, wenn er den Menschen mit sich versöhnt?

Natürlich geht es Barth darum, die zwei Bewegungen der Herablassung Gottes und des Aufstieges des Menschen in Gottes Offenbarung in Jesus Christus zusammenzudenken. Es handelt sich nicht um einen Gott im allgemeinen und den Menschen im allgemeinen, so wie vielleicht die ganze *Summa* von Thomas, die in ihrer schön gegliederten und kosmischen Bewegung auch wie Barth vom Ausgang in die Fremde und Rückkehr zur Heimat redet, noch gut neo-platonisch verstanden werden könnte. In dem konkreten Jesus sind die zwei Bewegungen eins, wie seine zwei Naturen. Versöhnung heißt Bund. Aber irren wir uns nicht: diese Bewegung vom Menschen zu Gott ist genau so real und genau so ewig wie diese erste Bewegung. Von Ewigkeit her ist auch schon des Menschen Erhöhung. Der Bund ist schon geschlossen und tätig im Himmel. Die Humanitas ist gesichert. Auch im frömmsten paulinischen „Christus allein" liegt die Menschheit beschlossen. Barth würde sagen: gerade in diesem „allein" findet sie ihren Grund und Existenz.

---

10 A.a.O., 173.

11 Diese Denkbewegung ist die Hauptfigur des ganzen Vortrags. Die Bewegung der „Gottesgeschichte" ist *„die* Bewegung, die sozusagen senkrecht von oben her" durch alle unsere Bewegungen „hindurchgeht"; sie ist „eine Revolution, die *vor* allen Revolutionen ist, wie sie *vor* allem Bestehenden ist." Komprimiert kann Barth sagen: „Das Ursprüngliche ist die Synthesis, aus ihr erst entspringt die Antithesis, vor allem aber offenbar auch die Thesis selbst." Vgl. K. Barth, *Der Christ* (Anm. 5), 577 u. 593.

12 Vgl. Friedrich-Wilhelm Marquardt, *Theologie und Sozialismus* (Anm. 4), 207-219. Ich danke Rinse Reeling Brouwer für diesen Hinweis.

Ich werfe hier kurz eine persönliche Bemerkung dazwischen: Ich fühle mich nicht im Stande, aus der Fülle der Dogmatik und Dogmengeschichte heraus zu sagen ob Barth hier recht haben könnte oder nicht; ich wage es wohl zu bezweifeln. Aber viel wichtiger ist vielleicht die Erfahrung, und ich glaube ich bin darin nicht der einzige, dass mich diese Ansätze Barths, solange der Sozialismus auf dem Plan stand, sehr gefreut haben, und dass sie mir jetzt eher etwas überspitzt vorkommen. Im Sozialismus wird das Reich der Freiheit, nicht nur in seiner utopischen, sondern auch in seiner „wissenschaftlichen" Form, doch verstanden als eine Wiederherstellung der ursprünglich gerechten menschlichen Verhältnisse ohne Unterdrückung und Ausbeutung. Ebenso schien so das Extra-Barthianistikum die Möglichkeit in sich zu haben, die Menschheit von Kopf bis Fuß in ihrer ursprünglichen Gestalt, ihrer „Urnatur", also als den „wahren Menschen" zu sichern und bewahren. Nun in unserer heutigen Zeit ist hinter der Frage nach dem Reich Gottes eher die Frage nach Gott oder Jesus „selbst" aufgetaucht, scheinen Begriffe wie „humanitas" oder „wahrer Mensch" mir eher verschleiernd als auf- und einleuchtend zu wirken. Hat auch das Extra-Barthianistikum seine Zeit? Schauen wir uns nun diesen königlichen, von der alten Dogmatik vernachlässigten Menschen näher an.

3.

In den Abschnitten, die wir gelesen haben, fällt an erster Stelle das sagen wir mal „brutum Faktum" des historischen Jesus als ein königlicher Mensch auf. Dass Gott König und Herr ist, das ist er in der Gestalt und Person dieses Menschen, der ganz souverän auftritt und handelt. Sieh, der Mensch, euer König. Da ist er, der „als der wahre Sohn Gottes auch der Menschensohn, der wahre, der neue, der königliche Mensch war, ist und sein wird."[13] Er war es in unübersehbarer und unüberhörbarer Weise, erforderte nicht nur eine Entscheidung, sondern vollzog sie auch selber. Wie sollte er nicht gesehen werden und wie hätte man seiner Entscheidung je entlaufen können? „Non valet neutralitas in regno Dei" wird Bengel zitiert.[14] Und wie konnte er je vergessen werden? Er, der nicht handelte mit göttlicher Souveränität und

---

13 Karl Barth, *KD IV/2* (Anm. 6), 173.
14 A.a.O., 177. Vgl. D. Joh. Alberti Bengelii, *Gnomon Novi Testamenti*, Ed. tert., Tübingen 1855, 79.

Allmacht, aber der ein freier Mensch war, der auf der Erde und im Himmel außer seinem Vater niemand und nichts über sich hatte, eben weil er frei war nur Ihm zu dienen. Frei war er gerade, in seinem Gang nach Golgotha, in seinem Tod, als er sein Leben zu Ende ging. Das Gottesreich war da, indem er da war.[15] Was Barth hier interessiert, ist die irdische Wirklichkeit Jesu als Menschensohn. Es ist eine irdische Wirklichkeit „ersten und höchsten Grades".[16] Das heißt: er war genauso wie wir geschaffen, als Mensch, wirklich menschlicher Natur, aber auch „ein besonderes Spezimen der menschlichen Natur"[17] und „konkrete Grenze, konkretes Maß und Kriterium aller anderen irdischen Wirklichkeit."[18] Dieser königliche Mensch ist nun zweitens in seiner Wirklichkeit revolutionär, man könnte sagen: vom Prinzip her. Wie könnte es auch anders sein, wenn er ein wirklich Freier ist? Davon spricht Barth im zweiten Abschnitt. Analog zu Gottes Existenzweise, und offenbar meint Barth damit Gott im Himmel, existiert der königliche Mensch auf Erden. Er ist „nach Ihm geschaffen" (Eph. 4, 24).[19] Wir machen hier deutlich einen Schritt weiter, und ich hätte gerne vom ursprünglich für diesen Morgen vorgesehenen Neutestamentler Prof. Hofius gehört, ob der neue Mensch, von dem Paulus hier redet, um ihn anzuziehen, sich wirklich vereinigen lässt mit dem neutestamentlichen Menschensohn, wie Barth sagt. Wie dem auch sei: Barth redet von einer *Parallele* zum Plan und zur Absicht, zum Werk und Verhalten Gottes. Eine Parallele – das haben die Alten denke ich tatsächlich nie gemacht in ihrem Ringen um den Gottmenschen. Wir erinnern uns aber an die zwei Bewegungen, die gleich ewig sind und offenbar in Jesus parallel ablaufen.

Nun erscheint Jesus, ganz dialektisch zum ersten Abschnitt, als der reale Arme, der von der ganzen Welt übersehen wird und der analog zur Erniedrigung Gottes auch sich selbst erniedrigt, bis zur Niederlage und Tod, um als der große Verbrecher zu sterben. Es ist der Umwerfer aller Grenzen, der Umwerter aller Werte, der von Israel zu den Heiden geht und der schon in seiner Existenz „alle Programme, alle Prinzipien zur Frage" stellt,[20] und gerade deswegen auch geprägt ist von einem gelassenen Konservatismus – wir hören Römer 2 in seinem Nein. Als das inkommensurable Reich Got-

---

15 Vgl. Karl Barth, KD IV/2 (Anm. 6), 180.
16 A.a.O., 184 u. 185.
17 A.a.O., 185.
18 A.a.O., 185.
19 Vgl. a.a.O., 185.
20 A.a.O.,191.

tes, das wirklich Neue, bringt Jesus Fortschrittsglaube und Konservatismus prinzipiell aus ihrer Balance, für alle Lebensgebiete, wie etwa den Tempel, die Familie usw. Aber immerhin, wie sehr er auch gekommen als sich der Welt entziehender Parteigänger der Armen, das letzte Wort ist, dass er darin gerade Gottes großes Ja zu dieser Welt bezeugt. Der Mensch Jesus ist dazu nach Gott geschaffen, um die menschliche Entsprechung von Gottes Werk der Barmherzigkeit und Versöhnung zu sein. Im dritten Abschnitt erscheint nun dieser Mensch in seiner Wirklichkeit der Entscheidung und der Erniedrigung als das eine Wort Gottes, das in all seinen Worten und Taten wirklich gesprochen hat. Seine ganze Lebenstat war sein Wort, von dem die Evangelien inadäquat, aber ausreichend zeugen. Und es war, so wie er wirklich war und ist, ein menschliches Wort der königlichen Herrschaft Gottes.

Fassen wir die drei Abschnitte zusammen, so erscheint uns der wahre, königliche Mensch Jesus von Nazareth als der wirkliche, der freie, der handelnde Mensch, dessen Existenz eine große Lebenstat war, Gott analog. So wie Gott im Himmel war er Mensch auf der Erde. Drei Themen möchte ich nun hieraus entnehmen und näher anschauen, und zwar das Thema der Wirklichkeit, das Thema der Analogie und das Thema der Tatkraft des neuen Menschen.

Erstens, die Wirklichkeit. Die Frage hier lautet: Ist Barths Betonung der Wirklichkeit Jesu nichts anderes als eine extra Betonung der Fleischwerdung des ewigen Wortes, wirkliche *assumptio carnis*, oder ist es der Versuch, in der Lehre der Versöhnung neben Gott etwa den neuen Menschen als Partner zu visieren? Im ersten Fall wäre die menschliche Natur Jesu einfach enhypostatisch zu verstehen, also dass seine Wirklichkeit innerhalb, oder etwas beschränkter ausgedrückt: im Rahmen seiner Gottheit existierte. Alles was wir bis jetzt gesehen haben, weist aber in die zweite Richtung: Barth ist daran interessiert, den neuen Mensch *in seiner Geschöpflichkeit* schon von Ewigkeit her in Gott zu gründen, sagen wir als Gattung neuer Mensch. Also, könnte man sagen, versucht er eher das anhypostatische Anliegen der Christologie nun außerhalb von Christus „auszudehnen". Anders als in I/2[21] heißt es in IV/2 nicht umsonst, dass die gute menschliche Natur durch die Sünde wohl verdeckt und unzugänglich, aber nicht verschwunden und ausgelöscht ist. Liegt vielleicht in der *Wirklichkeit* des versöhnten neu-

---

21 Vgl. „Der Sündenfall ist der Fall des ganzen Menschen: der Mensch *ist* das, was er *tut*, indem er Gott ungehorsam ist", Karl Barth, *Die Lehre vom Wort Gottes. Zweiter Halbband (KD I/2)*, Zürich ⁴1948, 213.

en Menschen nicht gerade der Grund einer Genossenschaft anderer neuer Menschen? Im Heft 27 der theologischen Studienreihe, „Die Wirklichkeit des neuen Menschen", fand ich eine starke Unterstützung dieses Vermutens.

Das Heft beinhaltet die Wiedergabe dreier Vorträge, die Barth 1948 in der Nähe von Paris für den christlichen Studentenbund über das ihm aufgegebene Thema, also: „Die Wirklichkeit des neuen Menschen", gehalten hat. Es ist eine aufregende Lektüre. Der neue Mensch ist der ganze Inhalt des Evangeliums, heißt es schon etwas befremdend.[22] Und auch neu hört es sich an, wenn wir schon gleich am Anfang hören, dass der neue Mensch aus Eph 4, 24, „der nach Gott geschaffen ist", einen bestimmten Parallelweg zum Wege Gottes geht.[23] So wie es nicht nur ein Recht Gottes, sondern auch ein Menschenrecht gibt.[24] Also: Gottesehre und Menschenehre. Dieser Mensch ist eine ihm „konforme Kreatur".[25] Gott sagt zum zweiten Mal Ja zu dieser Menschennatur.[26] Das hört sich doch etwas anders an als die Barmer Thesen.

Was aber nun am meisten erstaunt, ist das Folgende: Am zweiten Abend erzählt Barth, wie von einem „madagassischen Freund" etwas befremdet festgestellt worden sei, dass er in seinem ersten Vortrag den Namen Jesu Christi überhaupt nicht erwähnt habe. Man sieht, wie Barth es unternommen hat, auch mal einen ganzen Abend ohne christologische Konzentration, ja, sogar ohne Christus, zu reden – was er dann vom zweiten Abend an wieder macht, aber immerhin so, dass Jesus nicht nur exklusiv, sondern auch inklusiv der neue Mensch ist. Diese Wirklichkeit ist nicht nur Tatsache in Jesu selbst, sondern, ich zitiere „Gewalt, Verheißung, Befehl".[27] Sie ist auch eine „von diesem Punkt [sc. JC] ausgehende umfassende Bewegung".[28]

Wie sehr er also in Jesus ruht, ganz identisch mit ihm ist dieser Mensch nicht. Auch das Christentum, die Kirche steht unter dem Verdikt dieses

---

22 Karl Barth, *Die Wirklichkeit des neuen Menschen* (ThSt 27), Zürich 1950, 9.

23 Vgl. „Seine Haltung, sein Wille, sein Tun befindet sich in Übereinstimmung, bildet gewissermaßen einen Parallelweg zur Haltung, zum Willen, zum Tun Gottes", Karl Barth, a.a.O., 4.

24 Ebd.

25 Vgl. „Der Gott der Gnade findet in ihm die ihm entsprechende, ihm konforme Kreatur", Karl Barth a.a.O., 5.

26 Vgl. „Indem Gott den neuen Menschen erschafft, sagt er – allem Unheil und Unrecht zum Trotz – ein zweites Mal Ja zu dieser von ihm geschaffenen Menschennatur", Karl Barth, a.a.O., 6.

27 A.a.O., 14.

28 A.a.O., 14.

Menschen. Ja, wir sehen ihn in der Person des „guten oder bösen, aber jedenfalls bedürftigen Nächsten", sagt Barth sogar.[29] Also, dass der königliche Mensch wirklich ist, das hat sehr wohl zu tun mit der Herrschaft Gottes, dass dieser neue Mensch, den wir mit Paulus anziehen, keine platonische Idee, keine abstrakte Norm, kein Programm und keine Illusion, sondern eben: wirklich ist.

Zweitens, die Analogie. Was wir in diesem Heft hörten vom Parallelweg und Konformität des neuen Menschen zu Gott, hat Barth nach dem Krieg offenbar sehr beschäftigt. Es passt zur Schöpfungslehre und ihrer Idee von Partnerschaft, die er da entwickelt. Es ist ein grundlegender Gedanke in KD IV/2, wie wir sahen. Aber wirklich schön wird die ganze Sache erklärt im berühmten Aufsatz über die Menschlichkeit Gottes von 1956, der direkt nach diesem Teil der KD erschienen ist. Barth schaut hierin zurück auf die Anfangszeit, als es notwendig war, gegen die liberale Theologie zu opponieren, indem die *Göttlichkeit* Gottes wieder entdeckt wurde. Auch heute gibt es an dieser Entdeckung kein Vorbeikommen, so Barth, sie bildet jedoch eher die Voraussetzung dessen, was heute weiter zu bedenken ist, nämlich Gottes *Menschlichkeit.*[30] Denn – und diese Bemerkung gibt zu bedenken, ob Barth da von seiner schwer angesetzten Anhypostasie aus letztendlich nicht eher „monophysitisch" als gerade „enhypostatisch" denkt, wenn er über den wahren Menschen redet – denn: „Eben Gottes recht verstandene *Göttlichkeit* schließt ein: seine *Menschlichkeit*".[31] Was heißt das für Barth? Erstens die Menschenfreundlichkeit Gottes, sein Erbarmen über den Menschen. Ja, er ist auf Grund seiner Göttlichkeit nicht ohne den Menschen. Aber damit ist noch nicht alles gesagt über die dogmatische Position, die Barth nach dem Krieg eingenommen und entwickelt hat und die wir vorher die „vierte Festung" genannt haben.

Bemerkenswert ist, dass in seiner Anfangszeit, so Barth, der Gedanke der Analogie zu kurz gekommen ist, wo Gott dann auch wohl ein wenig unmenschlich erschien. Und über diesen Begriff versucht er nun die Menschlichkeit Gottes zu „ebenbilden", sozusagen. Das heißt, dass die ganze Menschlichkeit Gottes, die sich zu jedem Menschen ausstreckt, zu Allem, was nur irgendwie Mensch oder menschlich ist, sogar zu unserer ganzen Kultur bis zur Frage der Allversöhnung, die Barth selber aufwirft; dass diese

---

29 A.a.O., 26.

30 Vgl. Karl Barth, *Die Menschlichkeit Gottes,* Zürich 1956, 6-8.

31 A.a.O., 10.

Menschlichkeit Gottes, die also auch im menschlichen Bereich selber Bestand und Existenz hat, man möchte sagen ihren gesellschaftlich-historischen Weg geht wie der Sohn in die Fremde – sie also ist eine Analogie zu seiner Göttlichkeit. Freilich, nicht in der Spekulation irgendwelchen Gottes- oder Menschseins, sondern begründet in der Einheit der zwei Naturen Christi, der wahrer Gott und wahrer Mensch ist, sagt Barth auch hier deutlich. Aber immerhin, in dieser menschlichen Natur steckt ein ontologisches Urteil über alle Menschen überhaupt als Brüder Gottes, seine Partner, und das Alles ist eine Analogie seiner Göttlichkeit, die diese Menschlichkeit einschließt.

Wie sehr Barth mit seiner Göttlichkeit auf die gesellschaftliche Menschlichkeit zielt, wird klar, und dabei wohl ganz stark die menschliche Natur Christi als Brückenkopf verwendet. Nun gilt es wieder: raus in die Gesellschaft hinein. Der Tambacher Satz: Der Christ in der Gesellschaft, das ist Christus,[32] bekommt nun einen dialektisch neuen, ganz anderen Inhalt. Wo Ihr hingeht, da werde auch ich hingehen. Der Mensch als Partner, ja, als analogion Gottes rückt wirklich ins Visier. Ist er nicht wie Christus selber? Ich würde sagen: der alte Barth mit seinem christologischen humanitas-Begriff greift tatsächlich voll auf den jungen, humanistischen zurück, nun da wir gesehen haben, wie sehr die Wirklichkeit und die Analogie des neuen Menschen dazu dienen, einen neuen *totus Christus* auf Erden in der Form der menschlichen Natur zu denken.

Die Frage lässt sich jedoch allmählich nicht mehr unterdrücken: Stimmt es biblisch gesprochen, dass die menschliche Natur Christi eine Analogie zur göttlichen bildet? Dass der Logos eigentlich ein Analogos wäre, war doch gerade nicht das Lebenswerk von Athanasius. Was heißt nun eigentlich bei Barth, dass Gott Mensch geworden ist? Wir kommen zum dritten Stück: Der Mensch der Tatkraft.

Drittens, die Tatkraft des neuen Menschen. Für diesen Aspekt sind die Seiten 99-103 von KD IV/2 sehr aufschlussreich. Der Höhepunkt der Menschwerdung Christi heißt hier laut Barth: sein *non peccare* et *non posse peccare*. Diese tatsächliche, wirkliche Sündlosigkeit ist seine Freiheit zum Gehorsam. So hielt er die wahre menschliche Natur aufrecht, und in dieser Natur wurde er erhoben vom Vater. Nicht verwandelt, sondern erhoben. Und wieder heißt es: in dieser Freiheit bewährt er in seinem „non peccare" die, ich zitiere: „Bruderschaft mit uns, die Gemeinschaft mit unserem wah-

---

32 Vgl. „*Der Christ ist der Christus*", (Anm. 5), 557.

ren menschlichen Wesen, die wir unsererseits mit unserem *peccare* und *posse peccare* und *non posse non peccare* fortwährend zerbrechen".[33] Der königliche Mensch ist der Mensch der sündlosen tapferen Taten.

In seiner Fleischwerdung hat das Wort also die Sünde auf sich genommen, angenommen, ist unsereiner geworden. Das sagt Barth alles auch. Aber hier interessiert ihn vielmehr, dass Jesus in seiner menschlichen Natur diese Sünde überwunden hat, weil er vom Ursprung der Gnade her keine hatte, und gerade darin analog zu Gott war. Nicht im Urteil des Vaters über uns, das Jesus getragen hat, in seiner Mitmenschlichkeit bis zur Sünde und Hölle, um als verfluchter Mensch für alle zu sterben, scheint also die eigentliche Berührung und Brücke zwischen Gott und uns zu liegen, also in seinem Wort der Rechtfertigung, das uns auch zum neuen Menschen heiligt; sondern gerade umgekehrt: in unserer Teilnahme an der wahren menschlichen Natur Jesus liegt der Grund des neuen Menschen. Man fragt sich allmählich, ob die Fleischwerdung des Wortes vielleicht bloß ein synthetisches Urteil über den wahren Menschen ohne Sünde ist? Ich kann mich des Eindrucks nicht entziehen, dass bei Barth am Karfreitag der Sohn Gottes stirbt und am Ostersonntag der neue Mensch wiederaufersteht. Erinnern wir uns: Gottes Göttlichkeit schließt seine Menschlichkeit ein. Ist die wahre Menschlichkeit vielleicht der *Rocher bronze* von Gottes Dasein und Wesen, und eben nicht seine ewige Freundlichkeit und barmherzige Hinwendung zu uns? Die wichtige exegetische Entscheidung, die Barth im vierten Abschnitt unseres Hauptkapitels (S. 274-280) trifft, dass dieser königliche Mensch, ich betone: *in seiner ganzen irdischen Wirklichkeit*, schon immer von den Evangelisten als der Auferstandene bezeugt ist, scheint vielleicht selbstverständlich, ist es aber doch nicht. Es sieht so aus, als ob die ganze Existenz Jesu nur interessant war, indem er der *absolute Agent Gottes* auf Erden war, das freie, selbstbewusste Subjekt von Gottes Handelns, der, so wie er „Erhobenen Hauptes"[34] in das Dunkel hineinging, am Kreuz die Sache voll im Griff hat – gerade als der Menschensohn! Das hört sich doch etwas an wie Hegels Karfreitag.

Ecce homo – agens?

---

33 Karl Barth, *KD IV/2* (Anm. 6), 103.
34 A.a.O., 277.

4.

Dass es so etwas wie eine Konstante in Barths Theologie gibt, die immer
wieder neu als Kampfparole formuliert wird, und dass der Nachkriegsbarth
gerade in seinem humanistischen Pathos wieder zum alten tendiert, womit
er aus der Enge seiner Christologie auf Grund dieser Christologie selbst
voll heraustritt, ist hoffentlich klar. Es zeigt die Lebendigkeit Barths, wessen
Theologie nie selber im Zentrum stehen möchte. Dass man da auch einige
Fragen stellen kann, hat sich, denke ich, auch herausgestellt. Aber was ist
nun die *eigentliche* Frage an Barth? Dazu möchte ich doch noch etwas sagen,
und es ist vielleicht der härteste Kern des Barthschen Ge-Nusses.

In seinem Kapitel über den königlichen Menschen sagt Barth, dass wohl
nicht alles über ihn gesagt ist.[35] Aber aus seiner Fülle heraus doch wohl das
wichtigste. Sehen wir nun da den Menschen, wie er uns erscheint, als *wahrer
Mensch*. Und erinnern wir uns: Wir stecken mitten im Bunde, mitten in der
Lehre der Versöhnung! Wir fragen: wo ist der Mensch der betet und kniet?
Wo der Mensch, der Gott liebt, an ihn glaubt, auf ihn hofft? Der, der nicht
analog zu Gott ist, sondern ihn fortwährend sucht, sein Antlitz, seine Güte.
Soll das nun wirklich der wahre Mensch sein, die eigentliche Humanität bilden – sei wie Gott, sei wie der wahre Gott Du der wahre Mensch? Sei der
König, der über allen ist, der revolutionär ist, der bis ins Tiefste gelassen ist;
der zum Dienen völlig frei ist und allem und jedem untertan ist und zuletzt
keinem verantwortlich.

Lebt dieser Mensch bei Barth im Bund, oder in der Analogie? Es kommt
mir vor, dass der wahre Mensch hier gerade kein mit Gott versöhnter Sün-
der ist, in ihm gerechtfertigt und geheiligt, und so der neue Mensch, der in
der Kraft des heiligen Geistes auch ein Christ ist und an Christi Körper teil-
hat – sondern dass dieser Mensch die *Wiederherstellung der ursprünglichen
menschlichen Natur* ist, nun nicht mehr von Sünde, Tod und Teufel bedroht,
sondern von ihnen befreit. Der wahre Mensch also, als der Mensch, der zu
seinem Selbst gekommen ist. Aber ist Neuschöpfung denn schlicht Schöpfung? Wir erinnern uns Barths Vorliebe, auch des späteren, für Oetinger:
Am Ende steht das Fleisch.[36]

---

35 Vgl. „Es wurde hier von ferne nicht Alles gesagt, was von ihm zu sagen wäre", Karl Barth,
    KD IV/2 (Anm. 6), 275.
36 Vgl. „Leiblichkeit ist das Ende des Werkes Gottes, wie aus der Stadt Gottes klar erhel-
    let Offenb. 20", Friedrich Christian Oetinger, *Biblisches und Emblematisches Wörterbuch,*

Wir erinnern uns des Vorbehaltes eines falsch verstandenen Mittler-Begriffs gegenüber, den Barth in KD I/2 macht, um jeden Doketismus zu vermeiden.[37] Wieso genau braucht Gott einen Mittler, wenn er sich selbst offenbart? Wieso noch eine Brücke, wenn die Ufer in JC aufeinandergeprallt sind? Da könnte nur sein eigener Mittler selbst seine Brücke sein. Aber immerhin: Braucht der Mensch, der wahre Mensch, doch nicht so etwas wie einen Mittler, wenn Gott sich mit ihm in seiner, des Menschen Wirklichkeit versöhnt, statt ihn völlig absorbiert oder auffrisst, so wie der Kommunismus den alten Menschen auffressen wollte? Wo ist in IV/2 die Brücke, der Bund, die wirkliche Versöhnung von der Seite des Menschen her mit Gott? Er rückt auf zur Position der Analogie, weiter kommt er aber nicht. Er wird in seiner ganz tätigen Menschlichkeit eingeschlossen von Gottes Göttlichkeit – aber rührt er auch wirklich an Gott, wird er auch eins mit ihm in JC?

Der holländische Theologe Noordmans hat gesagt dass die Lehre der drei Ämter Christi uns davor hüten möge, die Zweinaturenlehre Christi ontologisch zu verstehen.[38] Seine zwei Naturen sind keine Größen, die wir irgendwie ohne Jesus Christus auffinden oder sogar denken können. Es fällt auf, dass Barth am Anfang des Kapitels vom königlichen Menschen[39] sofort vom „munus regium" redet, aber es scheint die Funktion zu haben, seine menschliche Natur gerade *separat* zu denken.

Bei Beker und Hasselaar in ihrer barthianischen Dogmatik habe ich den schönen Satz gefunden, dass der Mittler mehr ist als seine zwei Naturen.[40] Die unio personalis ist nicht zu demontieren in zwei gesonderte Bewegungen von Gott und Mensch. Ist der Barth der vierten Burg nicht schnurstracks

---

dem Tellesischen Wörterbuch und Anderer falschen Schrifterklärungen entgegen gesetzt, a.a.O. 1776, 407.

37 Vgl. Karl Barth, *KD I/2* (Anm. 21), v.a. 18-20, 35, 150.

38 Vgl. Oepke Noordmans, *Herschepping*, Zeist 1934, 126-127, wo Noordmans von der notwendigen Askese in der Verkündigung und „Zurückbiegung" der Christologie zum AT und seinen drei Ämtern spricht, damit das Evangelium sich nicht in außerbiblischen Betrachtungen verliert.

39 Vgl. „Wir nennen ihn den ‚königlichen Menschen' in Erinnerung daran, dass wir es jetzt mit dem *munus regium*, dem ‚königlichen Amt', Jesu Christi zu tun haben: mit dem Knecht als *Herrn* [...]", Karl Barth, *KD IV/2* (Anm. 6), 173.

40 Vgl. „... de Middelaar, die zelf meerder is dan zijn twee naturen.", Ernst J. Beker / Johannes M. Hasselaar, *Wegen en kruispunten in de dogmatiek, deel 3 christologie*, Kampen 1981, 237. Vgl. auch, dies., „Zijn ‚naturen' zijn praedicaten bij het van God gegeven concrete, de openbaring der verzoening. De kennis der verzoening verzet zich tegen ieder abstraheringsproces."

auf dem Wege zur Dogmatik von Hendrikus Berkhof, wo Versöhnung etwa heißt: Partnerschaft Gottes?[41]

In s. 166 sagt Augustinus: „Gott gebietet uns, kein Mensch zu sein." Ja, sagt er, ihr werdet böse sein, aber das gilt auch mir. Gott gebietet uns, gerade kein Mensch zu sein. Er will dass wir Adam, den ersten Menschen, ausziehen, und Christus, den zweiten, anziehen. Ja, geht er weiter: „Gott möchte von euch einen Gott machen." Nicht der Natur nach, sondern indem wir Anteil bekommen an der Unsterblichkeit Christi, der für uns Mensch geworden ist und uns diese Gnade schenkt.[42] Barth verwirft Nietzsche in dessen Aussage, dass der Mensch etwas sei, was überwunden werden sollte.[43] Trotzdem kennt Barth sehr wohl das Vokabular eines Nietzsches: er redet von der Bejahung des Menschen,[44] von „menschlich, allzu menschlich"[45], von der „Umwertung aller Werte"[46] und (ablehnend!) von „übermenschlich".[47] In „Die Wirklichkeit des neuen Menschen" heißt es sogar: „eine harte, schwere, männlich zu tragende Sache".[48] Und das gibt er uns zu bedenken.

Wir haben vier Festungen gesehen in der öden Landschaft der Nachkriegszeit, und darin immer wieder gehört: der Mensch. Der Mensch als das größte Problem Gottes und als seine größte Herrlichkeit. Ja und Nein. Nein und Ja. Der alte Barth sagt wieder ganz laut Ja. Die Göttlichkeit Gottes schließt seine Menschlichkeit ein. Aber es bleibt auch immer das Nein von Gottes Göttlichkeit bestehen.

---

41 Hendrik Berkhof (1914-1995) hat in seiner Dogmatik einen großartigen Versuch unternommen, die Theologie Barths mit einer progressiven Anthropologie und Geschichtstheologie zu verknüpfen. Im Rahmen einer Bundestheologie (vgl. KD IV/2!) erscheint der historische Jesus nun nicht als der präexistente Sohn, sondern als der „eschatologische Mensch", so wie Trinität keine Offenbarungs- oder Wesenstrinität, sondern ein „offenes Geschehen" ist, und Inbegriff der „Gemeinschaft mit dem Menschen, wozu Gott aus sich selber heraustritt." Christus fungiert hierbei als „der menschliche Bundespartner". Vgl. Hendrik Berkhof, *Christelijk geloof*, Nijkerk 1973, 355; vgl. auch 349.

42 Vgl. „hoc iubet Deus, ut non simus homines." „Deus enim deum te vult facere;", S. Aurelii Augustini, Opera omnia, Sermones, PL 38, s. 166,1 u. 4 (http://www.augustinus.it/latino/pl_38.htm).

43 Vgl. Karl Barth, *Menschlichkeit* (Anm. 30), 15.

44 Vgl. a.a.O., 15.

45 A.a.O., 24.

46 Karl Barth, *KD IV/2* (Anm. 6), 188.

47 Karl Barth, *KD IV/2* (Anm. 6), 101.

48 Karl Barth, *Die Wirklichkeit* (Anm. 22), 31.

Es hört sich so gut an: „De roeping van de mens is *mens* te zyn."[49] Mensch zu sein: wie schön wenn Gott uns dazu ruft, und dazu Raum gibt. Aber sind gerade in dieser Theologie der Menschlichkeit Gottes Gott und Mensch doch nicht zwei Pole, und zwei Parolen mit ihrem eigenen Recht, die sich wie bei Nietzsche bis ins Tiefste bekämpfen? Muss Gott auch bei Barth nicht sterben, damit der Mensch leben kann?

Die Auseinandersetzung mit diesen Texten hat mich zur Schlussfolgerung gebracht dass Barth mehr als er behauptet an der Krise eines Nietzsches und im Klima des „Todes Gottes" Anteil nimmt, wo nur der neue, wirkliche, das ist aber: ursprüngliche Mensch Zukunft hat. Dass Gott und Mensch sich in Jesus Christus verschmelzen, ist doch aber gerade *nicht* die biblische Botschaft. Ich würde sagen: der wahre Mensch ist der *homo religiosus* und *homo divinus,* der sein Menschsein tatsächlich überwindet, indem er an Gott Anteil bekommt.

Adam ausziehen. Jesus anziehen. Aber nicht selber Jesus sein in einer wiederhergestellten Natur. Wäre das Christentum doch etwas mehr Platonismus geblieben![50]

---

49 Multatuli, *Ideeën, Eerste bundel,* Idee 136, in: Multatuli, *Volledige Werken II,* Amsterdam 1973, 363.

50 Was also ist zu halten vom früheren Satz: „Sterben will er als wahrer Mensch, um als derselbe wahre Mensch zu auferstehen von den Toten am dritten Tage", Karl Barth, *KD I/2* (Anm. 21), 45?

Berühmt ist das Bild der Kreuzigung vom Isenheimer Altar von Matthias Grünewald (ca 1470-1528) aus Colmar, das bei Barth im Arbeitszimmer hing. Dieses Bild hat aber eine andere Seite: der auferstandene Christus mit der hellen Sonne hinter ihm. Sehen wir auf diesem Bild, vielleicht doch mit Barth, den wahren, im Ansatz schon modernen Renaissance-Menschen, dessen Historizität unleugbar ist und bestätigt wird – oder sehen wir hier Jesus Christus, „du wahrer Gott und Davidssohn"?[51]

Feldwebel, komm heraus!

---

51 Vgl. Johann S. Bach, Kantate am Sonntag Estomihi, BVW 23. Der Unterschied zwischen Mozart und Bach scheint mir nicht nur musikalisch, sondern auch theologisch sehr einleuchtend zu sein.

Henning Theißen

Primäre und sekundäre Pragmatik im Werk Karl Barths

Ein Vorschlag zur Methode der Barthauslegung[1]

1. Pragmatische Barthinterpretation

„Auch Barth war so stark an das schriftliche Wort gebunden, daß er einmal, als sein Manuskript fehlte und er Lollo v. Kirschbaum in die Pilgerstraße schickte, um es zu suchen (in Wahrheit war es in seiner Tasche), eine halbe Stunde lang wortlos hinter dem Katheder hin- und herging, weil er unfähig war, mit den Studenten frei zu diskutieren. Und dennoch beeindruckte mich keiner annähernd so tief wie er."

Diese Erinnerung an den akademischen Lehrer Barth erzählt sein Basler Student Dietrich Ritschl, der später wie wenige andere die unterschiedlichen Kommunikationsformen und -medien menschlicher Rede schwerpunktmäßig in die konstruktive Grundlegung der Theologie einbezogen hat. Bedenkt man, welche Bedeutung der mündliche Hörsaalvortrag für die Frage hat, ob die Stimme eines theologischen Lehrers Gehör findet oder nicht, dann ist es doppelt überraschend, wenn derselbe Ritschl bei dieser Gelegenheit auch erkennen lässt, dass er sich mit seiner erwähnten Schwer-

1 Dieser Beitrag greift Themen, die ich in meiner Habilitationsschrift zeugnistheologisch behandelt habe, in methodischem Interesse auf. Dabei nutze ich, auch in einzelnen Formulierungen, Material aus meiner Habilitationsschrift: Henning Theißen, *Die berufene Zeugin des Kreuzes Christi. Studien zur Grundlegung der evangelischen Theorie der Kirche*, Leipzig 2013 (ASTh 5), v.a. 320–322 (vgl. u. 1), 512–527 (vgl. u. 2), 411–416 (vgl. u. 3.1), 463–472 (vgl. u. 3.2), 340–351 (vgl. u. 3.3) sowie zum Ganzen 325–337. Für die Unterstützung bei der redaktionellen Gestaltung des Beitrags danke ich Ramona Schließer.

punktsetzung trotz der geschilderten Episode gleichwohl in prägender Weise als Schüler Barths versteht.[2]

Die Art und Weise, wie die Stimme Barths darauf zielt, im Konzert der bestehenden Lehrmeinungen den Part eines Stimmführers, womöglich in der ersten Geige, zu spielen, beschäftigt die Barthforschung gegenwärtig wieder stärker. Das ist nicht zuletzt Georg Pfleiderer zu danken, der in seiner Habilitationsschrift über *Karl Barths praktische Theologie* (2000) die These aufgestellt hat, dass Barth seit seiner Dialektischen Theologie den theologisch induzierten Aufbau einer dem Liberalismus der Weimarer Republik gegenüber charakteristisch kirchlichen „Gegenmoderne" angestrebt habe, wie dies auf andere Weise auch Carl Schmitt oder Georg Lukács taten.[3] Pfleiderers These geht einen Schritt über die von seinen Münchner Lehrern erhobene Forderung nach einer Verbesserung des „Gesprächsklimas" durch „Historisierung" von Barths Theologie hinaus.[4] Während nämlich T. Rendtorff und F.W. Graf nach den plausiblen forschungsgeschichtlichen Untersuchungen von Stefan Holtmann zwar die Rezeption Barths besonders in der Weimarer Zeit zu differenzieren vermochten,[5] Barths eigene Stellung

---

2 Das Zitat entstammt: Christian Henning/Karsten Lehmkühler (Hg.), *Systematische Theologie der Gegenwart in Selbstdarstellungen*, Tübingen 1998, 8. Die geschilderte Episode ist zwischen 1948 und 1950, Ritschls Basler Studienzeit, zu datieren. Zu Ritschls grundlagentheoretischem Interesse an den Redeformen der Theologie vgl. Dietrich Ritschl, *Zur Logik der Theologie. Kurze Darstellung der Zusammenhänge theologischer Grundgedanken*, München 1984.

3 Vgl. v.a. das einschlägige Kapitel „Die Abschaffung des Zuschauers" bei Georg Pfleiderer, *Karl Barths praktische Theologie. Zu Genese und Kontext eines paradigmatischen Entwurfs systematischer Theologie im 20. Jahrhundert* (BHTh 115), Tübingen 2000, 59–136.

4 Das Plädoyer für eine „*Historisierung der Barth-Interpretation*" formulierte 1986 Friedrich-Wilhelm Graf, „Der Götze wackelt"? Erste Überlegungen zu Karl Barths Liberalismuskritik, in: EvTh 46 (1986) 422–441, hier 422 (dort auch das Zitat im Text) nach langjährigen gemeinschaftlichen Vorarbeiten, die auf den Münchner Sammelband: Trutz Rendtorff (Hg.), *Die Realisierung der Freiheit. Beiträge zur Kritik der Theologie Karl Barths*, München 1975 zurückgehen.

5 Der (anlässlich der Münchner Dissertation von Martin Laube geäußerte) Vorwurf von I. U. Dalferth, dass sich München in der Barthforschung „seit Jahrzehnten als Zentrum theologiehistorischer Fantasy-Literatur profiliert" habe, wo man „intensiv mit dem Erfinden imaginärer Welten beschäftigt" sei, richtet sich weniger gegen die von Rendtorff und Graf rekonstruierten Diskursfronten als gegen die unterstellte Folgerung, dass Barths Theologie einen wissenschaftsfeindlichen Rückzug in die Selbstreferenz vollziehe (vgl. Ingolf U. Dalferth, Münchner Märchen, in: *ThR* 64 [1999] 450–469, Zitate 450).

in der Weimarer Republik aber kaum zu fassen bekamen,[6] ist es Pfleiderers Interesse, in Barths eigenen Texten Auslöser und Anknüpfungspunkte für deren unterstelltermaßen gegenmoderne praktische Auswirkungen namhaft zu machen. In diesem Sinne präzisiert Pfleiderer selbst den Titel seiner Untersuchung, wenn er einräumt, dass sie eigentlich Barths *intentional pragmatische* Theologie behandelt.[7] Die erhoffte zeitgeschichtliche und gesellschaftliche Pragmatik seiner Theologie soll also als in Barths Texten gelegene Intention nachgewiesen werden.

Womöglich ist es dieses, über Pfleiderers eigene Lehrergeneration hinausgehende, intentionale Moment, das ihn methodisch von denjenigen Theorien Abstand nehmen lässt, die man mit seinem Anliegen eigentlich assoziieren würde. So folgt Pfleiderer nicht W. Isers Theorie des „impliziten Lesers" und unterlässt es, in Barths Texten rhetorisch nach möglichen Merkmalen von Lesersteuerung in Richtung einer Gegenmoderne zu suchen.[8] Ein denkbarer Grund hierfür ist, dass eine derartige Theorie zwar verschiedene Stimmen identifizieren kann, die sich in einem Text miteinander im Gespräch befinden, diese aber gerade keinen realen Subjekten im gesellschaftlichen Diskurs („Gegenmoderne") zuordnet, weil das Theorieinteresse dem Phänomen der Intertextualität gilt und nicht irgendwelchen Interferenzen von Text und außertextlicher Wirklichkeit. Um zeigen zu können, welche textexternen Referenzen Barths textlich induzierte Gegenmoderne erzeugt, bevorzugt Pfleiderer anstelle der Intertextualität die subjektivitätstheoretische Figur eines „Reflexionshandlungszusammenhang[s]",[9] die eine innertextlich artikulierte Stimme zugleich als reales Handlungssubjekt zu beanspruchen vermag. Beispielsweise bemüht sich Pfleiderer um den Nachweis, dass der Autor der *Römerbriefe* mit dem die

---

6   Vgl. Stefan Holtmann, *Karl Barth als Theologe der Neuzeit. Studien zur kritischen Darstellung seiner Theologie* (FSÖTh 118), Göttingen 2007, 297: „Grafs Interesse richtet sich nicht primär darauf, Barth *selbst* eine dezidiert antidemokratische Haltung nachzuweisen […]. Im Blickpunkt steht […] vornehmlich die *Rezeption* der Theologie Barths […]".

7   Vgl. die Selbstpräzisierung des Buchtitels als „intentional pragmatische Theologie" bei Pfleiderer, Barths praktische Theologie (Anm. 3), 16 Anm. 62.

8   So Pfleiderer, Barths praktische Theologie (Anm. 3), 14 trotz grundsätzlichen Rekurses auf Iser (a.a.O., 11 f. mit Anm. 41 f.).

9   Dieser Begriff bei Pfleiderer, Barths praktische Theologie, (Anm. 3), 19 soll unterstreichen, dass es sich bei den Handlungen, die die Subjekte der von Barth pragmatisch intendierten Gegenmoderne zu einem Handlungszusammenhang verbinden, um Reflexionstätigkeiten handelt (so dass der fragliche Handlungszusammenhang sich in seiner Beschaffenheit deutlich z.B. von einer politischen Partei unterscheidet).

Leser einschließenden „wir" der Vorworte verschmilzt und durch den Bezug
der paulinischen Rede von Israel auf die Kirche den methodischen Abstand
zu seinem Untersuchungsgegenstand bewusst einkassiert.[10]

Diese stark inkludierenden Überzeugungsstrategien, die Barth in seinen
Texten einsetzt, werden durch Pfleiderers Vorgehensweise in wohl stärke-
rem Maße sichtbar, als dies der Forschung zuvor gelungen ist. Die Kehrseite der Medaille ist freilich, dass bestehende Richtungen der Barthrezeption
kaum noch hervortreten, wenn man Barths persuasiven Inklusionstechni-
ken so viel Gewicht beimisst, wie Pfleiderer es tut. Agiert Barth wirklich so
rhetorisch virtuos, wie es Pfleiderer suggeriert, dann ist schon die Tatsache,
dass bei aller Problematik der Zuschreibungen von Links- und Rechtsbar-
thianismus doch gewisse Flügel der Barthrezeption bestehen,[11] kaum noch
erklärbar. Pfleiderer gelingt m.a.W. gegenüber seinen Münchner Lehrern
die Rückbindung der Rezeption Barths an die Intentionen seiner textlichen
Pragmatik, doch leidet die Differenzierung der unterschiedlichen Rezeptionshorizonte darunter. Der folgende Vorschlag möchte Pfleiderers Grund-
frage nach der Pragmatik von Barths Theologie fortführen, dabei aber die
verschiedenen Schattierungen dieser Pragmatiken stärker differenzieren.
Ich werde also versuchen, *Text* und *Rezeptionshorizont* miteinander zu betrachten. Dieser Vorschlag betrifft allein die Methode der Barthauslegung;
dogmatische Interpretationsentscheidungen sind damit nicht verbunden
oder werden höchstens anlässlich von Textbeispielen referiert. Ich möchte zudem betonen, dass es sich buchstäblich um einen Vorschlag handelt,
der keine zwingende argumentative Stringenz beansprucht, sondern durch
die vorgeschlagenen Arbeitsfelder überzeugen möchte. In diesem Sinne
schlage ich zunächst (2.) ein grundlegendes Modell zur Differenzierung von
Rezeptionshorizonten vor, gebe anschließend (3.) drei Beispiele (3.1–3.3)
für solch differenzierte Rezeptionshorizonte und deren textliche Signale,

---

10 Barths entsprechende Redestrategie im Kommentar zu Röm 9–11 (vgl. Pfleiderer, Barths
   praktische Theologie, [Anm. 3], 303) dient Pfleiderer als Beispiel für Barths (o. Anm. 3
   schon erwähnte) „Abschaffung des Zuschauers". Zu den Vorworten der verschiedenen
   Römerbrief-Auflagen vgl. a.a.O., 280–284.

11 Als Kriterien der Zuordnung zu Rechts und Links werden unterschiedliche Parameter
   diskutiert, nämlich sowohl theologisch-kirchliche (Cornelis van der Kooi, Karl Barth als
   Katalysator. Die niederländische neocalvinistische Barthrezeption nach 1926 als Funktion kulturtheologischer und offenbarungstheologischer Debatten, in: *ZDTh* 25 [2009/2]
   95–117) als auch gesellschaftlich-politische (Sándor Fazakas, Links- und Rechtsbarthia-
   nismus in der reformierten Kirche Ungarns, in: Martin Leiner/Michael Trowitzsch (Hg.),
   Karl Barths Theologie als europäisches Ereignis, Göttingen 2008, 228–235).

ehe ich abschließend (4.) die darin implizierten Voraussetzungen und An-schlussaufgaben für die weitere Erschließung von Barths Werk benenne.

2. Barth und das Ohmsche Gesetz

In Auseinandersetzung mit Pfleiderers pragmatischer Interpretation Barths schlage ich vor, anhand textlicher Signale die Rezeptions*horizonte* seines Werkes zu differenzieren, also die Verstehenshintergründe auszuleuchten, die die konkreten Aufnahmen dieses Werkes bedingen und so maßgeblich dazu beitragen, dass die Rezeption eines Werkes inhaltlich differente Verständnisse desselben ausbilden kann. Die Horizontmetapher induziert das Bild einer *Grenze*[12] und macht es so plausibel, *Verstehen als die Überwindung von Widerständen* zwischen Text und Rezeptionshorizont aufzufassen. Diese Auffassung beherrscht die Hermeneutik in der Tradition Schleiermachers, der voraussetzt, dass „sich das Mißverstehen von selbst ergibt" und mithin das Verstehen die eigentliche interpretatorische Anstrengung verlangt.[13] Während aber Schleiermacher diese Auffassung in seinem akademischen Umfeld noch gegen eine Philologie postulieren musste, die spezielle Verstehenstheorien (wie die theologische hermeneutica sacra) nur für „dunkle" Textstellen (sog. crux interpretum) und darum gerade keine Allgemeine Hermeneutik kannte,[14] scheint bei der heutigen wissenschaftli-

---

12 Dass die Grenze dabei vornehmlich (gegenstands-) *erschließende* und nicht *abschlie-ßende* Funktion hat, kennzeichnet in erkenntnistheoretischer Hinsicht besonders den Husserl'schen Horizontbegriff (vgl. Art. Horizont, in: HWP 3, 1974, 1200–1206 [Paul Janssen, Maximilian Scherner]), der in den einschlägigen Artikeln im Wörterbuch der philosophischen Metaphern, hg. v. Ralf Konersmann, Darmstadt 2007 weniger zur Spra-che kommt.

13 Die einschlägige Regel aus Schleiermachers Hermeneutikvorlesungen lautet: „Die stren-gere [sc. hermeneutische] Praxis geht davon aus, daß sich das Mißverstehen von selbst ergibt und das Verstehen auf jedem Punkt muß gewollt und gesucht werden" (Friedrich Schleiermacher, Hermeneutik und Kritik, hg. u. eingeleitet v. Manfred Frank [stw 211], Frankfurt ⁶1995, 92, Ziff. 16 = Friedrich Schleiermacher, *Vorlesungen über Hermeneutik und Kritik*, Wolfgang Virmond [Hg.], Berlin 2012 [KGA II/4], 127,24–26, Ziff. 16).

14 Diese Auffassung stellt für Schleiermacher die „laxere Praxis" (Schleiermacher, *Herme-neutik und Kritik* [Anm. 13], 92, Ziff. 15 = Schleiermacher, KGA II/4, 127,7, Ziff. 15) dar, gegen die er einwendet, dass auch sie bei Konfrontation mit einer crux interpretum das Verstehen als nicht selbstverständliche Kunstlehre (= akademische Fachdisziplin) be-handeln muss und daher die strengere Auffassung im Vorteil ist, die Hermeneutik von vornherein als Kunst begreift. Dietrich Korsch ist daher im Recht, wenn er den regelmä-

chen Fächerspezialisierung das von Schleiermacher empfundene Bedürfnis
nach einer generellen Verstehenslehre allgemein akzeptiert.

Diesen akademischen Hintergrund von Schleiermachers Postulat gilt
es zu beachten,[15] wenn die Allgemeinheit seiner Hermeneutik nicht so
fundamentalanthropologisch überdehnt werden soll, wie sie sich freilich
im 20. Jahrhundert ausgewirkt hat. Hier wird Verstehen insbesondere bei
Bultmann zur Frage des vorausgesetzten „Lebensverhältnisses" des Rezipienten zum rezipierten Sachverhalt,[16] und die erwähnte Widerständigkeit
der Hermeneutik wird zur unausweichlichen Entscheidung für oder gegen
die in jenem Sachverhalt gelegene „Existenzmöglichkeit" umgeformt.[17] Die
existentielle Zuspitzung dieser Entscheidung lässt allerdings jede Inhaltlich-
keit zum bloßen „Ergreifen" des existentiellen „Augenblicks" verblassen,[18]

ßigen Missverstand als Ursache für die Allgemeinheit der Hermeneutik anführt (Dietrich
Korsch, Leibhaftiges Verstehen. Grundzüge der Hermeneutik Friedrich Schleiermachers
im Blick auf die Situation kirchlicher Beratungstätigkeit, in: ZEE 39 [1995] 262–278, hier
264).

15 Schleiermachers hermeneutischer „Fakultätenstreit" wird besonders in seinen beiden Berliner Akademiereden über diesen Gegenstand vom 13.08.1829 und 22.10.1829
sichtbar (Schleiermacher, Hermeneutik und Kritik [Anm. 13], 309–328/329–346 sowie
Friedrich Schleiermacher, Akademievorträge, Martin Rössler unter Mitwirkung v. Lars
Emersleben [Hg.], Berlin 2002 [KGA I/11], 599–621/623–641). (Da meine Interpretati-
on Schleiermachers am stärksten auf Frank Bezug nimmt, orientiere ich mich an seiner
Edition, folge aber in Rechtschreibung und Interpunktion der maßgeblichen Kritischen
Gesamtausgabe.)

16 Der Schlüsselbegriff des Lebensverhältnisses soll im Programmaufsatz von Rudolf Bultmann, Das Problem der Hermeneutik (1950), in: Rudolf Bultmann, Glauben und Verstehen, Bd. 2, Tübingen 1952, 211–235, hier 217 das auf Schleiermacher zurückgeführte
Theorem der Kongenialität zwischen Interpret und Autor ersetzen. Tatsächlich wirkt sich
hier die einflussreiche Schleiermacher-Interpretation seines Biographen Dilthey aus, der
den Divinationsbegriff im Sinne einer Genieästhetik auffasste (vgl. Wilhelm Dilthey, Die
Entstehung der Hermeneutik [1900], in: Wilhelm Dilthey, Gesammelte Schriften, Bd. 5,
hg. v. Georg Misch, Stuttgart 1923, 317–338, hier 329 f.).

17 Auf dieser Wahrnehmung von „Existenzmöglichkeiten" liegt der Akzent von Bultmanns
Programmaufsatz (vgl. Bultmann, Hermeneutik [Anm. 16], 221; 228; 230). Im Gegensatz
zu Schleiermacher, der den Text „besser verstehen" will als der Autor (Schleiermacher,
Hermeneutik und Kritik [Anm. 13], 94, Ziff. 18 = Schleiermacher, KGA II/4, 128,33 f.,
Ziff. 18: „zuerst eben so gut und dann besser zu verstehen als ihr Urheber", a.a.O., 325 =
Schleiermacher, KGA I/11, 618,15 f.: „einen Autor besser zu verstehen, als er selbst von
sich Rechenschaft geben könne"), spricht Bultmann von „echtem Verstehen" (vgl. a.a.O.,
214; 222; 226), das in der existentiellen Wahrnehmung des Textes als Kerygma geschieht.

18 Sprechend ist der Schluss von Bultmanns Gifford Lectures aus dem Jahre 1955: „In jedem
Augenblick schlummert die Möglichkeit, der eschatologische Augenblick zu sein. Du

so dass die Allgemeinheit der Hermeneutik in einer allen Menschen qua Existenz gegebenen Bewusstseinsstruktur („Existential") besteht. Der ganze, den theologischen Hermeneutikdiskurs im zweiten Drittel des 20. Jahrhunderts beherrschende Streit, ob Bultmanns Konzept der existentialen Interpretation eine „Hermeneutik des Rückgangs" (O. Bayer) hinter das biblische Wort pflegt und ob dem womöglich eine „Hermeneutik des Einverständnisses" (P. Stuhlmacher) entgegenzusetzen ist,[19] setzt voraus, dass die Allgemeinheit der Hermeneutik in einer universellen Gegebenheit des menschlichen Bewusstseins beruht.

Demgegenüber ist mit Manfred Frank zu betonen, dass der allgemein-hermeneutische Grundsatz von der Rede als Ausdruck des Bewusstseins ihres Urhebers[20] bei Schleiermacher in einen Methodenkanon eingebettet ist, der Allgemeinheit exakt mit Individualität austariert.[21] Rede als Bewusstseinsausdruck zu verstehen, heißt nämlich für Schleiermacher, jeden einzelnen ihrer Bestandteile aus dem Ganzen des *Stils* eines Autors (sog. psychologische Interpretation) sowie aus der von ihm mit seiner Rezipientenschaft geteilten *Sprache* (sog. grammatische Interpretation) zu verstehen. *Allgemeine* Ausdrücke, die ebenso in anderen Werken des Autors (Stil) oder im Sprachgebrauch Anderer (Sprache) vorkommen, werden durch Vergleich erkannt (sog. komparative Methode), unableitbare stilistische oder sprachliche Eigentümlichkeiten oder *Individualitäten* hingegen durch sog. Divination „geahndet" oder „erraten".[22]

---

mußt ihn erwecken" (Rudolf Bultmann, *Geschichte und Eschatologie*, übers. v. Eva Krafft, Tübingen 1958, 184).

19 Zu diesen, Schleiermacher gegenüber ablehnend eingestellten, Positionen vgl. Oswald Bayer, *Theologie* (HST 1), Gütersloh 1994, 464 (Original kursiv) bzw. Peter Stuhlmacher, *Vom Verstehen des Neuen Testaments. Eine Hermeneutik* (GNT 6), Göttingen ²1986, 222–256 (Schlussparagraph § 14: „Eine Hermeneutik des Einverständnisses mit den neutestamentlichen Texten").

20 Vgl. Schleiermacher, *Hermeneutik und Kritik* (Anm. 13), 76, Ziff. 3 = Schleiermacher, KGA II/4, 120,1 f., Ziff. 3, wonach „reden aber nur die äußere Seite des Denkens" ist.

21 Entschiedener als der Gadamer-Schüler (und Editor von Schleiermachers Hermeneutik) Heinz Kimmerle vollzieht die Ablösung von Diltheys Schleiermacherinterpretation (vgl. Anm. 16): Manfred Frank, *Das individuelle Allgemeine. Textstrukturierung und -interpretation nach Schleiermacher,* Frankfurt 1977.

22 Der gesamte Gegenstands- und Methodenquadrupel bestimmt die vorzügliche „Einleitung" von Manfred Frank (in: Schleiermacher, *Hermeneutik und Kritik* [Anm. 13], 7–67). Er wird von Schleiermacher selbst besonders in den beiden Akademiereden behandelt (z.B. a.a.O., 325 = Schleiermacher, KGA I/11, 618,36 f.: „beiderlei Methoden auf beide Seiten") und übersichtlich dargestellt in der „Einleitung" (a.a.O., 93, Ziff. 18 = Schlei-

Die Allgemeinheit von Schleiermachers Hermeneutik ist also nicht anthropologischer, sondern methodischer Art und besagt, dass jeder Text – und eben nicht nur einzelne „dunkle" Stellen – in den hermeneutischen Quadrupel von Gegenstand (Psychologie/Grammatik) und Methode (Komparation/Divination) eingespannt werden kann und somit der Vorgang des Textverstehens wissenschaftlicher Methodisierung zugänglich ist. Jede theologische Aufladung, die das Verstehen mit dem stets unvertretbaren und darum grundsätzlich nicht methodisierbaren Glauben koextendieren lässt – erwähnt seien hier nur Bultmanns Aufsatzbände *Glauben und Verstehen* –, verfehlt Schleiermachers hermeneutische Problemstellung. Denn auf seiner von Individualität bis Allgemeinheit reichenden Methodenskala liegen die im Vorgang des Textverstehens zu bewältigenden Probleme nicht in der gläubigen oder ungläubigen Existenz von Autor oder Rezipient des Textes als vielmehr in dessen Stil und Sprache. Es sind also nicht Menschen, die dem Verstehen im Wege sind, sondern deren Verstehens*voraussetzungen:* Stilgesetze und diesen widersprechende Eigentümlichkeiten zum Beispiel oder auch terminologische Ausgangslagen, die von der einen zur anderen Fachsprache differieren. Schleiermacher lenkt damit das hermeneutische Problembewusstsein von konkreten Rezeptionen weg und hin zu den Rezeptions*horizonten:* Will ich die Rede eines Anderen verstehen, so muss ich vorrangig den Hintergrund verstehen, vor dem er mich anredet. Darin

---

ermacher, KGA II/4, 128,20-32, Ziff. 18), nur dass Schleiermacher hier „objektiv" statt „grammatisch" und „subjektiv" statt „psychologisch" sowie „geschichtlich" statt „komparativ" und für „divinatorisch" „profetisch" sagt. Die Einzeldarlegungen gliedern sich nach „grammatischer" und „psychologischer" Auslegung, die in den jeweiligen Kanones sofort mit dem „gemeinsamen Sprachgebiet" (= Sprache; a.a.O., 101, Ziff. 1 = Schleiermacher, KGA II/4, 132,10, Ziff. 1) bzw. dem „Stil" (a.a.O., 168, Ziff. 3 = Schleiermacher, KGA II/4, 156,21, Ziff. 3) verbunden werden. Wenn dabei die Methodenunterscheidung von Komparation und Divination auch nur bei der psychologischen Auslegung explizit erfolgt (a.a.O., 169, Ziff. 6 = Schleiermacher, KGA II/4, 157,27f., Ziff. 6: „Für das ganze Geschäft giebt es vom ersten Anfang an zwei Methoden, die divinatorische und die comparative"), ist sie doch genauso vorausgesetzt bei der grammatischen Auslegung, wo Dilthey sie nicht wahrnahm (s.o. Anm. 16). Das wird daran sichtbar, dass Schleiermachers Hermeneutik grammatische Divination z.B. in Gestalt der Interpretation von Neologismen kennt: „Gewiß aber wird auch die grammatische Seite nicht können der divinatorischen Methode entrathen. Denn was wollen wir machen so oft wir auf eine Stelle kommen, wo ein genialer Autor eine Wendung eine Zusammenstellung in der Sprache zuerst ans Licht bringt", a.a.O., 325 = Schleiermacher, KGA I/11, 618,24-27). „Errathen" und „ahnden" sind gängige Ausdrücke für die Divination in Schleiermachers Akademiereden (z.B. a.a.O., 318 bzw. 331 = Schleiermacher, KGA I/11, 611,21 bzw. 627,34).

sehe ich den für unsere weiteren Überlegungen wesentlichen Ertrag seiner Hermeneutik.

Insbesondere für die Differenzierung verschiedener Rezeptionshorizonte ist mit dieser Verschiebung Entscheidendes gegenüber der existentialen Hermeneutik gewonnen. Kriterium des Verstehens ist nun nicht mehr die der logischen Überprüfung entzogene Unterscheidung von gläubiger und ungläubiger Existenz, sondern die Frage, ob bestimmte Verstehenshorizonte logisch konsistent koexistieren können oder nicht; ob sie also wirklich *mit*einander oder nur *neben*einander her bestehen. Im ersten Fall ist für die verschiedenen Rezipienten von einer Verstehens- oder Interpretationsgemeinschaft zu sprechen, die sich eines bestimmten Textes annimmt, während dieser Text im letzteren Fall zwischen den auf ihn Bezug nehmenden Gemeinschaften Bekenntnischarakter annehmen kann, weil ihre jeweiligen Verständnisse desselben Textes trennend unter ihnen wirken. Verstanden wird ein Text also keineswegs nur in dem Fall, dass die möglichen Horizonte seiner Rezeption miteinander zur mindestens partiellen Deckung gebracht werden, sondern auch dann, wenn diese „Horizontverschmelzung" (H.G. Gadamer)[23] sich mit Gründen als unmöglich herausstellt.

Es scheint, dass dieser letzte Fall in der an Schleiermacher anschließenden Hermeneutik meist weniger beachtet worden ist.[24] Dabei legt sich gerade seine Differenzierung nahe, wenn man Verstehen grundsätzlich als die Überwindung von Widerständen zwischen Text und Rezeptionshorizont begreift. Das physikalische Phänomen des elektrischen Widerstands kann hier zur Veranschaulichung dienen. Nach dem Ohmschen Gesetz liefert unter idealen Bedingungen (Gleichstrom, Vernachlässigung von thermischen sowie Ausschluss von Halb- oder Supraleitereffekten) jeder derartige Widerstand einen unabhängig von Spannung und Stromfluss konstanten Wert.[25] Für das Zusammenwirken mehrerer Widerstände ist daher allein ihre Anordnung in der elektrischen Schaltung maßgeblich. Während sich

---

23 Vgl. Hans Georg Gadamer, *Wahrheit und Methode. Grundzüge einer philosophischen Hermeneutik* [1960] = Hans Georg Gadamer, Gesammelte Werke, Bd. 1, Tübingen 1990, 311f.

24 Das dürfte einmal mehr an Diltheys Einfluss (Anm. 16) auf die Schleiermacherinterpretation liegen.

25 Das zuerst von Georg Simon Ohm 1825 formulierte Gesetz definiert den Widerstand R eines elektrischen Leiters als direkte Proportion der Spannung U zum elektrischen Strom I: $R = \frac{U}{I}$ Zu ergänzen ist, dass der Kehrwert des Widerstands als sog. Leitwert (gemessen in Siemens) definiert ist.

in Reihe geschaltete Widerstände addieren, summieren sich bei paralleler Schaltung umgekehrt die Werte ihrer Leitfähigkeit.[26]

Das Analogiebeispiel der elektrischen Schaltung dürfte nun gerade für die Hermeneutik der Barthauslegung erhellend sein, weil Barth selbst sich in seinen späten Werkphasen dieses Bildes bedient hat, um diejenigen Hintergründe für das Verständnis des Werkes Christi auszuleuchten, bei denen sich mit entscheidender Dringlichkeit die Frage stellt, ob sie miteinander vereinbar sind oder nicht. Die Rede ist von der sog. Lichterlehre, die das Verhältnis außerchristlicher Wahrheitsansprüche zu der (einen) Wahrheit behandelt, die für Christus als das „Licht des Lebens" beansprucht wird.[27] Barth unterscheidet hier nämlich zwischen Lichtern im *weiteren* Sinne, die in Gestalt von „außerordentlichen Selbstbezeugungen Jesu Christi im Weltgeschehen" seine „ordentliche" Selbstkundgabe in der Bibel bestätigen, und Lichtern im *engeren* Sinne, die die Welt bloß als „Schauplatz" für jene Selbstkundgaben Christi (egal, ob ordentlich oder außerordentlich) qualifizieren.[28] Um die damit gegebene Abstufung zu unterstreichen, bezeichnet Barth diese Lichter im engeren Sinn als bloße „Leucht*körper*"[29] und ruft damit ein Bild wach, das er in seinen Ekklesiologievorlesungen schon zur Charakterisierung der sichtbaren Kirche im Verhältnis zur unsichtbaren gebraucht hatte: Sichtbar sei die Kirche „[e]twa so, wie die dunklen Buchstaben einer Lichtreklame dadurch sichtbar, lesbar, sprechend werden, daß der elektrische Strom eingeschaltet wird".[30]

Die Veranschaulichung der elektrischen Schaltung ist hier offensichtlich mehr als ein Bild für die Unsichtbarkeit des Heiligen Geistes, sondern grenzt davon zugleich die Sichtbarkeit der Kirche in der Welt ab. Wenn Barth später in der *Kirchlichen Dogmatik* die Welt als „Leuchtkörper" von den in ihrer Geschichte (im „Weltgeschehen") stattgefundenen Selbstkundgaben Christi unterscheidet, verfolgt er dasselbe abgrenzende Ziel. Die Bedeutung dieses Ziels wird in Barths nachgelassenen Vorlesungen zur Versöhnungsethik inerhalb der *Kirchlichen Dogmatik* deutlich, wo sich den Lichtern im weiteren

---

26 Unter anderem wurden auch diese Zusammenhänge von Ohm beschrieben.

27 Als Lichterlehre wird allgemein Karl Barth, *Die Kirchliche Dogmatik*, Bd. IV/3, Zürich 1959, 40–188 (§ 69,2: „Das Licht des Lebens") bezeichnet.

28 Die Lichterlehre im *weiteren* Sinne umfasst (nach ausführlicher Grundlegung: Barth, *KD* IV/3, 40–95): a.a.O., 95–153 (Zitate: a.a.O., 154 bzw. 147 [Original kursiv]); die Lichterlehre im *engeren* Sinne umfasst: a.a.O., 153–188 (Zitat: a.a.O., 154 [Original kursiv] u.ö.).

29 Barth, *KD* IV/3, 177.

30 Barth, *KD* IV/2, 700.

Sinne die *Religionen* (§ 77,1 KD IV/4 Nachlass), den Lichtern im engeren Sinne hingegen die sog. *herrenlosen Gewalten* (§ 78,2 KD IV/4 Nachlass) zuordnen lassen.[31] Während nämlich die herrenlosen Gewalten wie Sport, Verkehr und Technik mit dem Christentum vereinbar sind, sofern sie nur entideologisiert, also an den Glauben an Christi Herrschaft über die Welt zurückgebunden werden,[32] treten die Religionen qua Religion selbst mit einem derartigen Herrschaftsanspruch auf und sind darum mit dem Glauben an die Herrschaft Christi unvereinbar. Das hat zur Folge, dass die mit dem Christentum und seinem Wahrheitsanspruchs konkurrierenden Religionen aufgrund dieser Wahrheitskonkurrenz *auch untereinander* unvereinbar sind, während die innerweltlichen Ideologien, die als „herrenlose Gewalten" mit dem Christentum kompatibel sind, unterhalb dieses religiösen Wahrheitsanspruchs *auch untereinander* vereinbar sind.

Barths nachgelassene Fortschreibung der Lichterlehre liefert mit dieser Unterscheidung von (weltlicher) *Ideologie* und (wahrheitssuchender) *Religion* nicht nur der dogmatischen, sondern auch der uns hier allein interessierenden methodischen Beschäftigung mit seinem Werk reichlich Stoff.[33] In dieser (hermeneutischen) Perspektive unterscheidet die Lichterlehre mit den Lichtern im engeren bzw. weiteren Sinne zwei Arten Verstehenshintergrund der christlichen Botschaft, die sich in der Reichweite ihres Wahrheitsanspruchs unterscheiden und darum *untereinander* vereinbar sind (die herrenlosen Gewalten wie Sport, Verkehr, Technik) bzw. unvereinbar sind (die positiven Religionen). Wie in Schleiermachers Hermeneutik bilden damit nicht Glaube und Christsein das (methodisch unüberprüfbare) Kriterium des Verstehens, sondern, logisch kontrollierbar, die bloße Vereinbarkeit oder Unvereinbarkeit der Rezeptions*horizonte*. Ebenfalls wie bei Schleiermacher

---

31 Den detaillierten Nachweis für die Zuordnung dieser Nachlassfragmente (Karl Barth, *Das christliche Leben. Die Kirchliche Dogmatik IV/4. Fragmente aus dem Nachlaß*, hg. v. Hans-Anton Drewes/Eberhard Jüngel [GA II/7], Zürich 1976, 187–219 [§ 77,1] bzw. 363–399 [§ 78,2]) habe ich im Rahmen meiner Greifswalder Habilitationsschrift geführt (Theißen, *Berufene Zeugin* [Anm. 1], 481–485).

32 Genau dies steckt schon im Begriff der „herrenlosen Gewalten", der den Grund für ihre über die Menschen ausgeübte Herrschaft angibt: Man hat es bei Sport, Verkehr und Technik nur deshalb mit „herrscherlichen, weil herrenlos gewordenen Erdgeistern" zu tun (Barth, GA II/7, 391). Die Aufhebung ihrer *Herrenlosigkeit* (= die Rückbindung an Gottes Herrschaft) hebt also auch ihre *Herrschaft* über die Menschen auf.

33 In dogmatischer Hinsicht entbindet die Lehre von den herrenlosen Gewalten z.B. einen konstruktiven Begriff Barths von der Religion als Rückbindung dieser Gewalten an Gott, vgl. Theißen, *Berufene Zeugin* (Anm. 1), 485–495.

ist damit vorausgesetzt, dass das Verstehen eines Textes seinen Transfer in
den jeweiligen Rezeptionshorizont (im Bild der elektrischen Schaltung: den
„Stromfluss") bezeichnet und folglich jeder Rezeptionshorizont gegenüber
dem Text als der „Spannungsquelle" des Verstehensvorgangs einen „Widerstand" darstellt, der sich umgekehrt proportional zu seinem „Leitwert", d.h.
dem vom Textverstehen erwartbaren Erkenntnisgewinn, verhält.

Mit der Kategorie der Vereinbarkeit oder Unvereinbarkeit von Rezeptionshorizonten lassen sich nun aber über Schleiermachers Hermeneutik
hinaus zwei Grundtypen von möglichen Widerständen des Textverstehens
auch dann unterscheiden, wenn man für beide denselben konstanten Widerstandswert unterstellt.[34] Miteinander vereinbare Rezeptionshorizonte
entsprechen nämlich im physikalischen Anschauungsbeispiel den in Reihe geschalteten Widerständen und lassen sich zu einem Gesamtwiderstand
addieren, dem ein im Vergleich zu den Einzelwiderständen geringerer Leitwert gegenübersteht. Für den Vorgang des Textverstehens heißt das: Wird
ein Text in *benachbarten* Rezeptionshorizonten ausgelegt, so ist der erwartbare Erkenntnisgewinn *gering,* aber nicht, weil zwischen den beteiligten
Verstehenshintergründen ohnehin schon weitgehendes Einverständnis be-
stünde, sondern deshalb, weil sich gerade benachbarte Rezeptionshorizonte
in ihren jeweiligen Widerständen gegenüber dem Text aufsummieren und
damit den als Kehrwert des Widerstands definierten erwartbaren Erkenntnisgewinn senken. Die physikalischen Gesetzmäßigkeiten der elektrischen
Schaltung veranschaulichen hier also den aus der Praxis akademischen
Textverstehens hinlänglich bekannten, aber selten in die hermeneutische
Theorie einbezogenen Sachverhalt, dass die schärfsten Abgrenzungen in
Texten gewöhnlich den am engsten benachbarten Konzepten gelten. Diese
hermeneutische Praxis verspricht aber wenig Erkenntnisgewinn.

Ungleich fruchtbarer wäre es, beim Verstehen von Texten diese in *dispa-*
rate Rezeptionshorizonte zu transferieren. In diesem Fall, der im physikalischen Beispiel der Parallelschaltung elektrischer Widerstände entspricht, ist
keine Kombination der einzelnen Horizonte zu einem Gesamtwiderstand

---

34 In Schleiermachers Theoriebildung ist die Vereinbarkeit bzw. Unvereinbarkeit von Rezeptionshorizonten nur methodisch in der Unterscheidung von Komparation und Divination behandelt, wird dabei aber als reiner Widerstandswert und nicht als Wider-
   standsart berücksichtigt, sondern auf die beiden Gegenstandsbereiche der Hermeneutik
   (Sprache/Stil) gleichermaßen angewendet: Wenn ein in einer Rede enthaltener Ausdruck
   in Sprache oder Stil für den Interpreten völlig unableitbar, also ohne komparativen Wert
   (= Nullwert) ist, kann er nur durch Divination verstanden werden.

möglich. Vielmehr ist ein Erkenntnisgewinn zu erwarten, bei dem sich die „Leitwerte" der einzelnen Rezeptionshorizonte *ergänzen*. Die Kernthese meiner Überlegungen ist, dass Karl Barths Theologie sich für eine solche Hermeneutik der disparaten Rezeptionshorizonte in besonderer Weise empfiehlt. In der gegenwärtigen Barthforschung ist es nach meiner Wahrnehmung Michael Trowitzsch, der den „fremden Blick" auf Verstehenshorizonte, die durch völlig disparate „Sprachspiele" voneinander getrennt sind, im Schlagwort einer „pfingstlich genauen" Hermeneutik treffend auf den Punkt bringt.[35] Trowitzsch macht diesen hermeneutischen Ansatz geltend, indem er Barth pointiert in der Zeitgenossenschaft mit neuzeitlichen Denkern porträtiert, die auf dem Radar einer *intentionalen* Pragmatik Barths, wie Pfleiderer sie anstrebt, gerade nicht erscheinen würden (prominent z.B. Heideggers Technikkritik als Horizont der Lehre von den herrenlosen Gewalten);[36] die Hermeneutik disparater Rezeptionshorizonte legt dem geschichtlichen Verständnis Barths so bewusst einen anderen Neuzeitbegriff zugrunde, als ihn die betont neuzeittheoretisch auftretende Münchner Schule voraussetzt. Beispielhaft ist die von Trowitzsch angestoßene Europäisierung der Rezeptionshorizonte von Barths Theologie.[37]

Freilich ist zu beachten, dass ein Großteil des Stoffs, der durch Trowitzschs Ansatz für die Barthinterpretation fruchtbar gemacht wird, das Gebiet der dogmatischen Theologie betrifft. So liegen für die Einbeziehung disparater Horizonte die (untereinander unvereinbaren) Religionen noch näher als die herrenlosen Gewalten. Andererseits wird gerade mit der Behandlung der genannten dogmatischen Themen (herrenlose Gewalten und Religionen) die hermeneutische Unterscheidung, die im Zentrum meiner bisherigen Überlegungen stand (§ 78,2 vs. § 77,1 KD-Nachlass), schon wieder vernachlässigt. Aus diesem Grund beschränke ich mich auch im Folgenden unter Absehung von dogmatischen Urteilen auf den methodischen Ertrag einer Hermeneutik disparater Rezeptionshorizonte.

---

35 Ich greife mit den zitierten Umschreibungen zwei Beiträge Trowitzschs auf: Michael Trowitzsch, Der fremde Blick, in: *VF 46* (2001/1) 64–67 (Sammelrezension der dialektisch-theologischen Vortragsbände in der Karl Barth-Gesamtausgabe) sowie Michael Trowitzsch, Pfingstlich genau. Zur Hermeneutik Karl Baths, in: Michael Beintker/Christian Link/Michael Trowitzsch (Hg.), *Karl Barth in Deutschland (1921–1935). Aufbruch – Klärung – Widerstand*, Zürich 2005, 363–391.

36 Exemplarisch: Michael Trowitzsch, *Karl Barth heute*, Göttingen 2007, 61–64; 271–274.

37 Vgl. Martin Leiner/Michael Trowitzsch (Hg.), *Karl Barths Theologie als europäisches Ereignis*, Göttingen 2008.

3. Verschiedene Horizonte der Rezeption Barths und ihre textlichen Signale

Überlegungen zur Methode der Barthauslegung können und sollen wohl unter Absehung von der dogmatischen Urteilsbildung geschehen, aber kaum ohne Beispiele. Ich greife also drei der bekanntesten Texte Barths heraus, um exemplarisch den Ertrag zu verdeutlichen, den eine hermeneutische Differenzierung der Rezeptionshorizonte seines Werkes erbringen könnte.[38]

3.1 Vereinbare Rezeptionshorizonte: Barmen I als Beispiel

Am 31.05.1934 beschließt die erste reichsweite Bekenntnissynode der Deutschen Evangelischen Kirche die Barmer Theologische Erklärung „zur gegenwärtigen Lage der evangelischen Kirche" und damit einen Text, der in seiner Substanz und den meisten Einzelformulierungen wesentlich von Karl Barth stammt. Insbesondere deren I. These wird zum Markenzeichen der Erklärung und bestimmt die theologische Rezeption Barmens wesentlich. Dabei ist seit der zeitgeschichtlichen Erforschung der Entstehung Barmens durch Carsten Nicolaisen deutlich, dass der offenbarungstheologische Streit um Christus als „das eine Wort Gottes" im Gegensatz zur Annahme einer natürlichen Offenbarung nicht erst die frühe Rezeption Barmens seit dem Ansbacher Ratschlag vom 11.06.1934 prägt, sondern bereits bei den Barmer Synodalverhandlungen selbst wirksam ist und somit eine *primäre Pragmatik* im unmittelbaren Zusammenhang ihrer Entstehung bildet. Denn die Formulierung des Verwerfungssatzes, wonach die Kirche andere „Ereignisse und Mächte" nicht „als Quelle ihrer Verkündigung" anerkennt, geht in der zuletzt genannten Klausel auf eine Vereinbarung Barths mit seinem (lutherischen) Freunde G. Merz in der interkonfessionellen Schlussberatungskommission (30.05.1934) zurück, die damit dem lutherischen ceterum censeo einer natürlichen Offenbarung entgegenkam bzw. entgegentrat.[39] Mit dieser Thematik ist der Horizont der Auseinandersetzung

---

38 Um des Beispiels willen kann ich dabei nicht umhin, weitestgehend Forschungserkenntnisse zu referieren, die schon seit etlichen Jahren zugänglich sind.

39 Vgl. hierzu Carsten Nicolaisen, *Der Weg nach Barmen. Die Entstehung der Theologischen Erklärung vom Mai 1934*, Neukirchen-Vluyn 1985, 144. Der Einschub „als Quelle ihrer Verkündigung" produziert einen syntaktischen Doppelanschluss (neben „als Gottes Of-

mit einer deutsch-christlich geprägten Theologie der Ordnungen betreten, gegen die sich nach dem historischen Barmen-Kommentar der EKU der Verwerfungssatz der I. These richtet.[40]

Derselbe Kommentar hat freilich auch ergeben, dass Barmen I in den bekennenden Gemeinden der preußischen Provinzialkirchen noch anders aufgenommen wurde, und zwar wegen der Betonung des Wortcharakters der christologischen Offenbarung („das eine Wort Gottes") als Aktualisierung des Schriftprinzips. Wie Matthias Königer an Archivalien aus dem Bestand des früheren schlesischen Konsistoriums demonstrieren konnte, führte Barmen I in etlichen Kirchenkreisen Schlesiens zur Intensivierung der Hausbibelkreise samt entsprechendem Schrifttum.[41] Mit diesen gemeindlichen Auswirkungen ist eine Pragmatik der Barmer Theologischen Erklärung angesprochen, die gegenüber dem unmittelbaren Horizont der Barmer Synodaltagung selbst sicherlich *sekundär* ist, aber doch in einen damit vereinbaren Horizont eingezeichnet werden kann, nämlich die Barmenrezeption im Rahmen der Bekennenden Kirche.

Dieser kirchliche Rezeptionshorizont der I. Barmer These bildet ein anschauliches Beispiel für das Phänomen der miteinander kompatiblen Verstehenshintergründe. Primäre und sekundäre Pragmatik von Barmen I verhalten sich zu dieser These selbst wie in Reihe geschaltete Widerstände, da Christologie (Rezeptionshorizont: Barmer Schlussberatungskommission) und Schriftprinzip (Rezeptionshorizont: schlesische BK-Gemeinden) als Antworten auf die Frage nach „dem einen Wort Gottes" miteinander in Spannung stehen und doch zu einem „Gesamtwiderstand" addiert werden können. Dieser besteht im Falle von Barmen I in Barths „Lehre von der dreifachen Gestalt des Wortes Gottes", mit der Barth in den späten Jahren seiner Dialektischen Theologie deren Ausgangsproblem von Bibel und kirchlicher

---

fenbarung" im weiteren Verlauf des Satzes), der als textliches Signal die Nahtstelle der Einfügung noch erkennbar macht. In der Sache wird damit die Existenz solch anderer Offenbarungen nicht rundheraus verneint (insoweit handelt es sich um ein Entgegenkommen), ihre theologische Relevanz aber sehr wohl (insoweit ein Entgegentreten).

40 Zeitgeschichtliche Belege für die abgewiesene sog. Volksnomostheologie finden sich in: Wilhelm Hüffmeier (Hg.), *Das eine Wort Gottes – Botschaft für alle [Barmen I und VI]*, Bd. 2: *Votum des Theologischen Ausschusses der EKU* (Veröffentlichung des Theologischen Ausschusses der EKU), Gütersloh 1993, 51.

41 Matthias Königer, Die Aufnahme der Barmer Theologischen Erklärung in den Gemeinden. Dargestellt am Beispiel der Kirchenprovinz Schlesien, in: Hüffmeier (Hg.), *Das eine Wort Gottes – Botschaft für alle* (Anm. 40), 301–311, besonders 304.

Verkündigung löst[42] und die er bis in die späte Lichterlehre seiner *Kirchlichen Dogmatik* festhält, wenn er diese unter den Leitsatz der I. Barmer These stellt (§ 69 KD IV/3). Die genannten kirchlichen Rezeptionshorizonte lassen sich im Falle der Barmer Theologischen Erklärung also außerdem mit dem Verstehenshintergrund ihres Autors vereinbaren,[43] was erklärt, warum der erwartbare Erkenntnisgewinn (als Kehrwert des Gesamtwiderstands) auf den kirchlichen Horizont begrenzt ist.

Die in Barmen affirmativ wie abgrenzend gefällten Urteile zielen gerade in der Schärfe ihrer Verwerfungssätze auf *kirchliche* Konfrontationen und gelten dem kirchlichen *Selbst*verständnis; eine Wirkung hinein in die politische Auseinandersetzung mit dem Nationalsozialismus ist in der Barmer Theologischen Erklärung nicht angelegt. Mit dieser Begrenzung der Erkenntnis auf die Kirche ist keineswegs der Wert dieser Erkenntnis geschmälert; vielmehr lohnt sich der Streit um die kirchliche Barmenrezeption bis heute, wo eine Grundlagenfunktion Barmens für die Lehre von der Kirche weiterhin zwischen den evangelischen Konfessionen umstritten ist.[44] Was jedoch *nicht* im Horizont der Barmer Theologischen Erklärung liegt, ist ihre

---

42 Die These, dass Barths Entwicklung der Lehre von der dreifachen Gestalt des Wortes Gottes (erstmals in der Münsteraner Prolegomenavorlesung vom WS 1926/27) das dialektisch-theologische Problem von Wortverkündigung und Bibelwort fortführt (z.B. Barth, Not und Verheißung der christlichen Verkündigung [25.07.1922], in: Karl Barth, *Vorträge und kleinere Arbeiten 1922–1925*, hg. v. Holger Finze [GA III/19], Zürich 1990, 65–97), unterstreicht die Bedeutung der *innerevangelischen* Auseinandersetzungen, die Barth mit seiner *Göttinger* Prolegomenavorlesung vom SS 1924 in der eigenen Fakultät führen musste (vgl. *Karl Barth – Eduard Thurneysen, Briefwechsel, Bd. 2: 1921–1930*, bearb. u. hg.v. Eduard Thurneysen [GA V/4], Zürich 1974, 250) und mit mehreren Beiträgen zum reformierten Standpunkt in den Prolegomena 1925 fortgesetzt hat (vgl. Barth, *Vorträge und kleinere Arbeiten 1922–1925* [a.a.O.], 500–544; 604–643). Die in *Münster* verstärkte Auseinandersetzung mit dem *Katholizismus* (zuletzt von Lidija Matošević 2005 und Amy Marga 2010 monographisch untersucht) nimmt nach dieser These nur die zweite Stelle ein.

43 Zu beachten ist hier die These von Dietrich Korsch, Ein großes Mißverständnis. Die Rezeptionsgeschichte der eigentlichen „dialektischen Theologie" Karl Barths, in: Beintker/Link/Trowitzsch (Hg.), *Barth in Deutschland* (Anm. 35), 347–361, hier 359f., dass die eigentliche Rezeption von Barths Dialektischer Theologie in dessen eigener *Kirchlicher Dogmatik* erfolgt.

44 Vgl. kürzlich Notger Slenczka, Die Vereinbarkeit der Barmer Theologischen Erklärung mit Grundüberzeugungen der lutherischen Kirche und Theologie, in: *KuD* 57 (2011) 346–359.

Beanspruchung als Dokument des *politischen* Widerstands – soviel wird durch die Differenzierung ihrer Rezeptionshorizonte deutlich.[45]

3.2 Unvereinbare Rezeptionshorizonte: Der Hromádka-Brief als Beispiel

Als Beispiel für einen Barthtext mit inkompatiblen Rezeptionshorizonten sei sein Brief an den Prager systematischen Theologen Josef L. Hromádka vom 19.09.1938 genannt. Nach seiner ersten Rezeption durch Hromádka selbst handelt es sich um ein privates Dankesschreiben für dessen Kondolenzbrief zum Tode von Barths Mutter. Freilich geht Barth inhaltlich über die *primäre* Pragmatik des Dankes sehr bald hinaus ins Politische und kommt auf die drohend bevorstehenden Aggressionen NS-Deutschlands (konkret die Annexion des Sudetenlands) in einer Weise zu sprechen, deren Zuspitzung über Barths sachlich benachbarte Äußerungen desselben Jahres hinausgeht und sich auch insoweit noch im geschützten Raum eines Privatbriefes abspielt, wenn es heißt:

---

45 Die geringe Bedeutung Barmens für den Widerstand im Dritten Reich konstatiert aus geschichtswissenschaftlicher Perspektive auch Peter Steinbach, Wirkung und Rezeption der Barmer Theologischen Erklärung in profanhistorischer Sicht, in: Hüffmeier (Hg.), *Das eine Wort Gottes – Botschaft für alle* (Anm. 40), 339–346, hier 340 f., 345. Diese Feststellung kann man ungeachtet dessen treffen, dass Barth sich bekanntlich in *Theologische Existenz heute!* angesichts der ersten Phase der kirchlichen Auseinandersetzungen mit dem NS-Staat dafür aussprach, auch und gerade seine Fortsetzung der theologischen Arbeit mit den Bonner theologischen Studenten, „[e]twa wie der Horengesang der Benediktiner im nahen Maria Laach auch im Dritten Reich zweifellos ohne Unterbruch und Ablenkung ordnungsgemäß weitergegangen ist", sei „indirekt sogar eine politische Stellungnahme" (Zitate: Karl Barth, *Theologische Existenz heute!*, in: Karl Barth, *Vorträge und kleinere Arbeiten 1930 – 1933*, hg. v. Michael Beintker/Michael Hüttenhoff/ Peter Zocher [G.A. III/49], Zürich 2013, 271–363, hier 280f.) Wie es aussieht, wenn Barths politisches Urteil tatsächlich zum politischen Widerstand übergeht, zeigt der überzeugende Beitrag von Wolf Krötke, Theologie und Widerstand bei Karl Barth. Problemmarkierungen aus systematisch-theologischer Sicht, in: Beintker/Link/Trowitzsch (Hg.), *Barth in Deutschland* (Anm. 35), 121–139, wo nicht etwa Barmen, sondern das Jahr 1938 mit den *Gifford Lectures* sowie *Rechtfertigung und Recht* diesen weitergehenden Schritt markiert.

„Jeder tschechische Soldat, der dann streitet und leidet, wird es auch für uns
[sc. in der Schweiz] – und, ich sage es heute ohne Vorbehalt: er wird es auch für
die Kirche Jesu Christi tun."[46]

Nur wenige Tage später hat dieser Brief jedoch eine *sekundäre* Pragmatik
entfaltet. Barths Äußerungen wurden in einem ganz anderen, mit dem
Charakter des Privatbriefes gänzlich inkompatiblen Horizont rezipiert, als
Hromádka Teile davon im tschechischen Rundfunk und später der Presse
verbreiten ließ. Nun wurde Barths theologische Auswertung bevorstehen-
der politischer Auseinandersetzungen in der deutschen Kirche und Öffentlichkeit als persönliche Anmaßung eines kirchlichen Mandats in politischen
Dingen scharf kritisiert; insbesondere seitens der Bekennenden Kirche traf
Barth der Vorwurf, er habe damit seine eigene Einsicht aus der I. Barmer
These verlassen, wonach (wie wir selbst zu 3.1. feststellen konnten) Kirche
und Politik getrennte Verstehenshorizonte darstellen.[47]

Der Hromádka-Brief hat methodische Bedeutung für die Barthauslegung damit gewonnen, dass im Zuge von Martin Rohkrämers Briefwech-
seledition ein auf dem im Prager Hromádka-Archiv erhaltenen, maschi-
nenschriftlichen Original des Briefes (nicht aber auf dem Durchschlag im
Basler Karl Barth-Archiv) angebrachter Zusatz veröffentlicht wurde: „Sie
können von diesem Brief *jeden* Ihnen erwünscht scheinenden Gebrauch
machen."[48] Wie schon anhand von Barmen I zu beobachten war, ist also die
sekundärpragmatische Ausdehnung des Rezeptionshorizontes im Einklang
mit den Intentionen des Autors, doch mit dem Unterschied, dass im Falle
des Hromádka-Briefes primärer (privater) und sekundärer (öffentlicher)
Rezeptionshorizont manifest disparat sind. Verwischt werden beide allerdings nicht durch Barths scheinbaren Freibrief zur Horizontverschmelzung,
sondern durch den ihm fast unisono entgegengeschlagenen Einwand, dass
seine private politische Äußerung nicht öffentliche theologische Verlautbarung der Kirche sein könne. Denn bei diesem Einwand entsteht im Versuch,
gleich zwei Paar unvereinbarer Verstehenshorizonte zu scheiden (privat vs.

---

46 Martin Rohkrämer (Hg.), *Freundschaft im Widerspruch. Der Briefwechsel zwischen Karl
   Barth, Josef L. Hromádka und Josef B. Souček 1935–1968,* mit einer Einleitung von Jan
   Milič Lochman, Zürich 1995, 53–55, hier 54.
47 Vgl. zum Überblick über die wichtigsten Äußerungen: Martin Rohkrämer, Karl Barth
   und die Herbstkrise 1938, in: *EvTh* 48 (1988) 521–545.
48 Rohkrämer (Hg.), *Freundschaft im Widerspruch* (Anm. 46), 55 mit Anm. 4. Die Existenz
   einer solchen Autorisierung war seit den tschechischen Veröffentlichungen vom September 1938 bekannt, nicht jedoch der Wortlaut.

öffentlich, politisch vs. theologisch), eine ungewollte Wahlverwandtschaft der Paare zueinander (privat-politische Äußerung vs. öffentlich-theologische Verlautbarung). In Wahrheit redet Barth in dem privat gehaltenen Brief nicht politisch, sondern ganz als Theologe, wie schon das textliche Signal der Anrede des Prager Theologieprofessors als „Herr Kollege", vollends aber das die theologische Alternative von Zweireichelehre und Königsherrschaft Christi voraussetzende Kernargument zur Sudetenkrise zeigt.[49] Barths vollmundige Rede im Namen der „Kirche Jesu Christi" veröffentlicht nicht etwa eine Privatmeinung, sondern rechnet im Sinne von Barths Aufhebung des Privatim damit, dass auch Außenstehende seine theologische Äußerung lesen oder hören werden. Damit tauchen am Horizont von Barths *privatem* Brief potentielle Rezipienten auf, die seinem theologischen Begriff der „Kirche Jesu Christi" nunmehr in *öffentlichem* Horizont gegenüberstehen. Ohne die Disparatheit der Rezeptionshorizonte zu vereinerleien, findet Barths theologischer Brief nun seine sekundäre Adresse bei denen, die die Kirche auf der politischen Bühne anspricht, und dafür kommen im Falle der Sudetenkrise die neutralen Mächte England und Frankreich in Betracht. Ihre Regierungen hätten politisch intervenieren können, um das theologisch Befürchtete nicht eintreten zu lassen.[50]

---

49 An der dichtesten Stelle des Briefes, eingeleitet durch die Wiederholung der Anrede des theologischen „Kollegen" (Rohkrämer [Hg.], Freundschaft im Widerspruch [Anm. 46], 54 vgl. den Briefanfang: a.a.O., 53), lehnt Barth eine Haltung der „Furcht vor der Gewalt" und der „Liebe zum Frieden" ab und empfiehlt statt dessen die Haltung der „Furcht vor dem Unrecht" sowie der „Liebe zur Freiheit" (a.a.O., 54). Hat man einmal erkannt, dass „Furcht" im ersten Begriffspaar „Ehrfurcht" meint, im zweiten aber „Angst", dann wird deutlich, dass sich die Rede von „Gewalt" und „Unrecht" nicht auf mögliche Rechtsbrüche bezieht, die im Widerstand gegen den NS-Staat vielleicht begangen werden, sondern auf den NS-Staat selbst als unrechte Staatsgewalt. Barth kritisiert also mit dem ersten Begriffspaar die Staatsnähe zeitgenössischer Zweireichelehren und setzt dem die Lehre von der Königsherrschaft Christi entgegen, die er im Sommer desselben Jahres in *Rechtfertigung und Recht* entwickelt hatte.

50 Barth schrieb den Brief am Mittag des Tages und daher in ausdrücklicher (verhalten optimistischer) Erwartung des Ausgangs der Londoner Konferenz, mit der letztlich jedoch England und Frankreich erklärten, die völkerrechtswidrige Abtretung des Sudetenlandes an das Deutsche Reich mitzutragen. Im Rundfunk wurden diese Ereignisse am Nachmittag, in der schweizerischen Presse am Abend des 19.09.1938 publik gemacht, so dass die Vermutung nahe liegt, Barths Zusatz sei eine Reaktion auf diese Meldungen (so die Rekonstruktion von Diether Koch als Editor von: Karl Barth, *Offene Briefe 1935–1942*, hg. v. Diether Koch [GA V/36], Zürich 2001, 111 mit Anm. 22). Die Adresse an beide Mächte wäre dann ein indirekter Aufruf gegen das Ende September geschlossene Münchner

Barths Freigabe dieses primär privaten Briefes ist also ein *textliches Signal* an *sekundäre politische Rezipienten* – nicht mehr, aber auch nicht weniger. Explizite politische Forderungen (wie Barth sie ein Jahr später durch W.A. Visser 't Hooft in Gestalt von Sabotageaufrufen gegen das kriegstreibende Deutschland lancieren wollte)[51] brächten diesen theologischen Brief um seine argumentative Legitimation, d.h. sie würden tatsächlich die Grenze zwischen seinen Rezeptionshorizonten überschreiten. Umgekehrt gesagt, vermag der Theologe Barth die politischen Mächte England und Frankreich nur so zu adressieren, indem er die Disparatheit von theologischem und politischem, von privatem und öffentlichem Rezeptionshorizont respektiert. Im Bild der elektrischen Schaltung gesprochen, handelt es sich um parallel geschaltete Widerstände, deren Leitwerte sich summieren und so, wiederum ohne Bild gesagt, für das Verstehen dieses Briefes gesteigerten Erkenntnisgewinn entbinden, hier: die sekundären Adressaten England und Frankreich überhaupt erst auf den Plan rufen.

3.3 Der Text als Signal: Der Elgersburger Vortrag als Beispiel

Die Unterscheidung zwischen vereinbaren und inkompatiblen Rezeptionshorizonten betrifft nicht nur die Frage, wie ein Text aufgenommen wird, sondern weist auch Spuren im Text selbst auf. Damit weitet sich die rezeptionstheoretische zu einer pragmatischen Fragestellung aus, wie es schon bei Pfleiderers Barthinterpretation im Verhältnis zu derjenigen seiner Lehrer zu beobachten war.

Grundsätzlich ist zu beachten, dass in den beiden genannten Beispielen die Unterscheidung der Rezeptionshorizonte zugleich deren entweder serielles oder paralleles Zusammenschalten zu einer Kombination von Rezeptionshorizonten bedeutete, die so weder bei vereinbaren noch bei inkompatiblen Horizonten von irgendeinem Rezipienten tatsächlich erlebt wird. Hierin zeigt sich wie als Bestätigung unserer obigen Überlegungen (s.o. 2), dass inkompatible Rezeptionshorizonte für das Verständnis eines Textes hermeneutisch bedeutsamer sind als miteinander vereinbare. Beispielsweise wurde die sekundäre Adresse des Hromádka-Briefes an England und

---

Abkommen, das die rechtliche (Schein-) Legitimation der Annexion des Sudetenlandes darstellt.

51 Vgl. dazu Eberhard Busch, *Karl Barths Lebenslauf. Nach seinen Briefen und autobiographischen Texten*, München 1975, 311.

Frankreich erst im Durchgang durch seinen Charakter als Privatbrief, also in der Kombination von privater und öffentlicher Rezeption zugänglich, die weder den Rezeptionshorizont Hromádkas noch denjenigen der Regierungen von England oder Frankreich darstellt.

Die Differenzierung der Rezeptionshorizonte ist folglich als solche mit jedem realen Rezeptionshorizont inkompatibel und vielmehr der Pragmatik des jeweiligen Textes zuzuschreiben. Aus diesem Grund verlangt die Differenzierung der Rezeptionshorizonte zugleich die Erhebung pragmatischer Textsignale wie Leseranreden oder zeit- und ortsaktuelle Anspielungen, die den Bezug zur Rezeptionssituation herstellen, gleichzeitig aber auf unterschiedliche, womöglich miteinander inkompatible Rezeptionshorizonte beziehbar sein müssen. Die Differenzierung der Rezeptionshorizonte unterstellt also, dass *derselbe* Text eine mehrfache Pragmatik in einander ausschließenden Horizonten zu entfalten vermag und damit über den durch semantische Begriffsanalyse erhebbaren Sinn, der für ein und denselben Text in jedem dieser Horizonte derselbe sein muss, hinausgeht. In diesem Sinne ist zwischen *primärer* und *sekundärer* Pragmatik ein und *desselben* Textes zu unterscheiden. Die methodische Pointe dieser Unterscheidung ist, dass sie die semantische Begriffsanalyse sowohl begrenzt als auch ergänzt. Barths Vortrag „Das Wort Gottes als Aufgabe der Theologie", den er am 03.10.1922 im thüringischen Elgersburg hielt, soll dafür als Beispiel dienen. Die textlichen Signale bestehen in diesem Fall außer den Höreranreden insbesondere in der Gliederung des ganzen Vortrags.

Der Vortrag ist meist von seinen dogmatischen Spitzensätzen, den berühmt gewordenen Identifikationen von Ja und Nein, Frage und Antwort her interpretiert worden, wobei der Versuch einer Entschlüsselung dieser Dialektik dann meist in das demütige Deo Gloria der dreigliedrigen These mündet,[52] die dem Vortrag seine einprägsame dreiteilige Struktur gibt: „Wir sollen als Theologen von Gott reden. Wir sind aber Menschen und können als solche nicht von Gott reden. Wir sollen beides, unser Sollen und unser

---

52 Der Versuch von Peter Lange, den Elgersburger Vortrag argumentativ anhand der dialektischen Spitzenaussagen nachzuvollziehen, reduziert den Text m.E. von vornherein auf sein terminologisches Skelett und behält selbst davon bloß einzelne Knochen übrig (vgl. Peter Lange, *Konkrete Theologie? Karl Barth und Friedrich Gogarten „Zwischen den Zeiten" [1922–1933].* Eine theologiegeschichtlich-systematische Untersuchung im Blick auf die Praxis theologischen Verhaltens [Basler Studien zur historischen und systematischen Theologie 19], Zürich 1972, hier 29–36).

Nicht-Können, wissen und damit Gott die Ehre geben."[53] Berücksichtigt man die Hörerlenkung, die in dieser Korrespondenz von These und Durchführung liegt, so wird man die *primäre* Pragmatik dieses Vortrags durch die vollständige Geschlossenheit von Form und Inhalt kennzeichnen können. Die dreiteilige Form der These erinnert mit der nur zu bekenntnisähnlichen Zuordnung von Gott und Mensch so sehr an die Zweinaturenlehre der Christologie, dass es nicht überraschend ist, wenn Barth im letzten Teil des Vortrags Jesus Christus als das eigentliche Thema benennt.[54]

Es ist dann aber um so überraschender, wenn Barth, der wenige Tage später in einem Rundbrief an seine dialektisch-theologischen Freunde einräumt, „den letzten Drittel" des Vortrags erst auf der Eisenbahnfahrt nach Elgersburg „auf den Knieen" geschrieben zu haben,[55] trotz dieses improvisierten Schlusses bei der Drucklegung keinen Anlass zur Veränderung gesehen hat. So bleibt auch der merkwürdige Vergleich stehen, die Theologen müssten die Dialektik von Sollen und Nicht-Können „so starr ins Auge fassen, wie z.B. jeder Eisenbahnbeamte es auch tun muß"[56] – ein verdeckter Situationsbezug, der freilich weder im Rahmen des primären (Elgersburger Publikum) noch des sekundären Rezeptionshorizontes (Leserschaft des Drucktextes) erkennbar ist, sondern nur in dem kleinen Kreis von Theologen, die als Empfänger von Barths Rundbrief sowohl die Entstehungsumstände des Vortrags in der Eisenbahn kennen als auch als Leser seiner Druckfassung unterstellt werden können. Der – übrigens keineswegs singuläre – Hinweis auf den Eisenbahnbetrieb[57] zeichnet also chiffriert Barths eigene Situation und die seiner theologischen Freunde in die christologische Struktur der Vortragsthese ein, die nicht umsonst als „unsere Situation" eingeführt wird:[58] Anders als im mündlichen Vortrag schließt das textliche Signal der 1. Person Plural aber im Drucktext nicht mehr Redner und Hörer zusammen, sondern referiert auf Barths persönliches theologisches Umfeld. Die Sekundärpragmatik dieses Vortrags zielt also nicht mehr allein auf die Christologie, sondern diese dient als Chiffre für die eigene kirchliche Situation. Die christologische Grundlinie des Vortrags wird so von einer ekkle-

---

53 Barth, *Vorträge und kleinere Arbeiten 1922–1925* (Anm. 42), 151.

54 Barth, *Vorträge und kleinere Arbeiten 1922–1925* (Anm. 42), 175.

55 Zitate: *Karl Barth – Eduard Thurneysen, Briefwechsel, Bd. 2* (Anm. 42), 107.

56 Barth, *Vorträge und kleinere Arbeiten 1922–1925* (Anm. 42), 173.

57 Ähnlich z.B.: Karl Barth, *Vorträge und kleinere Arbeiten 1925–1930*, hg. v. Hermann Schmidt (GA III/24), Zürich 1994, 254; 271.

58 Barth, *Vorträge und kleinere Arbeiten 1922–1925* (Anm. 42), 151.

siologischen Seitenlinie gekreuzt, die für seine lebhafte Rezeption mitverantwortlich sein dürfte, obwohl „unsere Situation", die Barth im Einklang mit seinen dialektisch-theologischen Weggenossen ausbreitet, gerade nicht die Situation der kirchlichen Rezipientenschaft war, die Barths Vortrag las – er erschien zu Barths Leidwesen[59] nicht in seinem eigenen Publikationsorgan *Zwischen den Zeiten,* sondern in der *Christlichen Welt.* Vielmehr muss man hier einmal mehr von disparaten Rezeptionshorizonten sprechen, die die Wirkung und den Erkenntnisgewinn von Barths Texten beflügelt haben.

4. Voraussetzungen einer pragmatischen Barthinterpretation

Die betrachteten Beispiele haben den Erkenntnisfortschritt ahnen lassen, den eine Hermeneutik disparater Rezeptionshorizonte mit der vorgeschlagenen Unterscheidung von primärer und sekundärer Pragmatik für die Barthinterpretation verspricht. Es bleibt die Aufgabe, die Voraussetzungen meines Vorschlags offenzulegen und anzugeben, wie sie überprüft werden können. Letzteres verbindet sich mit Überlegungen zur weiteren editorischen Erschließung von Barths Werk.

Der Vorschlag einer Unterscheidung zwischen primärer und sekundärer Pragmatik im Werk Karl Barths macht im Wesentlichen drei Voraussetzungen:

a) Soll dem von der Unterscheidung zwischen primärer und sekundärer Pragmatik zu erhoffenden Erkenntnis- auch ein Methodenfortschritt entsprechen, so müssen die gegebenen Beispiele generalisierbar sein. Diejenige Staffelung von Pragmatiken, die man in der Tat für einen Großteil von Barths Texten voraussetzen kann, ist die von mündlicher Präsentation und schriftlicher Druckfassung, denn neben den in den einschlägigen Schriftenreihen (z.B. *Theologische Existenz heute, Theologische Studien*) erschienenen Vorträgen, die Barth seit seiner dialektisch-theologischen Zeit bekannt machten, sind auch die gedruckten akademischen Werke, allen voran die *Kirchliche Dogmatik,* ganz überwiegend aus Vorlesungen entstanden (bekannte Ausnahmen sind die *Römerbrief*-Auslegungen und das Anselmbuch).

---

59 Vgl. die entsprechenden Briefstellen: Barth, *Vorträge und kleinere Arbeiten 1922–1925* (Anm. 42), 147.

b) Bei dieser Annahme ist wiederum vorausgesetzt, dass mündlichem Vortrag und schriftlicher Veröffentlichung weitgehend derselbe Text zugrunde liegen, sodass es auch wirklich dieselben textlichen Signale sind, die in verschiedenen Rezeptionssituationen unterschiedliche Pragmatiken entfalten. Diese Voraussetzung verlangt keinen hundertprozentigen wörtlichen Gleichlaut, sondern insbesondere die Beibehaltung der durch die textlichen Signale hergestellten Situationsbezüge, die in den unterschiedlichen Rezeptionshorizonten pragmatisch wirksam werden.

c) Dies setzt schließlich voraus, dass die mündliche Vortragsgestalt von Barths Texten sowie deren Rezeptionssituation eruierbar sind und die eventuelle Umarbeitung seiner Vorträge für den Druck rekonstruiert werden kann.

Die zuletzt genannte Voraussetzung reicht offensichtlich am weitesten in die editorische Erschließung der textlichen Grundlagen jeder Barthinterpretation zurück und soll darum als erste auf ihre Überprüfbarkeit hin betrachtet werden.

Zu c): Mit Ausnahme relativ weniger Tonbandmitschnitte (durchweg später Texte) ist Barths mündliche Präsentation seiner Texte nicht dokumentiert. Es bestehen jedoch Gründe zu der Annahme, Barth habe in den weit überwiegenden Zeiten seiner Vortrags- und Vorlesungstätigkeit mündliche Präsentationen wortgetreu von schriftlichen Vorlagen abgelesen, so dass zumindest der Wortlaut, wenn auch nicht das Hörerlebnis seiner Vorträge in greifbare Nähe rückt. Die eingangs zitierte Erinnerung D. Ritschls trifft sich hier mit Barths eigener Schilderung, wonach er in seinem fünfzigsten Dozentensemester, dem Bonner Gastsemester vom Sommer 1946, „zum erstenmal in meinem Leben ohne wortwörtlich festgelegte schriftliche Unterlagen vorgetragen" habe.[60]

---

60 Karl Barth, *Dogmatik im Grundriß im Anschluß an das Apostolische Glaubensbekenntnis*, Stuttgart 1947, 5. Im Kontext finden sich allerlei Äußerungen über die Differenz zwischen mündlichem und schriftlichem Wort. Barths Frau Nelly berichtete freilich, Barth habe in den letzten Monaten des Safenwiler Pfarramtes, als der Wechsel nach Göttingen sich bereits abzeichnete, aus Zeitgründen nurmehr anhand stichwortartiger Skizzen gepredigt (vgl. Karl Barth, *Predigten 1914*, hg. v. Ursula u. Jochen Fähler [GA I/5], Zürich ²1999, VII). Dasselbe sagt Hinrich Stoevesandt auch für spätere Predigten Barths aus (Karl Barth, *Predigten 1935–1952*, hg. v. Hermann Spieker u. Hinrich Stoevesandt [GA I/26], Zürich 1996, Xf.). – Predigtähnlich und daher frei scheint auch der Schluss der Münsteraner Johannes-Vorlesung von 1925/26 vorgetragen worden zu sein, wie Rudolf Smend,

Während diese Äußerung den Schluss zulässt, dass Barth das, was in seinen Skripten stand, tatsächlich vorgetragen hat, weisen die erhaltenen Skripte keine äußeren Merkmale auf, anhand derer sich schlussfolgern ließe, ob sie als Vorlage für die mündliche Präsentation, als Grundlage für deren spätere Überarbeitung oder als Reinschrift für die Druckvorlage gedient haben. Skripte aller drei Typen sind im Karl Barth-Archiv erhalten. Eine Entscheidung dieser Frage setzt genauere Kenntnis von Barths Vorgehensweise bei der Erarbeitung von Texten voraus, und hier ist man auf die verstreuten Angaben einzelner Herausgeber der Gesamtausgabe angewiesen, da diese eventuelle Vorstufen des Drucktextes eher unregelmäßig auswertet.

Im Sinne der Zuordnung von Rezeptionshorizonten und ihren textlichen Signalen (s.o. 3.) scheint mir zweierlei notwendig. Zum einen empfiehlt sich die *Eruierung der Rezeptionsumstände von Barths Vorträgen* über die in der Gesamtausgabe oftmals schon geleistete Auswertung seiner Briefkorrespondenz und gelegentlich der Tagespresse hinaus. Da Funde wie Königers Nachweis gemeindlicher Auswirkungen von Barmen I oder Rohkrämers Entdeckung im Hromádka-Archiv (s.o. 3.1 bzw. 3.2) in kaum planbarer Weise glück-, aber auch wertvoll sind, dürfte der Versuch einer systematischen Auswertung insbesondere der (deutschen) kirchlichen Regionalpresse erwägenswert sein, die für Barths gesamte Wirkungszeit gut erschlossen ist.[61] Zum anderen sollten die erwähntermaßen verstreuten Bemerkungen zu *Barths Arbeitsweise bei der Texterstellung* in einen größeren Zusammenhang gebracht werden. Im Rahmen der Gesamtausgabe hat erstmals Hans-Anton Drewes im November 2010 als seinerzeitiger Leiter des Karl Barth-Archivs anlässlich der Edition der zweiten *Römerbrief*-Auslegung derartige Erwägungen zur „Textkonstitution" publik gemacht, als Reinschriftfragmente der Druckvorlage, die kleingeschnitten als Rückseite von Konzeptpapier anderer Ausarbeitungen Barths erhalten geblieben sind, jahrzehntelang nachgedruckte, sinnentstellende Setzfehler in diesem bekanntesten Buch Barths offenbarten.[62]

Karl Barth als Ausleger der Heiligen Schrift, in: Heidelore Köckert/Wolf Krötke (Hg.), *Theologie als Christologie. Zum Werk und Leben Karl Barths. Ein Symposium*, Berlin 1988, 9–37, hier 9 mit Anm. 3 materialreich dargetan hat.

61 Vgl. Roland Rosenstock, *Evangelische Presse im 20. Jahrhundert* (Christliche Publizistik 2), Stuttgart 2002.

62 Hans-Anton Drewes, Textkritik und Textkonstitution, in: Karl Barth, *Der Römerbrief* (Zweite Fassung) 1922, hg. v. Cornelis van der Kooi u. Katja Tolstaja (GA II/47), Zürich 2010, XXXIX–XLIV, hier XL.

In aller Vorläufigkeit kann man ab 1927 – Barth hatte im Vorjahr zu Weihnachten von seiner Frau eine Schreibmaschine[63] geschenkt bekommen – von einer fortan immer weiter ausgefeilten Arbeitsmethode sprechen. Der Grundstruktur nach wurde dabei ein erstes (handschriftliches) Manuskript Charlotte v. Kirschbaum, die dafür sogar nachts von Barth geweckt wurde,[64] in die Schreibmaschine diktiert und das so entstandene Typoskript in handschriftlichen Überarbeitungen der Endfassung zugeführt, die dann als Reinschrift der Druckvorlage an den Setzer ging.[65] Während Barths Wirksamkeit haben dabei unterschiedliche Stadien dieser Entwicklung als Vorlage für den mündlichen Vortrag gedient, wobei es scheint, dass Barth im Laufe der Zeit mehr und mehr bestrebt war, schon dem *mündlichen* Vortrag eine möglichst weit ausgereifte Textgestalt zugrunde zu legen.[66] Umgekehrt hat der dialektisch-theologische Barth noch an einzelnen Vorträgen

---

63 Vgl. hierzu *Karl Barth – Eduard Thurneysen, Briefwechsel, Bd. 2* (Anm. 42), 450.

64 So die Erinnerung, die Eduard Thurneysen Eberhard Busch mitgeteilt hat, vgl. Eberhard Busch, *Meine Zeit mit Karl Barth. Tagebuch 1965–1968*, Göttingen 2011, 702.

65 Diese Struktur bildet die Gemeinsamkeit der verstreuten Bemerkungen, die einzelne Editoren der Gesamtausgabe bei der Arbeit an bestimmten Barthtexten gemacht haben. Am stärksten entwickelt ist diese Struktur bei Barths späten Predigten (vgl. Karl Barth, *Predigten 1954–1967*, hg. v. Hinrich Stoevesandt [GA I/12], Zürich ³2003, Xf.). Dabei ist allerdings zu beachten, dass Barth seit seiner Göttinger Zeit Predigten im Gegensatz zu anderen Texten frei vortrug (s.o. Anm. 60).

66 Drei Beispiele der Nachbearbeitung von Vorlesungen seien als Indizien genannt: 1. Barths erstes Vorlesungs-Typoskript im Anschluss an das Wintersemester 1926/27 war eine „lediglich geringfügig geglättete Wiedergabe" seines (freilich auf die Göttinger Prolegomenavorlesung vom Sommersemester 1924 zurückgreifenden) Manuskripts und ging seinerseits praktisch unverändert in den Druck, so dass die *Christliche Dogmatik* als „Sonderfall" den heutigen Leser geradezu in den Münsteraner Hörsaal zurückversetzen dürfte (Karl Barth, *Die christliche Dogmatik im Entwurf, Bd. I: Die Lehre vom Worte Gottes. Prolegomena zur christlichen Dogmatik [1927]*, hg. v. Gerhard Sauter [GA II/14], Zürich 1982, XIII; XX). – 2. Für die Ethik-Vorlesung von 1928 (Münster) bzw. 1930 (Bonn) fand Herausgeber Dietrich Braun durch Vergleich mit erhaltenen Mitschriften heraus, dass Barth in Bonn dazu übergegangen war, das Skript sitzungsweise zu diktieren, um für den neuerlichen Vortrag handschriftliche Verbesserungen hinzufügen zu können (vgl. Karl Barth, *Ethik I. Vorlesung Münster Sommersemester 1928*, wiederholt in Bonn, Sommersemester 1930, hg. v. Dietrich Braun [GA II/2], Zürich 1973, IX). – 3. Die erstmals 1925/26 im Münster gehaltene Johannes-Vorlesung hat Barth bei ihrer Wiederaufnahme in Bonn 1933 soweit überarbeitet, wie er in diesem kürzeren (Sommer-) Semester mit dem Vortrag gelangte, was die auf das jeweils folgende Kolleg zielende Vorgehensweise bei der Überarbeitung belegt (vgl. Karl Barth, *Erklärung des Johannes-Evangeliums. Vorlesung in Münster Wintersemester 1925/26*, wiederholt in Bonn Sommersemester 1933, hg. v. Walther Fürst [GA II/9], Zürich 1976, X).

größere Umarbeitungen der mündlichen Gestalt *für den Druck* zumindest in Angriff genommen[67] (freilich auch aus Überdruss wieder abgebrochen)[68] – eine Aufgabe, die er im Alter gelegentlich ganz in Mitarbeiterhand gelegt zu haben scheint.[69] Freilich bedürften diese tentativen Folgerungen der Überprüfung an den Archivalien, und dabei wären auch die erwähnten Skriptfragmente einzubeziehen, da sie gelegentlich spätere Setzfehler (vergleichbar den u.a. von Gerhard Sauter aufgedeckten Hörfehlern beim Schreibmaschinendiktat an v. Kirschbaum)[70] aufklären können.

Zu b): Fragt man über das mit v. Kirschbaum mehr und mehr eingespielte technische Verfahren der Skripterstellung hinaus, von welchen inhaltlichen Maximen sich Barth bei der Überarbeitung seiner Texte leiten ließ, so fließen die Quellen noch spärlicher. Sicher scheint zu sein, dass er seinen Vorträgen anschließend Fußnoten hinzugefügt hat[71] – in einem Brief an Thurneysen ist von einem ganzen „Mückenschwarm von Anmerkungen" die Rede.[72] Zahlenmäßig scheinen auch stilistische Verbesserungen zu Bu-

---

67 Vollständig dokumentiert ist die Umarbeitung des Vortrags „Das Halten der Gebote" (1927), der fast 400 Änderungen oder Zusätze aufweist (Barth, *Vorträge und kleinere Arbeiten 1925–1930* [Anm. 57], 99–139, vgl. zur Erläuterung a.a.O., XV mit Anm. 51).

68 Dies betrifft den erst in der Gesamtausgabe edierten Vortrag „Die Kirche und die Offenbarung" von 1923 (Barth, *Vorträge und kleinere Arbeiten 1922–1925* [Anm. 42], 307–348), bei dem begleitende Briefe an Thurneysen zeigen, dass Barth die bereits begonnene Umarbeitung für eine geplante Publikation in *Zwischen den Zeiten* verleidet worden war (vgl. *Karl Barth – Eduard Thurneysen, Briefwechsel, Bd. 2* [Anm. 42], 209; 243; 254).

69 Persönliche Mitteilung von Eberhard Busch (19.12.2009).

70 Grundsätzlich hierzu vgl. Barth, *Die christliche Dogmatik im Entwurf, Bd. I: Die Lehre vom Worte Gottes. Prolegomena zur christlichen Dogmatik* (Anm. 66), XVIII.

71 Holger Finze nimmt als Editor der Vorträge zwischen 1922 und 1925 an, dass Barths „Vorträge immer weniger reine Redemanuskripte waren, sondern anschließend zu Zeitschriftenbeiträgen überarbeitet wurden", und situiert in diesem Kontext die Hinzufügung von belegenden Fußnoten (Barth, *Vorträge und kleinere Arbeiten 1922–1925* [Anm. 42], XI).

72 So *Karl Barth – Eduard Thurneysen, Briefwechsel, Bd. 2* (Anm. 42), 662, bezogen auf den im April 1929 in Emden und im Juni 1929 in Bern gehaltenen Vortrag „Die Lehre von den Sakramenten" (Barth, *Vorträge und kleinere Arbeiten 1925–1930* [Anm. 57], 393–441). Aus der Zweckbestimmung dieser Maßnahme „für Bern und für den Druck" (*Karl Barth – Eduard Thurneysen, Briefwechsel, Bd. 2* [Anm. 42], 662) geht zudem hervor, dass Barth seinen Texten mindestens gelegentlich Anmerkungen auch schon für den mündlichen (in diesem Fall: Zweit-) Vortrag und nicht erst für die schriftliche Publikation hinzufügen konnte, was (trotz der mutmaßlichen Nichtverlesung dieser Anmerkungen) die Vermutung erhärtet, dass gerade seine Sorgfalt in der schriftlich fixierten Formulierung werkbiographisch mehr und mehr dem *mündlichen* Wort galt.

che zu schlagen, wenn man jedenfalls vom einzigen vollständig dokumentierten Fall eines umgearbeiteten Vortragsmanuskripts generalisierende Schlüsse ableiten darf. Bei dessen ca. 400 Abweichungen fällt allerdings auf, dass sie allesamt nicht – etwa durch Streichung, Umdisposition oder Neuformulierung – den grundlegenden Aufbau des Textes betreffen, sondern Einzelstellen verdeutlichen.

Fragt man auch bei Barths Umarbeitungen für den Druck nach dem Zusammenhang von Rezeptionshorizonten und ihren textlichen Signalen, so fällt besonders ins Auge, dass Barth bei der Umarbeitung von Vortragsskripten direkte Situationsbezüge wie Publikumsanreden oder ort- und zeitbezogene Anspielungen im Text belassen, also eine weitere Bedeutung dieser Passagen im geänderten Rezeptionshorizont der Druckfassung mindestens nicht ausgeschlossen hat.

Zu a): Weder die Tatsache der stehengebliebenen Situationsbezüge noch Barths eingestandene Gleichsetzung der mündlichen Texte mit dem Verlesen der schriftlichen kann als Indiz für eine Indifferenz seiner Rede gegenüber dem Unterschied von mündlicher und schriftlicher Pragmatik gewertet werden. Vielmehr ist (wie schon zu c) angedeutet) anzunehmen, dass Barth im Laufe der Zeit eine immer stärkere Angleichung schon des mündlichen Vortrags an die zu veröffentliche Gestalt des Drucktextes angestrebt hat. Die gestiegene Wertschätzung der mündlichen Rede, die sich vor allem in den edierten späten *Gesprächen* Barths (GA IV) ausdrückt, bildet dann keinen zwingenden Widerspruch zu Ritschls Beobachtung, dass Barth im Seminar ohne Skript stumm blieb, wenn man unterstellt, dass Barth im Alter dazu überging, die mündliche Rede als regelrechte theologische Sprachgestalt zu begreifen und dieser den schriftlichen Text funktional zuzuordnen. Eine ähnliche Neubestimmung des Verhältnisses von mündlicher und schriftlicher Theologie hat bemerkenswerterweise wiederum D. Ritschl ins Gespräch gebracht, wenn er, vergleichbar mit dem Eisbergmodell, darauf hingewiesen hat, dass nur ein kleiner Teil aller Theologie in schriftlicher Gestalt an die Oberfläche kommt, während die weit größere Masse theologischer Gedanken in bloß mündlicher Form subkutan wirkt.[73]

---

73 Vgl. die einführenden Bemerkungen von Ritschl, *Logik der Theologie* (Anm. 2), 17: „Schriftliche Theologie zielt auf die eigentliche, die mündliche und im tatsächlichen Leben geschehende Theologie hin. Schriftliches ersetzt nicht das Mündliche, es gibt Anlaß dazu" sowie a.a.O., 25: „Theologie ist nicht identisch mit der Gesamtheit des Denkens und Sprechens der Gläubigen. Sie ist nur ein kleiner Teil davon und zwar derjenige, der dieses Denken und Sprechen sowie auch das Tun der Gläubigen sich zu regeln, zu prüfen und

Der hier unterbreitete Vorschlag kann in Zeiten des (auch theologischen?) Klimawandels als Plädoyer dafür verstanden werden, die unter der Oberfläche wirksame Pragmatik von Barths Theologie in methodisierter Weise, nämlich mittels einer Differenzierung ihrer disparaten Rezeptionshorizonte und deren textlicher Signale unter Ausnutzung aller archivalischen Quellen, sichtbar zu machen, damit sie nicht mit der naturgemäß kleiner werdenden Zahl derer verschwindet, die Barths Wirken selbst erlebt haben.

---

zu stimulieren anheischig macht; die Theologie muß ihr Recht, diese Regelungsfunktion auszuüben, von den Gläubigen erhalten. Mit dieser vorläufigen Definition ist eine Entscheidung für einen engen Begriff von Theologie getroffen."

Rinse Reeling Brouwer

On mystery and *recta ratio*
Karl Barth's Elaboration of a Series of Disputations from the Leiden Synopsis: Scripture, Trinity, and Incarnation[1]

1. Introduction

1.1 The Synopsis Purioris Theologiae

In the second decade of the seventeenth century two professors were teaching at the Theological Faculty of the University of Leiden: Johannes Polyander, a moderate Calvinist and former minister in Dort, and Simon Episcopius, a Remonstrant and until 1612 minister in Bleiswijk. These two men had succeeded Gomarus and the late Arminius, respectively, and students could choose which of the two they wanted to consider as their master. After the Synod of Dort decided in favour of the Contra-Remonstrants, Episcopius was removed from his teaching post. In 1619 the Curators of the university appointed Antonius Thysius, who had been serving as professor at the „kwartierschool" of Gelderland in Harderwijk, and Antonius Walaeus, until then professor at the „illustrious school" of Zeeland in Middelburg, to join Polyander as his new colleagues. These three men had all been present at the Synod, each delegated by their own province as professor. Not much later

---

1 This article offers fragments from Chapter 2 of Rinse H. Reeling Brouwer, *Karl Barth and Post-Reformation Orthodoxy*, that will appear in Farnham, Surrey UK 2015.

André Rivet, at that time minister in Thouars (France), was invited to join this corps as its fourth member.[2]

The four Leiden professors were determined to maintain unanimity among themselves. They subscribed to the decisions of the Synod of Dort, and, by request of the Synod of South-Holland, wrote a joint refutation of a Remonstrant *Confession*.[3] In the Preface to the *Synopsis purioris theologiae*,[4] addressed to the authorities in Holland, they specify a threefold purpose for publishing this work: first, „that the entire globe may acknowledge that you are the most stalwart and steadfast defenders" of this theology; secondly, „that those candidates of the sacred letters who are entrusted to us may fix their gaze upon this North Star and direct their way by it in the course of their studies"; and, finally, that „it may be clear to anyone and everyone that there is a total single-mindedness in what we believe and think, and that we share a consensus in all the headings of theology". This third and final stated purpose, whereby the four professors praise their cooperation and mutual complementarity, was quoted in part by Barth in his Preface to *Church Dogmatics* III/1. When Barth asks (seriously or ironically?): „will this ever be possible again? It is not so to-day",[5] one might observe that the situation the

---

2 Johannes Reitsma/Johannes Lindeboom, *Geschiedenis van de Hervorming en de Hervormde Kerk der Nederlanden*, 's Gravenhage 1949, 268; Albert Eekhof, *De theologische faculteit te Leiden in de 17e eeuw*, Utrecht,1921, 37 ff.

3 *Censura in confessionem sive declarationem sententiae eorum, qui in Foederato Belgio Remonstrantes vocantur*, Lugd. Bat. 1626.

4 Gerrit P. van Itterzon, De Synopsis purioris theologiae. Gereformeerd leerboek der 17^e eeuw, in: Nederlands Archief voor Kerkgeschiedenis 23 (1930), 161-213; 225-259; Willem .J. van Asselt/Theo T.J. Pleizier/Pieter L. Rouwendal/P. Maarten Wisse, *Inleiding in de gereformeerde scholastiek*. Zoetermeer, 1998, 125; dies., *Introduction to Reformed Scholasticism*, Grand Rapids 2011.

5 KD III/1, Vorwort (CD III/1, IX) quotes the following fragment: „(...) so that it may be clear to anyone and everyone that there is a total single-mindedness in what we believe and think, and that we share a consensus in all the headings of theology. We have no doubt whatsoever that the pastors of our churches, when they behold this work as the longed-for proof of the harmony in our teaching, will join with us in congratulating the Province that you command for the fact that by the special grace of God ... [under your watch the flames of our internal dissentions have been quenched. And what is more, that they may now once again behold that] on the lecterns in our Academy and on the pulpits in our church-buildings truth and peace 'greet and kiss one another' (to use the words of king David the prophet [Psalm 85,10])"; ET (here and elsewhere in this article) taken from Dolf te Velde, Riemer A. Faber (translator), Rein Ferwerda, Willem J. van Asselt †, William den Boer, Andreas J. Beck, Rein Ferwerda, Philip J. Fisk, Albert Gootjes, Harm Goris, Pieter Rouwendal, Henk van den Belt, Gert van den Brink, Elco van Burg, Jan van

Leiden professors described could not in fact be found in the earlier days of
their faculty either, nor at other faculties of that time. In Franeker, for example, where Maccovius and Ames refused to speak to each other, the *rabies
theologorum* prevailed.[6]

The primary intention of the *Synopsis* to establish a purer theology – that
is, a theology purified after the Synod of Dort and to be purified even further
– was thus to stabilize the relations in church and theology after the great
Remonstrant troubles, and to provide a survey of commonly accepted Reformed doctrine at the time. The second purpose related to the educational
function of the professors in their work for their students and future ministers. Nevertheless, the genre of the *Synopsis* is not that of a *Compendium* or
textbook; the text is rather formed by a series of academic *disputations*. Re-
cently an informative overview of the practice behind the *Synopsis* was giv-
en by Sinnema and Van den Belt.[7] The disputation practice had functioned
as a tried-and-true scholastic educational practice for many centuries, along
with lectures (reading and commenting on texts) and preaching under the
supervision of theologians (sermon practice). At Leiden public disputations
were conducted about twice a month in the large Auditorium, and they were
open to anyone. One of the professors would preside, and a number of theses drafted by him on the given topic would be defended by a student (called
the „respondent") against the attacks of one or more fellow students (the
„opponents"). Sometimes theses were drafted by the student respondent
himself, but approved by the professor. In Leiden the common practice was
for the professors of theology to take turns in presiding over disputations on
specific topics or *loci*. These disputations together formed a series or cycle
(called a *collegium*), although they could be interrupted by random disputations (cf. the medieval „quodlibetal" disputations). At Leiden, a new cycle

Helden, & Antonie Vos, *Synopsis Purioris Theologiae. Synopsis of a Purer Theology. Latin
Text and English Translation*, Volume I, Disputations 1-23 (Studies in Medieval and Reformation Traditions), Leiden 2014 (henceforth: SPT).

6 Furthermore, the resolution „that no one would give his judgment on a controversy of
religion, on church government, or on a case of conscience separately, but only together
with his colleagues; that no theses were to be publicly disputed unless all colleagues had
seen and approved of them; that no book was to be published which all colleagues had not
examined and agreed upon" (Walaeus) also had the function of preventing a provincial
Synod from controlling their academic labour. See Eekhof, *De theologische faculteit te
Leiden* (ref. 2), 43.70 ff.

7 Donald Sinnema/Henk van den Belt, The *Synopsis Purioris Theologiae* as a Disputation
Cycle, in: *Church History and Religious Culture* CHRC, Leiden 92 (2012), 505-537.

was started on 6 February 1620 after Polyander had received his two new colleagues, and in this cycle he, Walaeus, and Thysius each presided in turn. Rivet then contributed to the new *collegium* beginning with the eleventh disputation (on providence; 28 November 1620). The 52nd and last *disputatio* was held in the summer of 1624.[8] The Preface to the *Synopsis*, as well as the edition of the whole cycle, is dated 28 December 1624.

The text of the Leiden *Synopsis* mentions the name of the presiding professor and of the student defendant („respondent") and is for the most part composed of positively formulated theses (around forty of fifty per disputation), but does not refer to the actual course of the debates as they were held in the auditorium. Sometimes a number of antitheses (on heresies) or corollaries can be found at the end of a disputation. Later in the century, namely in the famous successively edited selections of Voetius's *disputationes*, also the lines of thought of the whole course of the debate would be made visible. Some caution should therefore be exercised in quoting loose theses from the *Synopsis* without consideration of the context of the disputations (as Barth would do), which were conducted in order to exercise the debating skills of Leiden's students of theology.

Like the disputation cycles that were held before the Synod of Dort, the *Synopsis*-series underwent several repetitions. As a book the *Synopsis* was reprinted four times in the seventeenth century.[9] Even in the days of Heidanus and Cocceius in the 1650s, the work still functioned as the basic textbook for the academic practice of disputations.[10] However, as a result of the new influence of Puritanism, the rise of Cartesianism, and the new exegetical approach promoted by the Cocceian current in theology, the *Synopsis* was gradually lost to oblivion. Yet before that happened, it had for more than a generation functioned as a leading theological text in academic practice, honoured by both Voetius and Cocceius. In 1881 Herman Bavinck published a sixth edition. He did this, as he wrote, out of his conviction that Reformed theology first had to be studied before one might dare to produce one's own outline of dogmatics. Thus Bavinck's reading of the *Synopsis* preceded his own *Reformed Dogmatics* in a way that is similar to how Barth's

---

8   Sinnema & Van den Belt (ref. 7), the Appendix, 534-537. Since the original pamphlets, paid for by the University of Leiden, have been found for a significant number of the disputations, in many cases an exact date is available.

9   After its first publication in 1625 the *Synopsis* was reprinted in 1632, 1642 (that was the edition of which Barth acquired a copy; see below, ref. 16), 1652, and 1658.

10 Sinnema & Van den Belt (ref. 7), 524-526.

„Sentence Commentary" on Heinrich Heppe's *Reformed Dogmatics* preceded his *Church Dogmatics*![11]

1.2 Karl Barth and the Leiden Synopsis

In the Göttingen Dogmatics, that „Sentence Commentary" on Heppe, Barth quotes the Leiden Synopsis directly six times in the main text,[12] and another twenty times indirectly (that is, only documented in the references by the successive editors of the three volumes in the *Gesamtausgabe*)[13] from Heppe. The topics of the quotations were mainly the same as they would be later on in the *Church Dogmatics*.[14]

Initially the new edition of the Prolegomena published in 1927 (that is, the Münster *Christliche Dogmatik im Entwurf*) does not offer a shift in perspective.[15] However, the pattern changes the moment Barth received a copy

---

11 See Bavinck's letter to his friend Christiaan Snouck Hurgronje, as quoted by Van Itterzon 1930 (ref. 4) 258 f. For the characterisation of Barth's Göttingen Dogmatics as a „sentence commentary" on the textbook of Heppe (of 1861) see Bruce L. McCormack, *Karl Barth's Critically Realistic Dialectical Theology. Its Genesis and Development 1909-1936*, Oxford / New York 1997, 334 and 349.

12 Karl Barth, „*Unterricht in der christlichen Religion*". *Erster Band: Prolegomena. 1924*, ed. by Hannelotte Reiffen, Zürich 1985 (henceforth U.P.); „*Unterricht in der christlichen Religion*", 1990 (henceforth U.I.); „*Unterricht in der christlichen Religion*". *Dritter Band. Die Lehre von der Versöhnung / Die Lehre von der Erlösung, 1925*, ed. by Hinrich Stoevesandt, Zürich 2003 (henceforth abbreviated as U.II); ET: *The Göttingen Dogmatics. Instruction in the Christian Religion*, trans. Geoffrey W. Bromiley, Volume I (§§ 1-18), Grand Rapids 1991. The places in the main text that explicitly mention the *Synopsis* are: U.I. 147 (ET 425), 201, 271, 285; U.II 360 and 362.

13 U.P. 159, 189 (ET 154), 193f. (ET 157), 205 (ET 166); U.I. 189 (ET 458), 197; U.II 60, 103, 165, 167, 196, 213, 254, 539. The quotation of U.II, 103 (Summer Semester 1925) also appears in the lecture: Das Schriftprinzip der reformierten Kirche (Switzerland, April 1925), in: *Vorträge und kleinere Arbeiten 1922-1925*, hg. Holger Finze, Zürich 1990, (500-544) 507 (SPT 26, 41).

14 From the *Synopsis* the following disputations are quoted: 6 (Divine Attributes) 1x, 9 (Trinity) 1x, 11 (Providence) 2x, 24 (Predestination) 3x, 25-28 (Christology) 8x, 30 (Calling) 1x, 40 (Church) 3x, 43 (Sacraments) 1x.

15 Karl Barth, *Die christliche Dogmatik im Entwurf. Erster Band. Die Lehre vom Worte Gottes. Prolegomena zur christlichen Dogmatik 1927*, hg. v. Gerhard Sauter, Zürich 1982; the direct references on 298 (= U.P. 189), 300 (= U.P. 205) remained, as did the indirect quotations on 288 (= U.P. 159) and 355 (= U.P. 193); the indirect references on 242, 355 and 456

of the *Synopsis* from Albert Eekhof in March 1928.[16] At that time he began to make notes in the margins to his printed text for a future new edition. Those notes have been added as „Zusätze" in the scholarly edition of *Die christliche Dogmatik* in the *Karl Barth Gesamtausgabe*. Here one can find two of the original quotations, together with ten new quotations taken directly from the source text. These quotations pertain to the disputation complexes on Scripture, Trinity, and Incarnation.[17] Also in his lecture on the locus *De sacramentis in genere*, given in 1929, Barth makes grateful use of Disputatio 43 (presided over by Rivet) on this topic.[18]

In the *Church Dogmatics* the *Synopsis* would eventually emerge as a continuous conversation partner. There it is referred to no less than 41 times, 19 of which can be found in the Prolegomena. In connection with the *Synopsis* Barth repeatedly quotes also the *Loci Communes* of Walaeus, whom he described as that „Dutch pupil (holländischer Schüler) of Polanus" (apparently ignorant of Walaeus's Flemish origins!),[19] and even a member of „the older Leiden school".[20]

Although Barth does not explicitly say so, one of the things that may have fascinated him could just have been the aspect of the *Synopsis* that is articulated with the comparative (which does not necessarily have to be

---

were added by the editors. In the first edition of 1927 one finds the two direct references on 298 and 300.

16 See copy nr. R4T4B15 in the Karl Barth Archive, Basel, with the dedication: „Met hart. [elijke] Groeten A. Eekhof, Leiden, 16.III.1928". Barth had stayed at the home of Albert Eekhof (1884-1933, professor of Church History and of Christian Doctrine) and his family during his visit to the university of Leiden from 31 March until 1 April 1927. See *Karl Barth – Eduard Thurneysen Briefwechsel* Band 2 (1921-1930), bearb. und hg. von Eduard Thurneysen, Zürich 1974, 491 (Letter 7 April 1927).

17 SPT the Disputations 1-5 (principles of theology): 5x, 7-9 (Trinity) 5x, 25 (Incarnation) 2x. Four of these quotations will return in *Church Dogmatics* I/1 (KD I/1 117, 368, 473, 484).

18 Karl Barth, Die Lehre von den Sakramenten (Emden, Bern, Horgen in the neighbourhood of Zürich), *Vorträge und kleinere Arbeiten 1925-1930*, Hermann Schmidt (Hg.), Zürich 1994, (393-441), 405 (SPT 43, 18), 410 (43 corr.), 418 (43, 29 and 30), 420 (43, 23), 425 (43, 10), 439 (43, 22 f. and from Disputation 44 on Baptism Thesis 24), for a total of eight quotations.

19 KD I/2, 310 (CD I/2, 285).

20 KD I/1, 5 (CD I/1, 7). Barth acquired Antonius Walaeus, *Loci communes S. theologiae* Lugduni Batavorum: Franciscus Hackius 1640 before 1932 (copy nr R4T4B13 in the Karl Barth Archive). Walaeus is mentioned 10 times in the *Church Dogmatics*. The first quotations from this work appear in KD I/1.

translated as such) found in the title to this work: a *purer* theology. Already in 1927 and again in 1938, Barth had spoken of Christian proclamation as „*pure* doctrine".[21] In that context he mentioned article 7 of the Confessio Augustana (the church as the *congregatio, in qua evangelium pure docetur*) rather than the *Synopsis,* although he could indeed have referred to the latter. Christian preaching must be „pure". Barth preferred this expression over „orthodoxy", since the latter refers to a right *doxa* or *opinion.* The proclamation of the Gospel, however, does not deal with opinions. It teaches the way of God as Scripture speaks of Him, and thereby the way we as disciples have to follow in life and death. Preaching is not the same as dogmatics. But in theology, as it engages in preaching, our question concerns the content that we preach. And in that sense, pure doctrine is a problem for dogmatics, and to the extent that dogmatics is the proper form of theology, pure doctrine is a problem for theology. Barth's decision in this regard may have provided the focus with which he would read the *Synopsis purioris theologiae* which, as a document of Reformed theology, definitely held some authority for him.

Such a reading will always find a number of focal points where the conversation proves to be more intense. When we analyse the 41 quotations and try to assemble them into clusters, we find the main subjects, as it were, for our investigation. In the next sections we will, following the sequence of the *Synopsis*-disputations, analyse Barth's conversation (mainly, but not exclusive in his *Prolegomena to Dogmatics*) with the Leiden theologians on Scripture and revelation (*disputationes* 1-5, with some additions from disputations 14 and 18 (law), 26 (prophecy) and 30 (calling); a total of 13 quotations in the *Church Dogmatics*) [§ II], Trinity (disputations 7-9; 5 quotations) [§ III], and Incarnation (Disp. 25; 8 quotations) [§ IV]. The quotations on Providence (Disp. 11; 8 quotations), and on Predestination (Disp. 24; 6 quotations) will not be dealt with in this article.[22]

---

21 *Die christliche Dogmatik* (ref. 15), § 23.2 „Reine Lehre als Aufgabe", 531ff; KD I/2, § 22.2: „Reine Lehre als Aufgabe der Dogmatik", 848 ff. (CD I/2, „Pure Doctrine as the Problem of Dogmatics", 758 ff.).

22 Further references are the following: 1. KD II/1, 317 (CD II/1, 283): SPT 6 (De divinis attributis), 43; 2. KD III/2, 15 (CD III/2, 15): SPT 13 (De homine ad imaginem Dei creato), 2; 3. KD III/2, 357 (CD III/2, 296, being man and woman as likeness and hope): SPT 51 (De resurrectione carnis & Iudicio extremo).

2. Scripture and Revelation: Warm Assent but also Objections

(1) *The Word of God*

Christian preachers dare to talk about God. If the Church really declares that she has heard His voice in the testimonies of the men of the Bible, then she must also declare in all seriousness that God *has spoken* in them. Yet in that case he is still speaking now as well. Also in Holy Scripture the Word of God is an *event* that is present, a divine *act*. Given this understanding of revelation, Barth in his „Zusätze" (post-1928) was delighted to note Disputatio 5 of the *Synopsis*: „For Holy Scripture is not a speechless or dead thing … *God Himself* performs what is brought to pass by the Word; because He, being *present always* to his churches through the Word and with his Word, works all these things in the hearts and gatherings of believers".[23] Because the God of Israel as a living God is also now God who is present, even today he acts in His Church through His Word and with His Word. For Barth this was an unforgettable insight, and he would come back to it again and again. For that reason he had no objections to the category of a „Scripture Principle" in the Reformed tradition if it referred to the priority of the Word itself in its own acting, in its character as Revelation acting *over against* the Church.[24] Barth in any case held it to be a better category than that of the Bible as „Source", since in his opinion this incurred the risk that priority would be given to those who must be and remain witnesses: no more than witnesses, but nonetheless witnesses to their praise and honour. For that reason Barth willingly took over the following sentence from Disputation 2: *Sacra Scriptura … non nisi a Deo, qui eam dedit, et a propria sua luce, quam ei indidit, pendere potest* („Holy Scripture … can depend on nothing but God who has granted it, and on its own light, which He has put into it").[25] Yet he at the same time also expressed some hesitations: „did she [Or-

---

23 SPT 5 (De S. Scripturae Perspicuitate & Interpretatione, Walaeus presiding), 25 and 26 (italics by KB); Barth (1982), 438 f.; *Die christliche Dogmatik* (ref. 15), 438 f.

24 See his reference in *Die christliche Dogmatik* (ref. 15), 456 footnote 48 to 3 (De Libris Canonicis et Apocryphis, Thysius presiding), 18 (incorrectly: 16): Gerhard Sauter, the editor of the Volume in the *Karl Barth Gesamtausgabe*, drew attention to this reference. Quotation from Heinrich Heppe, *Die Dogmatik der evangelisch-reformierten Kirche. Dargestellt und aus den Quellen belegt*, ed. Ernst Bizer, Neukirchen 1958 (henceforth: HpB), 20f. (ET, *Reformed Dogmatics Set out and Illustrated from the Sources. Foreword by Karl Barth. Revised and ed. by Ernst Bizer*, trans. George T. Thomson. London (1950) 2007, 21).

25 SPT 2 (De Sacra Scripturae Necessitate & Authoritate; Walaeus presiding), 33; *Die christliche Dogmatik* (ref. 15), 449. The Thesis begins with the following words: „For believers

thodoxy, as it speaks through the Leiden *Synopsis*] still know what she was saying? We have to draw the conclusions from this sentence, and therefore not read perfect but present tenses here [sc. *dat, indat* („grant", „put into") instead of *dedit, indidit* („has granted", „has put into"), rrb]. In that case, the justified intention of the doctrine of verbal inspiration has been guaranteed, and the unjustified one rejected." For Barth, therefore, it is entirely correct to stress that the Living Word has its abiding priority, where the witnesses remain dependent on that Word alone, but it is not warranted „to replace the concept of a biblical witness achieved by men in human definiteness with a concept of a heavenly dictation". Here Barth is clearly referring to the doctrinal commitment to verbal inspiration as it was formulated in the Helvetic formula Consensus Formula of 1675, and distances himself from it. But apparently he supposed that a development had taken place in Reformed Orthodoxy in this regard, and denied that it offers an unequivocal and constant pattern. For him, the Leiden *Synopsis* has to be placed at the „threshold of decay at the outset".[26] The views of the *Synopsis* on this topic, he continued, can be read in one of two ways. In a charitable reading, one might read it in such a way that one avoids „eliminating the character of decision in this knowledge" (that is, as it is expressed in the doctrine of verbal inspiration). Otherwise divine dictation as objectivity as such is „as dangerous as modern theology's view of „God in history", which replaced this latter orthodox theologoumenon in later days." As a result, one might say that for Barth the authors of the Leiden *Synopsis* in a certain sense found themselves at a watershed. On the one hand, he argues in the *Church Dogmatics*, it may be dangerous, as when they assert that the prophets and apostles in composing their writings acted as *actuarii* (secretaries), with the suggestion that

---

the authority of the sacred books is so far from depending solely, or even mainly, on the testimony of the church that it in fact does not depend on it at all". Of course, this statement was made against the Roman Church, although in Barth's opinion it applies also against modern Protestantism. In the sentences that follow, the thesis uses the metaphor of law and of God as lawmaker. The beginning of the last sentence, which Barth replaces with an ellipsis, reads as follows: „Holy Scripture, the supernatural principle of all sacred teaching, and the unmoved rule of faith and moral conduct, can depend on nothing but God who has granted it…". Of course, this is a less 'personalistic' or actualistic use of the category 'principium' than that of Barth.

26 For the 'decay theory' in the assessment of post-Reformation theology, see Van Asselt and others, *Inleiding* (ref. 4), 26.

perhaps the Holy Spirit Himself alone should be the real author.[27] Yet on the other hand, Barth stresses, „the Leiden *Synopsis* could still maintain that the attitude of the biblical writers had been to some extent active, not passive: ‚they had a task as interpreters and authors'."[28] In this way the freedom of the biblical witnesses in response to the divine Word and in submission to the work of the Holy Spirit had been safeguarded.[29] Something similar emerges from Barth's answer to the question as to what he as a dogmatician would have to say about the biblical canon: it is above all else a gift of God that the church can only receive and accept, and not a choice that she arbitrarily made, but at the same time it is *the church* as a subject that made the decision to accept it: „through the initiative of God ... (these books) were received, not by some free act of the church, but as a necessary undertaking".[30]

(2) *Indirect and direct Revelation*

For Barth it is important to stress the difference between the Word of God as Revelation itself (*Deus dixit*) and His speaking mediated through Scripture and the preaching ministry of the church. He thought to find support for this in a scholastic distinction made in disputation one of the Leiden *Synopsis*. This disputation deals with *supernatural revelation*[31] and says: „Hence the

---

27 KD I/2, 581 (CD I/2, 524, § 19.2: „Scripture as the Word of God"); ref. to SPT 2, 3: „Moreover, we define this Scripture as the divine instrument whereby the doctrine of salvation was handed down by God through the prophets, apostles, and evangelists as God's secretaries, in the canonical books of the Old and New Testament."

28 SPT 3, 7: „The manner of writing was as follows: Sometimes God was the one who inspired and dictated, while the writers, like secretaries, were the ones who wrote according to a fixed formula. At other times God assisted and directed, while they had a task as interpreters and authors. For they never conducted themselves purely *pathētikōs*, passively, but *energētikōs*, being involved in the process, as ones who applied their own intellect, mental activities and processes, recollection, order of the arguments, and their own style of writing (from where comes the variety of writing-styles among them). But the Holy Spirit was constantly leading them, as He directed and guided them to such an extent that they were kept from every error in thought, memory, word and pen".

29 In addition, Barth records the quotation he noticed in his „Zusätze" from SPT 2, 33 (ref. 25) at the same place of the *Church Dogmatics*, but now without repeating the former considerations on the perfect or (in his eyes preferable) present tense of this assertion.

30 KD I/2, 525 (CD I/2, 474); ref. to SPT 3, 13: these writings are preserved with the help of a singular Providence of God, „both by command and by the law of piety and sacred fellowship, through the initiative of God. This happened not by some free act of the Church but as a necessary undertaking. And these books contain a more fulsome exposition of the truth that brings salvation."

31 In KD IV/1, 409 (CD IV/1, 370) Barth shows himself to be in agreement with the sentence in SPT 1 (De SS. Theologia, Polyander presiding), Thesis 9: „because in this locus we

revelation of sacred theology which God gave the prophets and the apostles was direct and without intervention; however, the revelation that has been disclosed through them to the church of God was via them as intermediaries".[32] The distinction the *Synopsis* draws here is not between a revelation *to* the prophets and the apostles and a mediated revelation *of* the biblical witnesses in their writings, but this still is the distinction Barth reads in it. Later on he encounters a similar distinction related to the topic of the prophetic office of Jesus Christ. He had already discovered this notion in the course of his Göttingen lectures, but it became a matter of particular weight when, in *Church Dogmatics IV/3* of the late 1950s, this particular topic gave Barth the opportunity to think through the subject-matter of his prolegomena again from a new and slightly different perspective as the third and last point of view of his doctrine of reconciliation, which is there at the same time understood as a doctrine of Revelation of the living Lord. Furthermore, one finds two passages quoted from Disputatio 26. The first is found in thesis

---

are discussing supernatural revelation, we define Theology as the knowledge or wisdom of the divine matters that God has revealed to people in this world through ministers of his word inspired by the prophetic Spirit, and that He has adapted to their capability...". Barth then contrasts what is presented here in the opening section with what one finds further on in Disputation 18 (De Lege Dei, also Polyander presiding), Thesis 13 about the lex naturalis (see below). However, already in Disputatio 1 one can read in Thesis 7: „We call natural revelation what is either internal, written upon the hearts of all people through natural truth and natural law (which the apostle explains in Romans 1:19 and 2:15), or external, through the contemplation of the things God has created (which the same apostle discusses in Romans 1:20". After that, Polyander defines the theologia supernaturalis according to the distinction between revelatio immediata and mediata. Then, at the beginning of Thesis 9, one reads: „because in this locus [on this place, and for the time being, rrb] we are discussing supernatural revelation...". But the reader does not need to be surprised when, in another context (e.g. natural law), a further discussion of the theologia naturalis can be found. Barth shows himself for a moment to have been a less careful reader.

32   In *Die christliche Dogmatik* (ref. 15), 67 Barth found the distinction between verbum agraphon (by the Spirit) and engraphon (in Scripture), and between a verbum internum to the Apostles and a verbum externum of the Apostles in Heppe (HpB, ref. 24, 16f.) and, initially, the distinction between revelatio immediata et mediata in Von Hase, *Hutterus redivivus oder Dogmatik der evangelisch-lutherischen Kirche. Ein dogmatisches Repertorium für Studirende*, Leipzig [10]1861. In the Zusätze, however, he could take over the following sentence from SPT 1 Thesis 8: S. „The revelation of sacred theology which God gave the prophets and the apostles was direct and without intervention; however, the revelation that has been disclosed through them to the church of God was via them as intermediaries". Later on the quotation was repeated in KD I/1, 117 (CD I/1, 114).

39: „prophecy is a function with which Christ introduced his people to the truth of law and gospel (…), directly Himself, and indirectly through other administrators of his Word, who have been provided with the gifts that are needed (that is, the prophets and the apostles)."[33] The second one is found in thesis 41: „the way of prophetic instruction we state as being twofold: indirect and direct. The first one is usually used by Christ, according to his divine nature in the old covenant towards the prophets, or according to both his natures towards the apostles; in both he, as the sun of justice, illuminates with the rays of prophetic light that is in him, with appropriate power. The second one is used, when he commands his servants, prophets and apostles, to reveal to his people all the mysteries of his wisdom that must be known for salvation, by preaching as well as, after that, by writing."[34] At first Barth stressed enthusiastically that we here again encounter a distinction between revelation and Scripture; what Christ says, he takes out of his inner self, and the prophets pass it on. They pass on what they have received from Him, not as their own but as something that belongs to someone else. Later on, however, in CD IV/3, further questions arise for Barth:

> „We must first ask whether the distinction between *per seipsum* and *per alios* is really possible. Even in the Old and New Testament is there really any utterance of Christ *per seipsum* which is not also *per alios*? Surely He causes Himself to be heard only in the witness of Scripture and its proclamation, and not otherwise. Conversely, is not His whole utterance *per alios* true *per seipsum*? How could or would the witness of Scripture and its proclamation be true and powerful if He did not cause Himself to be heard in it? Yet at a pinch we might well have come to an understanding with the older dogmaticians on this point. More serious is

---

33 SPT 26 (De Officio Christi, Polyander presiding), Thesis 39. In KD IV/3, 14 (CD IV/3, 15) Barth raises some questions in connection with the expression veritas legalis et evangelica: „did this kind of expression denote a real grasp of the subject, or a reference to the self-revelation of Jesus Christ? Was there not the danger that (…) Jesus Christ would be primarily understood as *legislator*, i.e., as the authentic exponent of the divine Law and perhaps of general divine law, or more radically as the Revealer, not of Himself in His actuality, nor of the history of reconciliation enacted of Him, but of a principle and system of divine truth with saving significance for man?" As Wolfhart Pannenberg explains, conceiving of revelation as imparting supernatural truths is a reproach made anachronistically against older Protestantism, because the concept of revelation as God's self-disclosure is a legacy of later German idealism.

34 SPT 26, 41 This is quoted by Barth in different forms: U.II. (ref. 12), 103 via Heppe (HpB, ref. 24, 368); „Das Schriftprinzip der reformierten Kirche" (ref. 13), 507 via Heppe; KD IV/3, 14 (CD IV/3, 15).

the question whether they were right, and especially the Reformed, when they tried to think of the prophecy of Jesus Christ as limited to the Old and New Testament witnesses" [... in distinction from the Lutherans, e.g. J. Gerhard ...]. „Since only the biblical prophets and apostles can be considered as administrators of the Prophet Jesus Christ, the Church of God rejects all traditions that are not included in the Sacred Book".[35] On this point it is to be observed that the unique dignity of the „sacred book" consists in the fact that in it and it alone we have the original attestation of the being and action of Jesus Christ as the presupposition of all further proclamation by the Church. Yet there can be no question of the Church rejecting all traditions, its task being to test them by the standard of the prophetico-apostolic witness, to weigh their conformity to Scripture, which will not always lead to their total repudiation. The older Dutch [die alten Holländer] who spoke in this way did not really reject all traditions themselves; indeed, at Dort they quite freely added to the old some new ones. And can we truly maintain that only the biblical prophets and apostles are the body which has a part in the office of its Head?"[36]

(3) Prophecy

An interesting remark that occurs in the section of the *Church Dogmatics* on „Scripture as the Word of God" and was been derived from the Leiden *Synopsis* is the following:

> „when the prophets were added to the Law, which alone constituted Holy Scripture in the first instance, they did not make it more complete as such, i.e., as the Word of God, but as the expounding and confirming of the first witness by a second they made it clearer. The same can also be said of the adding of the New Testament to the Old. Salvation is in fact already proclaimed and can be accepted in the Pentateuch as such. One can say this is too bold a view. In any case it is gratuitous, for we do not have to do now only with the Pentateuch. But I cannot see where it is actually wrong. If all Scripture does in fact attest one thing, it cannot be denied that if we only know one part of it, it attests it perfectly even in that part."[37]

---

35 SPT 26, 41 (following the quotation of ref. 34): qua Ecclesia Dei mota consideratione omnes traditiones repudiat, quae sacro Codice non continentur.

36 CD IV/3, 16 f.

37 KD I/2, 537 (CD I/2, 485, translation slightly changed). Reference to SPT 3, 20: „The canonical books, and thus the canon, at first comprised the books of Moses. To these others were added, partly regarding the practice and the history of the Church (such as the subsequent historical books), partly for the interpretation, application, and fuller proclamation about the Messiah (namely the so-called didactic and prophetic ones), and partly to complete and fill out the preaching about the Messiah and his kingdom (namely the New Testament, etc.)."

Apart from questions of the development of the Old Testament canon(s), this thesis formally provides the Reformed world with the possibilities to defend the thesis that the Old Testament is the Bible „proper", or to advocate the biblical testimony against paganism and nihilism on the basis of the Torah, as the Dutch theologians A.A. van Ruler and K.H. Miskotte would do in the twentieth century.[38]

(4) *Calling*

For Barth, in his opinion not without an example in Luther, the Word of God takes on a threefold form: revealed, written, and then preached. In this respect, since Disputatio 30 in the Leiden *Synopsis* is found at the beginning of the section on the application of salvation,[39] also the doctrine of Calling in a sense belongs to the circular event of revelation. In the Prolegomena Barth uses the distinction found here between the *externus modus vocationis* by the Word and the Sacraments and the *internus modus* by the operation of the Holy Spirit, where the possibility of a divine act of calling that passes outside the proclamation of the church exists, albeit very rare, extraordinary, and unknown to us.[40] Barth sees this as a „limit-concept" reminding the church of a situation where admittedly we are bound by the Word, but the Word is not bound by us: „God may suddenly be pleased to have Abraham blessed by Melchizedek, or Israel blessed by Balaam or helped by Cyrus. Moreover, it could hardly be denied that God can speak His Word to man quite otherwise than through the talk about Himself that is to be found in the church as known or as yet to be discovered, and therefore quite otherwise than through proclamation. He can establish the Church anew and directly when and where and how it pleases Him."[41] This

---

38 Arnold A. van Ruler, *The Christian Church and the Old Testament*, Grand Rapids, 1971; Kornelis .Heiko Miskotte, *When the Gods are Silent*, New York 1967.

39 SPT 30 (De hominum vocatione ad salutem; Polyander presiding). See Henk van den Belt, „The Vocatio in the Leiden Disputations (1597-1631): The Influence of the Arminian Controversy on the Concept of the Divine Call to Salvation", CHRC 92 (2012), 539-559.

40 SPT 30, 32: modus vocationis opposite consideratus in externum & internum distinguitur. Ille foris per verbi & Sacramentorum administrationem intus per operationem Spiritus sancti peragitur; 33: non semper Deus utrumque vocationis modum ad hominem conversionem sibi possibilem adhibet, sed quosdam interno tantum Spiritus Sancti lumine ac numine absque externo verbi sui ministerio ad se vocat. Qui vocationis modus per se quidem est ad salutem sufficiens, sed rarus admodum, extraordinarius, nobisque incognitus.

41 KD I/1, 54 (CD I/1, 54). This was an old motive in the Swiss movement of religious socialism, especially with Hermann Kutter: *Sie müssen* from 1902 („They must"; they = the

distinction, which Barth considers to be quite valuable, should not be confused with a series of other distinctions that are found at the beginning of the same disputatio, such as the *vocatio universalis & naturalis* over against the *vocatio specialis & supernaturalis*.[42] In the Göttingen Dogmatics he only mentions these distinctions with no other remark except the observation that „apparently Calling [that is, special calling against the background of the universal call], as the special gift of union with Christ, is *grace*".[43] However, in his section on Calling in *Church Dogmatics IV/3*, Barth would show himself to be much more critical of the other member of the distinction, namely the *vocatio universalis & actualis*[44]: „according to the Leiden Synopsis this is an invitation to know and honour the true God which is issued to all men through certain *communia documenta naturae*, by which are meant certain self-declarations of this true God which are (a) inward (*interna*) and impressed on the hearts of men, and (b) outward (*externa*) and imprinted on the whole visible creation.[45] We are thus confronted by the well-known double thesis of natural theology", which „has been dealt with in many other previous parts of the Church Dogmatics." For Barth, it is a comfort that the Synopsis itself takes note that these „documents" produce a more theoretical than practical knowledge.[46]

---

atheistic labour movement, which is actually doing what the Church preaches).

42 SPT 30, 1-6.

43 U.II (ref. 12), § 30: „Die heilige Taufe und die Berufung", 244 ff. Quotation of Thesis 5 via Heppe (HpB, ref. 24), 412; Locus XX: De vocatione; ET, 511: „Special calling is that by which God calls some out of the entire human race from the defilements of this world to supernatural knowledge of Jesus Christ our Redeemer and to saving participation in his benefits by the ministry of the Gospel and the power of the Holy Spirit".

44 KD IV/3, 554 f. (CD IV/3, 482 f.). In the same excursus Barth also engages the analogous treatment of the question by the Lutheran Quenstedt.

45 SPT 30, 3; HpB-ET 510: „Universal calling is that by which men one and all are invited by the common proofs of nature to the knowledge and worship of God their Creator. This may therefore be called natural calling". Barth is aware that knowledge of God the Creator refers to a Christian theological knowledge here. Nevertheless, it is an ineffective knowledge and it presupposes a predestinarian distinction between the elect and unbelievers, which in that form was abandoned by Barth. See also Johannes M. Hasselaar, *Wegen en kruispunten op een oude atlas. Een didactische commentaar op de 'Reformierte Dogmatik' van H. Heppe*. Utrecht 1974, 138 f.

46 SPT 30, 6: priore vocatione Dei cognitio potius theoretica, quam practica; posteriore, cognitio Dei tam practica, quam theoretica, atque adeo fides justificans quorundam vocatorum animis ingeneratur.

(5) *Religion*

A related issue is the treatment of the arguments in favour of the credibility and God-given character of Holy Scripture.[47] Barth recalls that Calvin admittedly gave some secondary grounds aside from the decisive argument of the internal testimony of the Holy Spirit,[48] but that in the development as it has come to expression in the *Synopsis* these secondary grounds apparently attained a greater importance.[49] The second Disputatio, with Walaeus presiding, points to the perfection and divinity of Holy Scripture as supported by the true religion that is found in it in order to convince profane man. The infallible marks of this true religion dictated to the conscience of men – „this is an unfortunate phrase" („Nun geschieht ein Unglück"), Barth remarks – are, first, the knowledge of God as the Creator and Ruler of all things, in the second place the *vera ratio* by which man seeks reconciliation for his sins, and in the third place the need for true worship and the perfect fulfilment of one's obligations toward God and neighbour. All three aspects are, in a traditional way, supported by the traits of pagan religious practices and beliefs.[50] By virtue of those three aspects we believe that the Bible is of divine origin and therefore necessary. Barth remarks that this context for speaking about religion – both here in the *Synopsis*

---

47 KD I/2, 310f. (CD I/2, 285; § 17,1; „The Problem of Religion in Theology").

48 See the end of *Institutes* I.viii, in a sentence added by Calvin in 1559: „Yet those who wish to prove to unbelievers that the Scriptures are the Word of God are completely off the mark. This knowledge is only possible through faith" (Ioannis Calvini *Opera Selecta* III, 81, section 13); See also KD I/2, 596 ff. (CD I/2, 536 f.).

49 SPT 2, 17: „This reasoning can convince the mind of an unbeliever; the ones that come next are able even to instil faith, by God's grace. Thus the second kind of argument is drawn from the perfect integrity and divine quality of the religion that these books comprise. For no-one has ever stated that true religion did not proceed from God alone, because it constitutes God's covenant with humanity; for that reason also the authors of false religions have feigned some divine character."; 18: „Now the infallible marks of true religion, as the consciences of human beings prescribe, are these: First, that in it the true God, as creator and ruler of everything, is acknowledged and honoured, as is the case in the Christian religion alone"; 19: „The second mark of true religion is that only it explains the true ground on which sinful man can be restored to God, and that is to be found in the Christian religion alone."; 20: „The third mark of the true religion is that in it are prescribed the right and complete duties towards God and the neighbor".

50 See Richard A. Muller, *Post-Reformation Reformed Dogmatics*, Grand Rapids 2003, Vol. I, 115-116 on both the scholastic and humanist use of the concept of Religion as it had been found in classic pagan authors. See also Riemer A. Faber, „Scholastic Continuities in the Reproduction of Classical Sources in the *Synopsis Purioris Theologiae*", CGRC 92 (2012), (561-597) 566.

and in the *Loci Communes* of Walaeus,[51] who presided over the disputatio
in question – ought to be a new one in Reformed theology. He asks: „It
may be regarded as innocuous because it has importance „only" apologeti-
cally, in the context[52] of arguments for the authenticity of Holy Scripture as
against atheists on the one hand and the Papacy on the other. But once it is
introduced, how long will it have „only" an apologetic importance? Does it
not actually have more weight with Walaeus than he himself concedes?"

(6) *Natural Law*

Finally, aside from the *vocatio generalis & naturalis* and the concept of a *religio* which may be compared with other religions and then manifests itself
as the true religion, in Barth's eyes also the concept of a *lex naturalis* may
undermine the *sola Scriptura*-principle. As he does in his excursus on Religion in *Church Dogmatics* I/2, Barth presumes to distinguish a development in post-Reformation theology also in his excursus on the Law as the
norm for uncovering and judging sin which is found in *Church Dogmatics*
IV/1. Here too he suggests that the Leiden *Synopsis* went a step further
than Polanus and Wollebius in Basel had gone.[53] He begins by quoting Disputation 18 on the Law, where „we learn that there is a natural law identical
with the light and dictate of the *recta ratio* in the intellect, that informs
men with common notions on the distinction of right and wrong, honour
and disgrace, to understand what he has to do or to avoid. These common
notions have indeed been obscured and almost extinguished, at any rate
as practical principles in the human spirit, but as sparks of the fall of man
they still remain in such strength – as outwardly attested by the laws of the
heathen and inwardly by conscience – that they are sufficient to accuse and
condemn sin."[54] Barth then cites also Disputation 14: „According to this

---

51 A. Walaeus, *Loci communes* (ref. 20), p. 31 f. Barth stresses the similarities of the *Loci* and
the *Synopsis* on this topic. Barth's excursus treats the history of the concept of religion in
theology. In his view Walaeus represents a new step after Polanus and Wollebius, where
the concept of religion had been closely connected with *cultus*.

52 CD I/2, 285 erroneously writes ‚content'.

53 KD IV/1, 409 (CD IV/1, 370): § 60.1. „The Man of Sin in the Light of the Obedience of the
Son of God".

54 SPT 18 (De lege Dei; Polyander presiding), 13: „Natural law is the light and direction of
sound reason in the intellect, informing man with common notions to distinguish right
from wrong, and honorable from shameful – so that he may understand what he should
do or shun"; 14. „Some of those notions are of a primary sort, and we call them practical
principles; others, which are secondary, we call conclusions..."; 15. „Before the fall of
man, both sorts of notions were unspoiled..."; 16. „After the fall of man, however, the

presentation the moral law transgressed by our first parents is simply the *hypotypoosis* [pattern, example] of this natural law."[55] For many scholars who defend a „decay theory" on post-Reformation theology, making room for *vera ratio* (Disputatio 2) or *recta ratio* (Disputatio 18) is in itself already a problem as an omen of an increasingly „rationalistic" tendency.[56] Yet is this also the opinion and reproach of Karl Barth? This is a question which we will return to later on in this contribution (see below, 4.3).

3. Trinity: An Unforgettable Discovery

During the Göttingen Summer semester of 1924, the first locus Barth that devoted serious study to was the Trinity. From the very beginning its importance surprised him. At an earlier stage of his theological development the importance of the technical problems would never have occurred to him. Now, however, he would go so far as to remark: „You men, dear brothers, what a scramble! Now don't you go thinking this is all old trash; seen in the light, everything, everything seems to make good sense".[57] Barth's point of departure was his conception of revelation: „The content of revelation is God alone, wholly God, God Himself".[58] But if that is true, there has to be an „unsublate-able ('unaufhebbaren') subjectivity of God": God must be able to reveal Himself without changing in the act of revelation. It was from the point of view of this *quaestio*, which no doubt was connected to the theology of *The Letter to the Romans*, that Barth read the trinitarian considerations

---

first, primary notions in his intellect remained unchanged... ; but the latter, secondary notions stagger with wretched hesitation..., and they deviate from the sound rule of equity, as is shown by the examples of the very unfair laws and overly corrupt customs that are found in the histories of gentile peoples"; 17. „those notions were completely covered up and nearly wiped out...; and yet the little sparks of these common notions that do remain are sufficient to convict and condemn sin, even in those who have been darkened completely".

55 SPT 14 (De lapsu Adami; Polyander presiding), 7: „By the same disobedience [ignoring the decree of Gen. 2:16-17] he consequently transgressed the moral law, the stated sum of the natural law implanted in him by God".

56 e.g. Ernst Bizer, *Frühorthodoxie und Rationalismus* (ThSt 71), Zürich 1963 (on Beza, Ursinus, Danaeu and Zanchi).

57 *Karl Barth – Eduard Thurneysen Briefwechsel* Band 2 (ref. 16), 253f. Letter 18th of May, 1924. („Ihr Männer, liebe Brüder, welch ein Gedränge! Meint nun ja nicht, das sei alles altes Gerümpel, alles, alles scheint, bei Licht besehen, seinen guten Sinn zu haben").

58 U.P. (ref. 12), ET 87; See McCormack 1997 (ref. 11), 350-358.

of the doctrinal tradition. And he felt both alienated and very enriched. As far as the old Protestant dogmatics were concerned, Barth felt alienated because, even though they actually *had* a locus on this topic, it seemed to be just one locus among other loci; to Barth it appeared to be somewhat loosely connected to other aspects of the doctrine of God, instead of being *the* decisive aspect in talking about God. But at the same time he felt enriched, because all the classical problems appeared to be relevant problems for his own approach as well!

The tension in Barth's encounter with this classical doctrine can be felt in his fascination with the expression *mysterium trinitatis*. This expression could be applied to a highest metaphysical, inaccessible entity for whom a mystical silence alone would be appropriate. But when Barth read up on this expression in his textbooks on orthodoxy, he conceived of it as an indication of the total otherness of the God of revelation. In Heppe he found the view expressed by J.H. Alsted that „the mystery of the Trinity is neither discovered by the light of nature nor by the light of grace, and even by the light of glory it cannot be understood by any creature".[59] Barth thus concluded: the trinitarian formula „seems to be pointing us to something strangely outside or beyond as the a priori of all dogmas. Obviously its discussion is to be viewed as a *pro*legomenon par excellence".[60] In Heppe the quotation from Alsted is accompanied by a quotation from the seventh Disputation of the Leiden Synopsis (Polyander presiding): „Hence the mode of this mystery, inexplicable as it is by human reason, is rather to be adored in humble faith than defined by risky phrases".[61] In 1924 Barth neglected this expression of humanistic modesty, reminiscent of the younger Melanchthon or the younger Calvin. However, in his „Zusätze" from around 1928, he noted that the *Synopsis* in another thesis even speaks of „hujus abstrusi mysterii".[62]

---

59 HpB (ref. 24) 93, ET 108.

60 U.P. (ref. 12) 119f.; ET 98.

61 HpB 93, here quoted according to ET 108. SPT 7 (De Sacrosancta Trinitate), 14. A.J. Lamping, *Johannes Polyander: een dienaar van kerk en universiteit*, Leiden: Brill, 1980, 101 also quotes SPT 7,14 and considers this thesis to be a personal remark from Polyander which passes outside of the doctrinal consensus. Although it may be that a certain heritage of Erasmian scepticism was present in this moderate-orthodox theologian, I cannot find in Thesis 14 any deviation from usual orthodox reasoning. Did Lamping consult Heppe or comparable sources for this remark?

62 *Die christliche Dogmatik* (ref. 15), 171; SPT 7, 38: „This mystery of the Trinity is handed down much more clearly, elegantly and frequently in the New Testament than in the Old, because surely God was pleased to delay the full and complete revelation of this profound

This remark comes in the context of the main text of *Die christliche Dogmatik*, where Barth once again stresses that the emphasis on the impenetrable mystery by the older dogmaticians, who „otherwise were not as much in a hurry to retreat into irrationality as later generations" („die es sonst mit dem Rückzug ins Irrationale nicht so eilig hatten wie späteren Zeiten") – again we see that Barth does not take the opportunity to reproach post-Reformation theology of „rationalism"! –, at precisely this point may be seen as an indication that the doctrine of the Trinity presents us with an insight of a fundamental nature.

As far as Barth's enrichment by the older orthodox Trinitarian considerations is concerned, we can point to the following insights he derived from the Leiden *Synopsis*: (1) On the threeness of the „persons": a mere unity of kind or a mere collective unity is excluded: „For the very essence of God is, in the highest possible degree, unique, individual and singular, and therefore it can in no way be said of the three persons as a species is said of individuals".[63] (2) On using the phrase „modes of being" for the three persons, preferred by Barth in the *Church Dogmatics* (and also by Calvin): person as divine „substance, distinguished and circumscribed by some peculiar mode of subsisting".[64] (3) On the Father, who precisely in his distinctive as Father, never can be thought of without also thinking of the Son: „(For) it is impossible to think of the Father apart from the Son".[65] (4) On the reality of the Holy Spirit as God's freedom to be present to man in his own way, to bring about the encounter of revelation: the Spirit is the *applicator, illuminator, sanctificator*.[66] (5) As a conclusion to the treatment of the predicates which

---

mystery ('hujus abstrusi mysterii') until the coming of the Messiah": as we see here, the ET of the new edition only speaks (rather euphemistically?) of 'this profound mystery'.

63 KD I/1, 370 (CD I/1, 350, § 9.1 „Unity in Trinity"); SPT 7, 12: ipsa etenim Dei essentia est maxime unica individua ac singularis, idemque de tribus personis tamquam species de individuo nullo modo dici potest. In the Studienausgabe of the KD Vol. 2, Zürich 1987, Hinrich Stoevesandt correctly changed unita to unica.

64 KD I/1, 380 (CD I/1, 360; § 9.2 „Trinity in Unity"); SPT 7, 10: substantia divina peculiari quodam subsistendi modo.

65 *Die christliche Dogmatik* (ref. 15), 244 Zusatz (§ 11 „Gott der Vater"); SPT 8 (De Persona Patris et Filii, Walaeus presiding), 10: Pater (enim) absque Filio cogitari non potest. The quotation is not repeated in KD I/1 § 10.

66 *Die christliche Dogmatik* (ref. 15), 273 Zusatz (§ 13, Gott der Heilige Geist); KD I/1, 473 (CD 451; § 12 „God the Holy Spirit"); SPT 9 (De Persona Spiritus Sancti, Thysius presiding), 21: „Just as the Father assumes and accomplishes the role and office of God who has been angered and who must be appeased and who is the source of our redemption, and just as the Son assumes and accomplishes the role and office of redeemer and mediator, so

(in an earlier passage) were ascribed to the Holy Spirit, the fundamental
perspective: „The word Spirit must be kept detached from any notion of a
created being".[67] (6) On the procession of the Holy Spirit as an inner-Trin-
itarian event: „the word ‚procession' [...] should be taken according to
God's act directed toward the inside, whereby God so acts within his own
essence, that the reflection upon Himself constitutes a real relationship by
a communion of the divine essence".[68] Furthermore, on the question of the
procession from the Father *filioque* („and the Son"), Barth noted in 1924:
„we have no reason to hold aloof from the Western form, although we can
agree with some of the Reformed orthodox of the 17th century that we might
understand the Greek teaching in better part". For this last statement, it is
quite probable that Barth found a quotation from the Leiden *Synopsis* in
Heppe.[69] This reference was kept in *Die christliche Dogmatik*, but replaced in
the *Church Dogmatics* by other orthodox Protestant witnesses.[70]

All these learning points from the *Synopsis*, one can conclude, illustrate
how Barth was enriched in his doctrine of God by his encounter with it. Yet
we might also come to the conclusion that his estrangement, based on the
different status and weight this Locus has in the whole of his own systematic
argument compared to, for example, the *Synopsis*, was not articulated and
fully developed. The same can be said of Barth's further theological development as it took place over the course of the *Church Dogmatics*. It can be
argued that Barth's choice in the doctrine of election (KD II/2) to have the
concrete person of Jesus Christ replace the *logos incarnandus* as the subject
of election must have implications for the doctrine of the Trinity.[71] One can

---

too the Holy Spirit assumes and accomplishes the role and office of the one who applies
the merits and benefits obtained by Christ; who illuminates and sanctifies our lives".

67 KD I/1, 484 (CD I/1, 462, again § 12); SPT 9, 2; it is important here to read the whole
    sentence: „... nevertheless because some kind of analogy exists between a created being
    and God it will not be unreasonable to explain them generally". Barth omits the reference
    to the method of analogy in 1932.

68 KD I/1, 497 (CD I/1, 474, again § 12); SPT 9, 10: „the word 'procession' should not be
    taken in the sense of the flowing forth of God's power and efficacy, insofar as the works
    of God proceed from Him who performs the works; nor in the sense of an interior and
    immanent act residing within God's essence but aiming at an object outside of God, such
    as the decrees that are of God and that proceed from Him. But ...".

69 U.P. (ref. 12) 159; ET 130; HpB (ref. 106*), ET 131; SPT 9, 19.

70 *Die christliche Dogmatik* (ref. 15), 288; in KD I/1, 502 (CD I/1, 478), quoting Johannes
    Coccejus, Andreas Quenstedt, and François Turrettini.

71 See Bruce L. McCormack, „Grace and being. The Role of God's Gracious Election in the
    Theological Ontology of Karl Barth", in: John Webster (ed.), *The Cambridge Companion to*

also argue that a fundamental thesis of the first volume of the doctrine of Reconciliation (KD IV/1) must have consequences for the traditional presentation of the Trinity as well: „That God as God is able and willing and ready to condescend, to humble Himself in this way is the mystery of the „deity of Christ" – although frequently it is not recognised in this concreteness".[72] Here one might ask whether Barth himself already recognised it in this concreteness when he was writing on the Trinity in the Prolegomena. Nevertheless, since he never did present the Locus anew, we too are deprived of a new conversation on the Trinity between Barth and the older Protestant dogmaticians like the authors of the Leiden *Synopsis*.

4. The Mystery of the Incarnation: its Suitability and its Rationality

4.1 The Incarnation as a Mystery and as an Event without Analogy

After Disputation 24 on Predestination, „which primarily looks at Christ, and therefore in him at his members", the Leiden *Synopsis* in Disputation 25 directly proceeds (in the words of the first thesis) to „treat separately the object of the Gospel and the foundation of the new covenant: the person of Christ or the incarnation of the Son of God and the personal union of the two natures in Christ".[73] This unification, so thesis 2 states with a reference to the word of the apostle in 1 Timothy 3,16 („great was the mystery of godliness: God was manifested in the flesh") is a *mystery* as great as that of the Holy Trinity. „Whence", thesis 3 continues, „also it cannot be taught or accepted by human reason, because in the whole of nature no perfect example exists which completely answers to it, although it is not at war with right reason. But it should be divinely taught and proved from Scripture and received

---

Karl Barth, Cambridge 2000, 92-110; for an overview of the ensuing debate see Bruce L. McCormack, „Trinity and Election. A Progress Report", in Akke van der Kooi and others (eds.), *Ontmoetingen. Tijdgenoten en getuigen. Studies aangeboden aan Gerrit Neven*, Kampen 2009, 14-35.

72 KD IV/1, 193 (CD IV/1, 177).

73 SPT 25 (De Filii Dei Incarnatione & Unione personali duarum naturarum in Christo, Thysius presiding), 1.

with the eyes of faith."[74] For Barth this insight is of such importance that he in his considerations on the Incarnation in Church Dogmatics I/2 not only quotes theses 2-3 from the Synopsis alongside 1 Timothy 3,16 and a passage from Gregory of Nyssa's Oratio catechetica magna, but also – perhaps, or even quite probably, inspired by these quotations from the Leiden theologians – gives the title „The Mystery of Revelation" to this entire section. He continues: „The central statement of the Christology of the early Church is that God becomes one with man: Jesus Christ „very God and very man". The merit of the statement is that it denotes the mystery without resolving it away. In all the (apparently and really) complicated explanations which are indispensable to the understanding of this statement of primitive Christology, we must be quite clear from the very start that it speaks not simply and clearly, but with real humility and relevance about the very mystery of revelation".[75]

Many volumes later in the Church Dogmatics, in the second part of the Doctrine of Reconciliation where the notion of the assumption and exaltation of human flesh in the Son of Man is fundamental to the soteriological concept of the exaltation of all men in Him, the quotation from thesis 3 appears again. In that context the emphasis is not so much on the element of mystery in the thesis, but on the words quod nullum eius in tota natura perfectum et omnino respondens existet exemplum, „in the whole of nature no perfect example exists which completely answers to it (i.e., to this mystery)". The incarnation, Barth stresses here, is without analogy:

> „With a strange, one-sided, self-glorious spontaneity, we have to do here with the work and action of the faithfulness and omnipotence and mercy of God Himself, which has no ground or reality except in Himself." „We cannot deduce and understand it as though God were under a necessity to do it. In relation to

---

74 SPT 25, 3: quare enim humana ratione doceri aut accipi non potest: quod nullum ejus in tota natura, perfectum & omnino respondens extet exemplum, quamvis cum recta ratione non pugnet: verum divinitus e Scriptura doceri & probari, oculisque fidei accipi debet (Atque in eo indicium est, sublimis & plane divinae doctrinae verbi Dei, ut quod superiora humanae rationi de Deo ejusque oeconomia nobis prodat & pandat, quae fide, testimonio Dei de se verissime testantis, firmissime accipere necesse est); HpB (ref. 24) 329 (Belegstelle 1); quoted here from ET 410.

75 KD I/2, 138f. (CD I/2, 125 f.): § 15: „The Mystery of Revelation", § 15.1: „The Problem of Christology". In the corresponding passages in U.P. and Die christliche Dogmatik, one still finds neither the quotation from the Leiden Synopsis nor the reference to the incarnation as a 'mystery'.

God as to man it can be acknowledged and recognised and confessed only in the light of the fact that this event had actually taken place between God and man, that it is a real fact grounded in the free and eternal counsel of the divine will and accomplished in the divine omnipotence. The incarnation of the Word in this fact, without precedence, parallel, or repetition either in the divine sphere or (much less) in the human, natural and historical creaturely sphere. The incarnation of the Word is the great 'Thus saith the Lord' to which theology can give only the assent that it has heard it and understood it as such, from which all reflexion which seeks and discovers analogies can only derive, but to try to subject which to analogies either in earth or heaven is quite nonsensical"

– sentences which are then followed by the quotation from thesis 3.[76]

Aside from the shift in focus between the ways these two places in the *Church Dogmatics* quote this one thesis from the *Synopsis*, we can observe another difference in the manner of quoting that may seem to be minor but is nevertheless remarkable. Thesis 3 begins by asserting „when also it (the mystery of incarnation) cannot be taught or accepted by human reason." After it provides the foundation for this assertion („because no example exists which answers to it"), the *Synopsis* concedes: „although it is not at war with right reason." In CD I/2, Barth omits these last words and substitutes them with an ellipsis. However, in CD IV/2 he keeps this expression and even devotes a separate excursus to it: what does it mean that *(assumptio carnis) recta ratione non pugnet*? This is a question to which we will return below in section 4.3.

4.2 A Definition and its Elaboration

Following the introductory remarks on the mysterious character of the incarnation, the fourth thesis of Disputation 25 can now provide a definition. The first sentence reads: „Incarnation is the work of God by which according to the divine counsel of the Father, of Himself and of the Holy Spirit, the Son of God humbled himself and took unto himself true, entire, perfect and holy flesh of the Virgin Mary by the operation and effectuality of the Holy Spirit in the unity of his person; so that the flesh should in no way have a subsistence of its own outside the Son of God, but should be sustained and borne by him and in him: two perfect natures having been mutually united

---

76 KD IV/2, 63 (CD IV/2, 58 f).

inconfusedly and unchangeably, indivisibly and inseparably."[77] Barth elaborates on five elements of this definition, explicitly in connection with his examination of the *Synopsis* text:

(1) The incarnation is a work of God in which the Son acts according to the divine counsel of the Trinity. Already in his dogmatic lectures from Göttingen and Münster, Barth quoted the *Synopsis* as it further explained this part of the definition in theses 6-9, and he discovered there that the old theology asserted that the whole Trinity admittedly was the subject of this divine work – the Father as *fons actionis*, the Son as its *medium*, and the Holy Spirit, through whom the conception of the Son in human nature takes place, as its *terminus* –, but that strictly speaking not the divine nature as such but only the eternal Son was the subject of the assumption of the flesh.[78]

(2) The formula that „the flesh should in no way have a subsistence of its own outside the Son of God" refers to the doctrine of the *anhypostasis* and the *enhypostasis* of the human nature of Christ. „Anhypostasis asserts the negative. Since in virtue of the *assumptio* Christ's human nature has its existence (technically: its 'subsistence') in the existence of God, meaning in the mode of being (*hypostasis*) of the Word, it does not possess it in and for itself, *in abstracto*." „Enhypostasis asserts the positive. In virtue of the *assumptio*, the human nature acquires existence in the existence of God, meaning in the mode of being of the Word."[79] Barth discovered this doctrine in Göttingen, May 1924, and immediately saw its relevance for his conception of revelation.[80] In all the stages of his following development he would come back to it again and again. Thesis 4 in particular had been quoted in the

---

77 SPT 25, 4; HpB (ref. 24) 323; quoted here from ET 412f. The second sentence of the definition connects the constitution of the person to the work that he as Mediator must fulfil. KD I/2, 176 (where Barth stresses the agreement with the Lutherans on this point, comparing the definition of the *Synopsis* with a similar one in Hollaz), quotes an abbreviated version: est autem Incarnatio opus Dei, quo Filius Dei, secundum oeconomiam divini consilii Patris & sui & Spiritus sancti (…) carnem (…), in unitate personae sibi assumpsit; on the omission of the reference to the virgin birth here, see point (5) below.

78 SPT 25, 6 ff.: HpB (ref. 24) 331; ET 413; U.P. (ref. 12) 189 f.; ET 154 f., *Die christliche Dogmatik* (ref. 15), 298; KD I/2, 37 (CD I/2, 33): thesis 9.

79 KD I/2, 178 (CD I/2, 163). Here Barth quotes only the „ita ut…" („so that") sentence from thesis 4, as quoted above (ref. 77).

80 McCormack 1997 (ref. 11), 361ff.; *Karl Barth – Eduard Thurneysen Briefwechsel* Band 2 (ref. 16), 255 (28 May 1924): „Das war noch rasante Lehre, – die nun wieder auf den Leuchter sollte, wa?"

Prolegomena CD I/2 as his witness for his concept of revelation, and again in the theological anthropology of CD III/2, where Barth explained that it is only because he is the Word of God in human nature that Jesus can act for and on behalf of all other human beings as their Lord.[81]

(3) As far as the Son of God's becoming *flesh* is concerned, Barth in Göttingen drew attention to a slight difference between the confessions: „The Lutherans thought it necessary to stress that the sanctification means that Christ's human nature will have a supreme elegance and beauty of form – the Lutheran Christ is a handsome man – whereas the Reformed set no store by that and regarded the human nature as equivalent to a servant form." This observation is confirmed by Heppe, who quotes thesis 14 of the 25th Disputation on this point.[82] Barth would go on to repeat this reference in all three editions of his Prolegomena.[83]

(4) Thesis 18 intends to give a further explication of the „flesh" that was assumed by the eternal Son. „Flesh", so it states, should not be understood here in the sense of our corrupted nature, as flesh that is opposed to spirit, but it is excluded from common corruption of the human race. It was not suitable for the Son of God to unite with human nature as it had fallen prey to sin, although the Apostle says that „God sent His Son in the likeness of sinful flesh"... (Rom. 8, 3).[84] On this point, Barth disagrees decisively with

---

81 KD III/2, 81 (CD III/2, 70 § 44.1 „Jesus, Man for God"). In KD IV/2, 52f. (CD IV/2, 49) the Leiden *Synopsis* does not function as the main witness for this doctrine; instead Barth quotes the older Protestant theologians Polanus, Hollaz, and Heidegger.

82 SPT 25, (11-14)14: in summa, sub nomine *carnis* non modo verus, integer et perfectus homo intelligitur, nobis *homoousios*, sed etiam *humilis, misera et infirma hominis conditio* (...) comprehenditur; unde et *formam servi* accepisse (Phil 2,7; Ioh 13,13-14; 2 Cor 8,9; Heb 2,17; 4,15); quae quidem omnia lubens volensque subiit; HpB (ref. 24) 335 f. (Belegstelle 8); ET 419 f.

83 U.I. (ref. 12) 205 (quoted here from ET 166); *Die christliche Dogmatik* (ref. 15), 300f.; KD I/2, 166 (CD I/2, 152): instead of *infirma* Barth erroneously wrote *prima*; this error was corrected by Heinrich Stoevesandt in the Studienausgabe of the *Church Dogmatics*, Volume 3, Zürich 1989; § 15.2 „Very God and Very Man" takes the form of a commentary on the sentence „The Word was made flesh": section I explains „the Word", section II „flesh", and section III „was made"; SPT 25, 14 (together with 25, 18) is quoted in section II, and 25, 4 in section III.

84 SPT 25, 18: veruntamen nomine *carnis* non intelligitur caro corrupta, qualiter fere accipitur Spiritui opposita (Ioh 3,6), sed labis communis exsors (Luc 1,35 ; Heb 4,15). **Non enim conveniebat** humanam naturam peccato obnoxiam Filio Dei uniri. Quamquam venit *in similitudinis carnis peccati*, seu peccato obnoxiae (Rom 8,3), ut cujus vestigia in fragilitate gessit.

the *Synopsis*. „*Non conveniebat?* (it was not suitable?) If that is true, then precisely in the critical definition of our nature Christ is not a man like us, and so He has not really come to us and represented us. In this *non conveniebat*, by which God's honour is obviously being protected against any smirch, does there not lurk a secret denial of the miracle of His condescension and thereby of God's honour itself, which according to Scripture celebrates its loftiest triumph in its very condescension?"[85] By contrast, positively it must be said that what the New Testament calls „flesh" in a narrower sense is „the man who is liable to the judgment and verdict of God, who having become incapable of knowing and loving God must incur the wrath of God, whose existence had become one exposed to death because he has sinned against God. Flesh is the concrete form of human nature marked by Adam's fall, the concrete form of that entire world which, when seen in the light of Christ's death on the cross, must be regarded as the old world already past and gone." Christ was born as flesh of that flesh![86]

(5) In reproducing the definition of thesis 4, Barth omitted the reference to the formula of the Creed: *conceptus de Spirito Sanctu, natus ex Maria virgine.*[87] The reason is not that Barth did not adhere to this article of faith. On the contrary, he had defended it from the very beginning. For him, „the Mystery of the incarnation" is closely connected to „the Miracle of Christmas".[88] However, in the *Church Dogmatics* he no longer identified the mystery with the miracle, but envisioned the relationship between the two as one of *signum et res* (Zeichen und Sache, sign and thing).[89] In this respect he also distanced himself from the older Protestant approach. Furthermore, as far as Mary is concerned, already in Göttingen Barth had taken note of the fact that for most post-Reformation theologians her title of *theotokos*

---

85 KD I/2, 168 (CD I/2, 153). Hasselaar (ref. 45), 108, connects the tendency of Reformed orthodoxy to shrink back on this point to remarks found in Heppe: „(Although he shall also have been a son of man, Christ) under the covenant of works was not contained in Adam" (HpB, ref. 24, 225; ET 291) and: „because Jesus did not belong to the covenant of works and so had not sinned in Adam, the sin of Adam was not reckoned to Jesus' humanity" (HpB 325, ET 426). Even though Thysius would not have said it in this way, the Leiden *Synopsis* potentially already allowed some room for such statements.

86 KD I/2, 165 (CD I/2, 151). Barth comes very close to the preaching of Hermann Friedrich Kohlbrugge here (see the quotation KD I/2,169; CD I/2, 154).

87 See above, ref. 77.

88 CD I/2, § 15 „The mystery of Revelation"; § 15.3 „The Miracle of Christmas".

89 KD I/2, 196 (CD I/2, 179); See also Dustin Resch, *Barth's Interpretation of the Virgin Birth. A Sign of Mystery*, Farnham/Burlington: Ashgate (Barth Studies Series), 2012.

(„Mother of God") was quite acceptable as a supporting position in a Christological context.[90]

4.3 „It is not at war with right reason"

At the end of section IV.1, we observed that Barth quotes the opening theses 2-3 about the mystery of the Incarnation on two occasions in the *Church Dogmatics*. Both times we read: „it cannot be taught or accepted by human reason", and yet at the first occurrence (KD I/2) Barth omitted the subordinate clause „although it is not at war with right reason", while he retained this expression at the second (CD IV/2) and in fact devoted a separate excursus to it: what does it mean that *(assumptio carnis) recta ratione non pugnet*? Here we will return to this question, and begin by quoting the following from the excursus in question:

> „In our last quotation from the Leiden *Synopsis* about the nature of the incarnation as an event which has no analogies and can therefore be known only in its self-revelation, there occurred the quite incidental observation: *quamvis recta ratione non pugnet*. The *recta ratio* which is not denied here, and therefore does not need to pick a quarrel, is not the *ratio* which is bound by the authority of Church dogma and therefore unfree, but the *ratio* which is directed to this object, which is determined by it, and therefore free in relation to it, and not burdened by any general considerations and their results. Offence at the statement about the union of the two natures in Jesus Christ is unavoidable only for a thinking which is unconditionally bound by certain general presuppositions. This unconditional binding, whether by Church dogma or general logic and metaphysics, is not proper to *recta ratio*, to a thinking which is basically free. *Recta ratio* is reason as it is ready for the realism demanded of it in face of this object, and therefore free reason – free in relation to the object."[91]

---

90 SPT 25, 24-25: (…) quod Filius Dei erat per naturam, id Filius hominis factus est per unionis gratiam. Atque hinc Maria *mater Domini* (Luc1,35) et veteribis *theotokos, deipara*, appellatur ; HpB ref. 24) 334 (Belegstelle 7); ET 418. References by Barth via Heppe U.P. (ref. 12) 193f. (ET 157), *Die christliche Dogmatik* (ref. 15), 354 f.; in KD I/2, 153 (CD I/2, 138 f.) Barth only mentions sources from the early Church and the Reformation and makes the general remark that „Lutheran and Reformed orthodoxy… expressly validated the use of *theotokos* to express the *duplex nativitas* in question".

91 KD IV/2, 66f. (CD IV/2, 62). In the last sentence of the excursus Barth makes a critical remark regarding the so-called 'free' scholarship of the 19th century and the bondage of theologians like Biedermann to that scholarship.

From these remarks we can draw some conclusions regarding the position from which Barth argued in his conversation with the Leiden theological quartet. Again and again we encountered two questions across all three Loci or Disputations we discussed: 1) the reproach of intellectualism, which is commonly directed against Protestant orthodoxy; and 2) the safeguarding of human freedom in Reformed doctrine, especially in the days after the Synod of Dort. In Barth's eyes, these two are connected to each other.

For him freedom is a gift of the triune God, and man is free when he or she can participate in the event of the divine gift, realised in the assumption of the flesh by the Son of God and received through the Holy Spirit. Where revelation happens, there the gift of freedom really is present. Outside this event there only exists a *servum arbitrium*. For that reason he warmly agreed when the *Synopsis* authors stress that the Word of God does not impede, but rather enables human freedom in responding to the Word. He expressed this agreement in the context of their doctrine of Scripture, where the Leiden theologians state that, under the inspiration and dictation of the Holy Spirit, the biblical writers had to a certain extent been active rather than passive (see above, 2.1). For in the eyes of Barth, in such assertions human *ratio* is fully focussed and concentrated on the mysterious event of revelation, and as such is a *recta ratio*, and as such free.

But at the same time he objects when, in addition to the central insight regarding the freedom of divine action which confirms the very autonomy of the creature, also other thoughts are established. Barth does so when the *Synopsis* in its doctrine of Scripture also understands there theologically to be room for a *vocatio naturalis* (2.4), for a *vera ratio* that makes man capable of knowing a *vera religio* (2.5), and for a *lex naturalis* as the norm for discovering and judging sin (although since the fall it does not function very well; 2.6). And he does so when the *Synopsis* in its doctrine of the incarnation states that it was not suitable for the Son of God to unite with human nature as it had fallen prey to sin, as if the honour of an abstract, quasi-deistic God must be protected from any smirch, and as if the real condescension of the biblical God gives rise to shame (4.2). For in all those assertions, as Barth sees it, human *ratio*, aside from being focussed on revelation according to Scripture, apparently also is determined by other factors that may have origins which are, in spite of their supposedly theological character, at least unclear, and in that sense human *ratio* can neither be called *recta ratio* nor free.

In conclusion, the depth of this conversation between Karl Barth and the Leiden professors shows much greater nuance than simple slogans like the reproach of „intellectualism" might at first seem to suggest. Rather, it seems to have been the very *character* of the intellect in theology that was at stake.

Rezensionen

Scott Prather, Christ, Power
and Mammon: Karl Barth and
John Howard Yoder in Dialogue,
London 2013, 320 pages

Might and money. In our late modern societies the force of these powers is brutally present. But how are the powers to be understood theologically? We cannot refuse them as completely evil forces from which Christians must retreat if they are to remain holy. This would lead to a Manichean dualism between good and bad, light and darkness. But neither can we say that God is some sort of superpower governing the world, even through possessive stockbrokers and cunning politicians. This would end up in some sort of monistic theism which is not about the God Christians worship. In *Christ, Power and Mammon* Scott Prather offers an instructive and original account of the powers.

Another name for such a theological approach is "exousiology". This term is derived from *exousia,* a word used by authors of the New Testament to denote the forces present in the world we live in. Prather has chosen two excellent guides to help him to think properly on this complex issue: Karl Barth and John Howard Yoder. By bringing these two theologians into dialogue with each other, the author instructs his readers about the character of the powers.

The book begins with Barth's theology of the powers. A crucial text for Prather is Barth's article "Rechtfertigung und Recht" from 1938. While the Nazi Reich is at its most supreme power, Barth reflects on the character of the state. For Barth the state has a particular place in the created order, it is part of the "angelic powers" which exist in service of God's justification. Yet the state is always tempted to negate its existence as angelic power and to rebel against God's grace by seeking absolute power. The state gets malformed, it is demonized, it becomes an evil and destructive power. The heart *and* hope of Barth's argument lies in his claim that in Jesus Christ God negates the powers' negation of their true existence. Prather demonstrates how this notion of the powers is further elaborated in *Church Dogmatics* III/3. In his doctrine of creation Barth speaks of two shapes of the powers: an *angelic* shape and a *demonic* shape. The powers either attest to God's justice, by offering law and order, which is always relative to the full justice that can only be given by God himself, or they oppose the coming of God's reign and serve the absolute and destructive force of *Das Nichtige*.

As a graduate student Yoder studied with Barth in Basel and he remained a positive – but not uncritical – reader of Barth. According to Prather, the flipside of Yoder's appropriation of Barth is his negative assessment of the theological ethics of Reinhold Niebuhr. In his polemics against Niebuhr, exousiology plays a significant role. Yoder's problem with Niebuhr's widely appreciated "realism" is that God's work is isolated from the sphere of social relations and political practices. In Yoder's view, Niebuhr leaves the social and political life to forces like self-centeredness and violence. In his search for an alternative approach, Yoder discovered a biblical-theological study of Paul by the Dutch theologian Hendrik Berkhof. Yoder learned from Berkhof that for Paul powers are present in our world, acting in the lives of human beings. The good news that the apostle proclaims in his letters is that these powers are subordinated to Jesus Christ, the Lord of creation and history. With the help of this view of the powers, Yoder develops an alternative for Niebuhrian realism, speaking of human social history as at the same time the object of God's love and a fallen world, ordered by powers that have deviated from their vocation as created entities. As for Barth, for Yoder it is crucial to the see these powers as fallen *but* created.

Prather makes clear that there is some basic agreement between Barth's and Yoder's approaches of the powers. The powers are social and political structures which operate as spiritual powers by virtue of their negative or positive relation to Christ's work. A similar agreement can be found in Barth's and Yoder's eschatologies. In their view, living in the time between times human beings have been called to bear witness to Christ's eschatological lordship. The powers, however, exist in disobedience to this vocation and persist in the sins of injustice and idolatry. Prather explains that the great dogmatic proposal in Barth's and Yoder's theologies is that we must understand the powers in "ontologically negative terms" (8). They do not exist but in a negative way, in an ultimate attempt to resist the lordship of Jesus Christ. Thus, like for Augustine, for Barth and Yoder sin is nothing, nothing but privation of the good.

Another point of agreement is the connection Barth and Yoder make between political power and socio-economic relations. In their wicked cooperation the demonic entities of Leviathan and Mammon destroy what is good and just. It is Jesus' humanity that shows us what the state is for and what socio-economic relations must look like. But this awareness of Jesus' humanity cannot be recorded and fixed in this or that political and economic program. Christ works quite differently in our reality as the hidden but present hope for humanity. "The eschatological promise borne in Jesus' humanity crosses and redirects every state power, it contradicts and relativizes the ordering capacities of law and might, because it is the promise of a just and free life together in this world" (209).

Prather also observes some significant differences between Barth and Yoder. While Yoder emphasizes the structural form of sin, Barth does not address the negative effect of the powers' dominion within the socio-political life. Barth understands enslavement to the reign of *Das Nichtige* in personal and epistemic terms. The ultimate form of sin is the human subject's refusal to believe. Prather sides with Yoder. He develops a "Yoderian critique" (9) of Barth's putting the distinction between church and world in terms of knowledge and ignorance of God. Prather argues that in the end this neglect of the social-political shape of the powers militates against Barth's deepest insights. After all, if God works in Jesus Christ for and with the life of the world, then the lordship of Jesus Christ is a

social, political, and structural fact, which consists of a challenge to the social-political force of the powers. Moreover, Prather argues that in his account of the state, Barth too much identifies political power with the historical existence of the state. Sometimes Barth's approach gets the features of a normative moral teaching that legitimizes the state in its historical appearance as some sort of "ordained institution" (177). Yoder, in his critique of *Constantinianism*, stresses that we must distinguish between the historical shape of the state and the power originally created to rule the world. In his approach it is clearer than in Barth's that in the end the power of the sword exists only in service to the freedom of the cross.

In my reading, there are two important lessons in Prather's conclusion. A lesson that can be learned from reading Barth and Yoder together is that we must have no illusions about might and money. The first task of Christians is to recognize these powers and call their demonic malformations by their proper names: Leviathan and Mammon. Yet, Christians also believe that Christ works in our world by resisting these powers and by humanizing sinful practices. The second task, therefore, is to look where Christ works and to join this resistance. But again, we must have no illusions. No tradition, no institution is free from pride and corruption. There is no liberation possible by uncritically joining this or that human alternative. "Yet precisely because the power of the powers, as well as that divine reality which has and continues to overcome power's inhumanity [...] claims us in and through our material and social being-with another, the promise of a new world is ever at hand"(218).

The second lesson is that there are good reasons for undertaking a "Yoderian critique" of Barth. Despite all his admiration for Barth's theology of the powers, Prather cannot but be very critical about Barth's lack of concreteness in his approach of powers. Due to his formalism, Barth can too easily be misused by a social conservative ethics which directs the church out of our world into a "trans-ideological plane of clarity and tranquility amid the raging storm". This form of Christian existence "is especially deadening in its inability to point, with the force and clarity of the gospel, to Jesus' self-identification with the materially and socially poor, whom we 'always have with us'" (222). In Prather's reading of Barth's work, this was better understood by the socialist pastor of Safenwil than by the author of the *Church Dogmatics*.

In one respect I am not convinced by Prather's argumentation. In the introduction he remarks that he is critical about the non-ideological and socially conservative way Barth is read by "Anglo-American Protestant dogmatics, and its peculiar evangelicalism" (5). Their view that „Christian faith is ever a state of existence or in/activity 'above and beyond' the situation of being-together in this world, as humans" Prather calls "the enemy with an eye upon whom" his study has been written. Yet the discussion with this form of Barth interpretation, though some of them are his "esteemed peers and their mentors", remains implicit. Prather does not discuss any work by representatives of this group and therefore, it remains unclear who these theologians are, how they read Barth, and why Prather thinks they understand Barth incorrectly. I think not giving "the enemy" the opportunity to speak for themselves is unnecessary and perhaps even somewhat unfair.

Nevertheless, I think that *Christ, Power and Mammon* is a useful contribution to the theological debate about Barth's ecclesiology and ethics. Prather sides with authors like Joseph Mangina and Stanley Hauerwas, who argue that there is a lack of concreteness in Barth's account of the Christian life. The book is also a significant supplement to the growing literature about the heritage of Yoder. Prather argues convincingly why exousiology is such an important theme in Yoder's work. Indeed, in my reading it is more than just another contribution to some debates in academic theology. In fact, Prather is training his readers in the skills of naming and resisting Mammon and Leviathan in order to train them to witness truthfully and faithfully to the „one who gave up all, all pretensions to 'divinity'; all power; all the riches hell has to offer, because he identified his self with the humanity of each and every other" (239).

Ariaan Baan

Christian Johannes Neddens, Politische Theologie und Theologie des Kreuzes. Werner Elert und Hans Joachim Iwand (Forschungen zur systematischen und ökumenischen Theologie Band 128), Göttingen 2010, 917 S.

Was verbindet Werner Elert (1885-1954) und Hans Joachim Iwand (1899-1960)? Die wenigsten unter den Lesern werden hier gleich bestimmte Gedanken haben. Elert war ja ein ausgesprochen konfessioneller Lutheraner, dessen Name für immer mit dem Ansbacher Ratschlag verbunden bleiben wird,

die Gegenthesen gegen die Barmer Theologische Erklärung; Iwand war auch Lutheraner, aber von Anfang an ein entschiedener Befürworter der Barmer Thesen. Die Beiden sind einander kaum je begegnet; vielleicht als Elert in Breslau lehrte und Iwand dort studierte, aber auch davon gibt es keinen Beleg. Wichtiger noch als dass sie sich in verschiedenen Lagern aufgehalten haben, ist, dass sie nie direkt miteinander ins Gespräch gegangen sind. Es wundert denn auch nicht, dass Iwand im Elert gewidmeten Teil (75-439) eigentlich nicht zur Sprache kommt und Elert im zweiten Teil (443-824), in dem Iwands Kreuzestheologie analysiert und dargestellt wird, nur als Folie. Warum sind diese beiden dann in dieser Promotionsarbeit zusammen genommen worden? Die Antwort liegt wohl im Thema des Buches: Sowohl Elert wie auch Iwand haben in ihrer Theologie danach gestrebt, zu sagen, was Wirklichkeit ist, also Kreuzestheologie getrieben, und haben sich ausdrücklich in den politischen Fragen der turbulenten Zeit der ersten Hälfte des 20. Jahrhunderts engagiert. Sie haben das aber so grundverschieden getan und haben sich auch in so anderen kirchlichen und politischen Konstellationen bewegt, dass sie wirklich keinen Grund gehabt haben, sich miteinander auseinanderzusetzen.

Das Thema ist gewiss interessant: Es geht um den Zusammenhang von politischer Theologie und Theologie des Kreuzes. Die Kombination ist nicht geläufig und leuchtet nicht sofort ein, ist aber als Fragestellung für sowohl Elert wie Iwand interessant. Neddens definiert politische Theologie als „eine theologische Überbegründung politischen Handelns [...], in der die Frage nach dem Heil im Bereich des politischen Handelns (mit)entschieden und die endliche politische Freiheit in ihrem Risiko und ihrer Verantwortung eliminiert wird." (41f) Daraus geht hervor, dass sie in den Augen des Verfassers als solche ein theologisch fragwürdiges Unternehmen darstellt.

Werner Elert ist das Beispiel, an dem Neddens in sorgfältiger Analyse zeigt, was passieren kann, wenn politische Theologie und Theologie des Kreuzes verknüpft werden. Für mich überzeugend zeigt er, dass es bei aller Wandlung um eine grundsätzlich durchgehende Linie geht. So bringt Elert im Ersten Weltkrieg den Opfertod Christi am Kreuz in einen Zusammenhang mit der Opferbereitschaft der Soldaten, ohne das soteriologisch zu klären (105 f.), und die Kriegstoten werden als säkularisiertes Martyrium für das Leben der Nation gesehen (128). In der Zeit der Weimarer Republik nimmt Neddens bei Elert eine theo-logia crucis naturalis wahr (185). Elert zieht die Schöpfungs- und die Gnadenordnung so weit auseinander, dass daraus zwei Götter werden (207)!

Ganz wichtig ist der Organismusgedanke, die Elert das Material für eine völkisch-autoritäre Ethik liefert (254), die schon vor 1933 für das Recht auf Lebensraum plädiert (256)! Während der Zeit des Dritten Reiches nimmt Elert Themen der NS-Weltanschauung wie den Vorsehungs- und Schicksalsglauben kritiklos auf als „realistische Wirklichkeitswahrnehmung unter dem Gesetz und der Verborgenheit Gottes [...], um demgegenüber das Evangelium ergänzend als Zuspruch von Sündenvergebung und ewigem Leben zu profilieren" (305). Er schlägt sogar ein „Treuegelöbnis" zum neuen Staat vor, in der der biblische Vorbehalt von Apg 5,29 unbedingt ausgeschlossen sein sollte (325). Der Gehorsam dem Führer gegenüber wird denn auch identifiziert mit dem Gehorsam Gott gegenüber (329).

Hans Joachim Iwand war zwar bis 1933 politisch rechts, mit einer Neigung zu einem antidemokratischen Denken, zeigte auch bis in die vierziger Jahre eine nationalistische Haltung und empfand auch die Verführung einer politischen theologia crucis. Der Kern des christlichen Glaubens hat ihm aber die Augen dafür geöffnet, dass es nicht eine christlich-legitime Möglichkeit sei, sondern ein äußerst gefährlicher Irrweg. Neddens interpretiert Iwands Theologie als in ihrem Kern und Ursprung theologia crucis, und zwar mit den Merkmalen, die sie bei Luther hat, nämlich dass sie (1) dogmatisch und (2) fundamentaltheologisch das Denken bestimmt und (3) praktisch-theologisch oder ethisch die Lebensform des Christen offenlegt. Obwohl ich die Meinung von Neddens, dass es bei Iwand keine scharfe Wendung von der Religionsphilosophie zur inhaltlichen Theologie gibt, teile, halte ich seine These, dass die Kreuzestheologie sozusagen von den frühesten Anfängen sein Denken prägte, für ungenügend begründet und überspitzt. Das initium theologiae Iwandi wird zu stark betont, auf zu schmaler Grundlage.

Dennoch hat er m.E. überzeugend analysiert, wie die theologia crucis in Iwands Theologie stets bestimmend da ist und er hat die Iwand-Forschung zweifellos ein Stück vorangebracht! Dabei wäre freilich die Frage zu stellen, ob er nicht allzu ängstlich und konstruiert die theologia crucis gegen die politische Theologie absetzt. Ist das der Grund, dass der Iwand aus der Zeit nach 1952 kaum noch zu Wort kommt? Verdirbt er etwa in seinem engagierten Einsatz im Ost-West-Konflikt Neddens das Spiel?

Nach der Lektüre bleibt mir die Frage, ob es wohl eine gute Idee war, Elert und Iwand in einen Band unterzubringen, weil sie nicht miteinander diskutiert haben und auch völlig getrennte Wege gegangen sind. Faktisch bietet diese voluminöse Arbeit zwei je für sich schon umfangreiche Studien, die als Mahnmal eines verzerrenden und fatal wirksamen Lutherverständnisses in Elerts Fall und als verheißungsvoller inhaltlich-hermeneutischer Umgang mit Luther auf dem anderen Blatt zu stehen kommen.

Das Buch ist eine wirklich spannende Lektüre, trotz der mehr als 900 Seiten (und hier und da unnötigen Wiederholungen). Dass die Elert-Tradition nicht sehr angetan ist, kann ich mir vorstellen, aber da sollte man doch zu widerlegen versuchen, statt zu jammern. Herzlich danke ich Dr. Neddens für seine Bereicherung des Iwand-Bildes. Trotz kleiner schon genannter Vorbehalte halte ich seine Ergebnisse im Großen und Ganzen für überzeugend.

Gerard den Hertog

Rinse Reeling Brouwer, Grondvormen van theologische systematiek, Vught 2009, 406 S.,

Grundformen theologischer Systematik, heißt der allzu harmlose Titel dieses Buches von Rinse Reeling Brouwer. Auf den ersten Blick ist es nichts anderes als eine zwar interessante, ja originelle Einführung in das Studium der Theologie. Das ist es aber und so soll das Buch auch gewürdigt werden! Wichtige Textabschnitte, zum Teil sogar Schlüsseltexte, in denen sich ein Wandel und Übergang abzeichnet, sind hier übersetzt und ebenso sorgfältig wie sachkundig kommentiert worden. Um es wirklich als ein Lehrbuch funktionieren zu lassen, werden die Texte und Reeling Brouwers Paraphrase in zwei Spalten nebeneinander auf derselben Seite abgedruckt. Der Leser – oder besser: Nutznießer – kann dem Autor auf dem Fuße folgen und kontrollieren, ob der Kommentar auch wirklich dem Text gerecht wird und zutrifft. Inzwischen hat das Buch seinen Wert in dieser Hinsicht gezeigt, denn den echten Zugang zur großen Tradition der christlichen Theologie – und auch zum theologischen Studium – findet man ja nicht mit Hilfe eines allgemeinen Überblicks, sondern über das tatsächliche Aneignen in der – wo möglich gemeinsamen – Lektüre der Texte. Um das zu fördern, bekommen die Leser auch Zugang zur Website des Verlags, wo die originalen Lesetexte zugänglich gemacht worden sind und die Diskussion mit anderen geführt werden kann. Ein Arbeitsbuch also!

Was findet man drin? Das Inhaltsverzeichnis zeigt nach dem Eingangskapitel, in dem Karl Barth und Adolf von Harnack zusammen figurieren, zehn weitere Kapitel, in der je einer oder zwei Theologen vorgestellt werden, die man in einem solchen Buch erwartet hätte, und die auch nicht fehlen dürften: Origenes (Kap. II), Augustin (Kap. III), Thomas von Aquin (Kap. V), Johannes Calvin (Kap. VII), Friedrich Schleiermacher (Kap. IX) und Karl Barth (Kap. X). Es sind die großen Gestalten der Kirchen- und Theologiegeschichte, die eine ganze Wirkungsgeschichte gezeitigt haben. Aber wer sind die anderen? Da musste gewählt werden und darin kommt doch wohl etwas von der eigenen Position oder vielleicht auch Vorliebe des Autors zum Ausdruck. Am wenigsten ist das wahrscheinlich noch der Fall bei Johannes Damascenus, der mit Petrus Lombardus in einem Kapitel zusammengebracht wird und den Übergang von der Frühen Kirche zur Scholastik repräsentiert. Dass Luther fehlt, sollte eigentlich kein Grund zum Staunen sein, denn die Systematik überließ er seinem Mitgefährten

Philippus Melanchthon – und der ist hier vertreten mit seinen Loci Communes, übersetzt als „Kernbegriffe der Theologie". Johannes à Marck hätte auch ein anderer sein können, aber er ist sicher nicht willkürlich gewählt worden, denn er verkörpert die reformierte Scholastik, die ihren eigenen Untergang in sich trägt, weil die Orthodoxie in ihrem vor Anker gehen bei einer historischen Lektüre der Bibel ihr eigenes Grab schaufelte. Denn was könnte sie noch einbringen, wenn die so verstandenen biblischen Befunde von der Ergebnissen des historischen Denkens her unter Kritik gestellt oder sogar widerlegt werden?

Die größte Frage ist wohl, wer nach Barth kommen sollte, angenommen, es höre das lebendige theologische Denken nicht mit ihm auf. Das zu behaupten, wäre dem Basler Theologen wohl zutiefst zuwider gewesen. Aber wer käme(n) dann in Betracht? Wolfhart Pannenberg? Oder Jürgen Moltmann? Stehen etwa nur Männer auf der Liste? Was zu denken von Eberhard Jüngel? Aber warum sollten es eitel Europäer sein? Wäre das nicht eine ungeheure Anmaßung und eine fatale Identifikation Gottes mit dem Kontinent, der so tief durch zwei Weltkriege geprägt ist und vor allem durch die Shoah, als Abrechnung mit dem Volk und dem Gott Israels?!

Mag die Wahl von den beiden Johannes – Johannes Damascenus und Johannes à Marck – manchen schon wundern, Kapitel XI gibt dem ganzen Buch mit einem Schlag ein anderes Gesicht. Im ausführlichsten Kapitel von allen – 45 Seiten! – lässt Reeling Brouwer niemand anderen als Friedrich-Wilhelm Marquardt zu Wort kommen. Aber auch diese Wahl kann er begründen. Marquardt hat als deutscher oder auch europäischer Theologe die Frage ernst genommen, ob Theologie überhaupt noch möglich ist, ob nicht das ganze Denken aus der Umkehr neu anfangen sollte und so alle Systematik jedenfalls vertagen.

Zum Schluss soll der Name von Frans Breukelman noch genannt werden. Das Projekt, aus dem dieses Buch hervorgegangen ist, hat seinen Ursprung im „großartigen", aber nur bruchstückhaft bewahrt gebliebenen Werk von diesem Lehrer Reeling Brouwers über „die Struktur der heiligen Lehre in der Theologie der Kirche". Wenn auch Reeling Brouwer eigene Wege betreten hat (Marquardt jedenfalls!), ist dennoch in vielerlei Hinsicht der Einfluss und die Inspiration des gründlichen Kenners der Theologie Calvins und der Orthodoxie, der Breukelman zweifellos war, mit Händen zu greifen. Rinse Reeling Brouwerr hat uns bereichert mit diesem Buch, das – leider – von den meisten Lesern dieser Zeitschrift nicht zur Kenntnis genommen werden kann. Aber – warum sollte es nicht schleunigst ins Deutsche und/oder Englische übersetzt werden?!

Gerard den Hertog

Hans Vium Mikkelsen, Reconciled Humanity. Karl Barth in Dialogue, Grand Rapids, Mi./Cambridge U.K. 2010, 294 pages

Hans Vium Mikkelsen wrote this book as associate professor at the Center of Theology and Religious Education, Loegumkloster, Denmark. In the meantime he has become principal of this institute of the Danish National Church.

"The aim of this book is to present Karl Barth as a worthwhile dialogue partner for theology today" (xi). So the book is more than an analysis of some themes of Barth's theology. It is even more than a "translation" of this theology into our time and context. It is meant as an interpretation of the theology of Barth "starting from the fundamental theological issues and questions in our time and context" (xi).

The book is, after the Introduction in chapter 1, divided in three parts. The first is about „Revelation", the second about "The humanity of the creature" and the third about "Christology and atonement".

In the part about revelation Mikkelsen wants to show that "it is illegitimate to present Barth's theology of revelation as if it is an anti-hermeneutical theology" (11). Barth understands the Bible as the witness of revelation, and that makes interpretation necessary. The experience of revelation is described by Barth as "acknowledgment" („Anerkennung"). Mikkelsen analyses this term and finds that it is close to Schleiermacher's idea of 'schlechthinniges Abhängigkeitsgefühl'.

In the second part the main purpose of Mikkelsen is to show that Barth's anthropology is heavily influenced by the I-Thou philosophy of Martin Buber. Very interestingly, he uses for that unpublished lectures on anthropology by Barth in the winter semester 1943/44. These lectures are now available on CD-ROM. Barth's critique on Buber in these lectures (that he in fact didn't really break with the sovereignty of the subject) is, according to Mikkelsen "at best to be described as a caricature"(105).

In the third part Mikkelsen tries to show that, despite the fact that Barth uses sometimes Anselmian terminology about punishment, satisfaction and sacrifice, his theory of atonement is best understood with the help of Girard's analysis of the relation between the sacred and violence. According to this analysis "there is (in Christianity) no legitimized connection between the sacred and violence. Consequently, the idea of a sacrifice must be an alien thought in Christianity" (189). A consequence of this reading of Barth with the help of Girard is that, although Barth himself rejected the idea that he taught *apokatastasis*, this in fact has to be the result of his theology.

Mikkelsen shows in this book a broad knowledge of Barth's theology and of the contemporary discussions about it. The connections he makes with other theologians and philosophers (besides the already mentioned e.g. Hegel, Brunner, Pannenberg and Moltmann) are interestingly. His style is clear and unambiguous.

But the book also has some unsatisfactory aspects. The thread is in fact that Barth is analysed with the help of ideas that he himself would have qualified as forms of "natural theology": the „schlechthinniges Abhängigkeitsgefühl" of Scheiermacher, the I-Thou philosophy of Buber, Girard's scapegoat mechanism. That gives Mikkelsen the opportunity to develop Barth's theology and to use it for the answers on fundamental questions in our context. But is this still Barth's theology, or is it Mikkelsen's adaption of

it? Time and again you got the feeling that this is a crooked version of Barth, a readapted Barth, with a different input (natural theology) and a different output (accentuation of experience, a general anthropology, abandonment of sacrifice terminology, *apokatastasis*). Of course, Mikkelsen has the right to defend this ideas, but is this really "Karl Barth in Dialogue"?

So the strength and the weakness of this book are the same: Barth is not presented in his own context, but in that of our century.

Barend Kamphuis

Diether Koch, Auf der Suche nach Verständigung und Frieden. Erinnerungen eines politischen Christen, Bremen 2013, 381 S.

Die Schriftenreihe „Geschichte & Frieden" hat sich zum Ziel gesetzt, Biografien und Dokumentationen von Personen und Gruppen zu publizieren, die danach streben, Krieg zu verhindern und Frieden zu fördern. Die Herausgabe der Erinnerungen von Diether Koch ist daher ein willkommener Beitrag in dieser Schriftenreihe. Koch ist 1929 geboren und hat sich Zeit seines Lebens auf eigene Weise als Friedensstifter eingesetzt. Er war ein teilnehmender Kommentator seiner Zeitgeschichte.

Koch belegt in seiner Autobiografie, dass er als mitverantwortlicher Bürger Deutschlands gelebt hat. Wie so viele Deutsche hat er in den Kriegsjahren mit seiner Loyalität zu seinem Vaterland gerungen. Am Ende des Krieges schreibt er: „Wir sind davongekommen" (S. 37) - aber die Besetzung durch die alliierten Truppen wird von ihm nicht als Befreiung empfunden. Erst viele Jahre später hat er eingesehen, dass er und seine Umgebung dem Nationalsozialismus nur widerstrebten, um die eigene Familie nicht zu gefährden: „Wir ließen in der Öffentlichkeit, in der Schule immerfort familiäre Vorsicht walten. Das war wenig, zu wenig", schreibt er offenherzig (S. 44). Und: „Nachdenken über jüdisches Schicksal blieb mir fremd" (S. 43). Zurückblickend schreibt er 2002: „55 Jahre westdeutsche Geschichte muten im Rückblick wie ein ständiges Ringen zwischen Selbstrechtfertigung und Schuldanerkennung an" (S. 252).

Koch hat diese von ihm empfundene Schuld als Verantwortlichkeit für den Frieden eingesetzt. Er hat seine Stimme gegen die Wiederaufrüstung Westdeutschlands nach dem Krieg erhoben. Und er hat versucht, die sowjetische Politik als Reaktion auf die Vergangenheit zu deuten und zu verstehen.

Das hat er getan als Dozent und Publizist. Beide Qualitäten hat er als Verfasser von Materialien für den Politik-Unterricht vereinigt, mit kritischem Blick auf die westliche Politik. Neben seiner Berufstätigkeit war er auch Herausgeber von drei Bänden mit offenen Briefen Karl Barths zum Zeitgeschehen (1984 und 2001). Aber er hat sich vor allem Verdienste gemacht als Sammler von Dokumenten des Bundespräsidenten Gustav Heinemanns, zuerst in „Heinemann und die Deutschlandfrage" (1972). Später war er auch Herausgeber von Heinemanns Schriften zu Kirche, Staat und Gesellschaft („Glaubensfreiheit – Bürgerfreiheit", 1976) und verantwortlich für eine Auswahl seiner Reden und Briefe („Einspruch. Ermutigung für entschiedene Demokraten", 1999). Aus Kochs Erinnerungen spricht große Bewunderung für den politischen und moralischen Mut Heinemanns und seine besondere Rolle in der Nachkriegszeit. Den Spannungsbogen, in dem Heinemann politisch gearbeitet hat, beschreibt Koch am Ende seines Buches über ihn so: „Weil er nur einen absoluten Punkt kannte, das Handeln Gottes, konnten ihm weder die Politik noch bestimmte Vorstellungen in ihr als etwas Absolutes gelten. Weil er auf das Weltregiment Jesu Christi baute, behielt er Raum zur ständigen Prüfung der Lage und

Mut, neue Wege zu suchen. Weil er darauf vertraute, dass Christus für alle Menschen starb, musste er auch die Gegner ernst nehmen." (S. 167 seiner Erinnerungen).

Kochs Leben und Wirken, wie er sie in diesem Buch bezeugt, sind ein klares Beispiel von einem gläubigen Mitleben in seiner Zeitgeschichte. Sein Glauben ist wahrhaft in der Tradition der Bekennenden Kirche fundiert. Nach dem Krieg hat er eine Kirchengemeinde aufgesucht, in der diese Tradition gelebt wurde. Er hat sich immer darum bemüht, diese Erbschaft für das Zeitgeschehen fruchtbar zu machen, in allen brennenden Fragen von Schuld, Feindbild, Wiedervereinigung von DDR und BRD und Atombewaffnung. „Ich werde dankbar daran festhalten, dass die Erkenntnisse im Gefolge Barths wie die Barmer Erklärung mit einer *kritischen* Beobachtung der politischen Verhältnisse zusammengehören", schreibt er zum Schluss (S. 330).

Am Ende seines Buches macht Koch die Bilanz auf. Er ist dankbar für sein Leben, für Gottes Führung: „Mir war Gott immer der für mein jeweiliges Lebensalter daseiende Gegenüber." (S. 326). Er ist auch enttäuscht: „Mich bekümmert es, dass es so wenig Menschen gibt, die sich […] bewusst in der Tradition der Bekennenden Kirche vor und nach 1945 stellen, sondern dass die

Erkenntnisse von 1934 allmählich verblassen, dass viele Christen absichtlich oder in Unkenntnis darüber hinweggehen." (S. 329). Doch ist er nicht hoffnungslos, er schreibt sehr persönlich: „Zur Hoffnung auf Gottes Tun gehört für mich seit meiner Klinikzeit stärker als bisher die Hoffnung auf die Wiederkehr Jesu Christi, auf das Herannahen des Reiches Gottes und damit auf ein Ende der bisherigen Geschichte. Das bedeutet eine Umorientierung des Glaubenshorizonts" (S. 335).

Trotz einiger Wiederholungen und unnötiger Einzelheiten ist das Buch sehr lesenswert. Das kommt vor allem durch die gelungene Kombination von Persönlichem und Gesellschaftlichem. In der Einleitung schreibt Koch, er verstehe seine Rolle als dienend, um Andere sichtbar zu machen, als Sammler und Herausgeber. Das machen diese Erinnerungen hervorragend deutlich – und wichtig.

Harry Pals

Dustin Resch, Barth's Interpretation of the Virgin Birth. A Sign of Mystery (Barth Studies Series), Furnham 2012, 218 S.

Barth's productive use of the article of the Apostles Creed on the Virgin Birth of the Lord provoked a lot of discussion from its first public treatment in the *Christliche Dogmatik im Entwurf* of 1927 onwards. In this study, Resch (Briercrest College and Seminary, Caronport, Saskatchewan) offers an informative overview of its intention and its development. After a brief overview of the treatment of the article according to select figures in the history of theology, who will be compared with Barth's approach later on in the book, a second Chapter sketches the development of Barth's doctrine. The most important refinement between the *Göttingen Dogmatics* and the *Church Dogmatics* appears to be the distinction between the sign of the *novum* and the new creation or incarnation itself, whereby this *signum* not accidentally refers to this *res*. In the third and fourth chapter we find a review of Barth's commentary of both parts of the article: *natus ex Maria virgine* (CD I/2, 185-196, Chap. 3) and *conceptus de Spirito Sancto* (CD I/2, 196-202, Chap. 4). Because of its ecumenical importance, a commentary is added on the excursus about Mary' title "theotokos" of the Council of Ephesus, and Barth's critique of Roman-Catholic Mariology in the earlier paragraph on Christology (CD I/2, 139-146, Chap. 5). In the conclusion, Resch raises five questions that follow from Barth's innovation of this article of faith, pertaining to: 1. the category of a sign;

2. the criteria for judging the fittingness of a doctrine; 3. Barth's use of the man-woman typology (Barth's thoughts on the world history as a male history and his rehabilitation of Joseph, the man who first was eliminated as a procreator and then re-involved by calling the name of Jesus, so extensively discussed in gender studies); 4. the broader context of the stories of Matthew and Luke in the biblical canon; 5. the suitability of the spiritual conception of Jesus as an image to discuss the regeneration of Christians. It is my taste that he is too cautious here: after such a careful investigation the author could have been more clear and open in elaborating his own line of thought.

One of the theses in this book is that the informal lectures on the first Chapter of Luke that Barth held for his students in advent 1934 form a decisive step in the development of his thoughts between the *Christliche Dogmatik im Entwurf* and the Utrecht Explanation of the Creed of 1935 and subsequently the *Kirchliche Dogmatik I/2* of 1938. Unfortunately, this thesis is based on a lack of information on Barth's writing procedure, producing his Dogmatics. We know exactly when he began with his lectures that finally would become the text of CD § 15.3, namely May 7. of 1934 in Bonn (*Karl Barth – Eduard Thurneysen Briefwechsel Band 3*, Zürich 2000, 650; cf. the witness in

Antwort (1956) of the Japanese student Katsumi Takizawa, who visited these lectures). We also know that he started with the doctrine of the Outpouring of the Holy Spirit (§ 16) in the winter semester of 1934-1935, until he was forced to stop lecturing. Therefore, the thesis is not correct: the doctrinal renewal preceded the biblical meditations. But the question of date is interesting for more reasons. The summer semester of 1934 coincided with the Synod of Barmen (May 31) and the sending by Emil Brunner of his polemical brochure against Barth's *Natur und Gnade* (announced in a letter by Brunner of May 8). It would be interesting to search the text of CD § 15.3 for signals of these debates: how do the discussions on the Virgin Birth and on Natural Theology relate to each other? Undoubtedly, Barth made some additions in his text before publishing it. To these additions belongs a grim outburst against the footnote on the Virgin Birth in Brunner's *Der Mensch im Widerspruch* of 1937 (CD I/2, 184: "so bad that my only possible attitude to this is silence"). Brunner is saying there that the presupposition of the doctrine in the old Church was, that the mother of Christ should be a sheer passive vessel for receiving the seed of the divine spirit. Schleiermacher already had been presenting the same observation, and had opposed

the doctrine of the Virgin Birth also in the name of the female sexuality in its own rights. Apparently, Barth had expected more theological sensitivity from Brunner.

Rinse Reeling Brouwer

Brunero Gherardini, A domanda risponde. In dialogo con Karl Barth sulle sue Domande a Roma, Napoli 2011; 335 Seiten [Die Frage findet Antwort. Gespräch mit Karl Barth, seine „Fragen an Rom" betreffend].

Prof. Gherardini, em. Dozent der Ekklesiologie am Lateranum, ist bekannter Gesprächspartner vieler Protestanten und Barth-Kenner. In Ihm wohnt die unerschütterliche Überzeugung, dass die katholische Wahrheit des Christentums faktisch und explizit so rein im Katholizismus wohnt, wie Jesus selbst es gewollt und geplant hat. Ich zitiere: „Ich gebe zu, dass im Vergleich mit dem, was Er (Jesus) disponiert hat, die römisch katholische Kirche, nicht an sich, sondern in einigen Ihrer Repräsentanten, viel zu wünschen übrig gelassen hat; dass aber die kritische Untersuchung der Quellen an irgend einen anderen, verschiedenen, kirchlichen Einigkeits- und Vollkommenheitsausgang führen könnte als eben den katholischen, das, auf der Basis des Denkens der Väter und der gestrigen und heutigen wichtigsten Theologen, das negiere Ich." (S. 196 f.).

Die nackte Wahrheit des Christentums ist, und zwar nicht evolutiv, sondern vollkommen, in der katholischen Kirche einfach da. Gleichzeitig ist Prof. Gherardini ein feiner Theologe und präziser Analytiker der eigenen und fremden theologischen Formeln: so auch der entsprechenden Barthschen Wendungen. Gherardini macht Barth zu seinem Genossen in seiner Unzufriedenheit über die katholischen (!) außervatikanischen Entwicklungen und Interpretationen des II Vatikanischen Konzils. „Fragen an Rom" ist der italienische Titel der Schrift (original *Ad limina Apostolorum*), die Karl Barth dem II Vatikanischen Konzil gewidmet hat. Hat Barth mit seinem ernsten Fragen nicht entscheidend gefragt, ob und inwiefern die christliche Lehre, bei allen guten Intentionen dem „heutigen" Menschen entgegenzukommen, in ihr Gegenteil verkehrt worden sei, weil sie dem Zeitgeist umgebogen worden sei? Ist, in und nach dem Konzil, nicht eben das geschehen, dass der „Mensch statt Gott" ins Zentrum gestellt wurde? Barth ist also guter Genosse in der Kritik der einseitigen „progressiven" katholischen Missinterpretationen des Konzils. Den von ihm gestellten Fragen wurde seinerzeit nicht geantwortet, weil andere

wichtiger erschienen. Gherardini meint, dass die Zeit gekommen sei, in der eine ausführliche Antwort gegeben werden könne und müsse. So ist also sein Buch entstanden.

Andererseits kritisiert Gherardini Barth, weil er in jeder anderen Hinsicht insoweit noch Protestant bleibe, solange er die Vollkommenheit der katholischen Doktrin nicht anerkennt, nicht teilt, oder einfach nicht versteht. So sehr Gherardini „seinen" Barth liebt (er ist sachlicher Kenner Barths), so sehr enttäuscht Barth ihn auch, weil die Barthsche Theologie immer noch in den Eng- und Sackgassen des historischen Protestantismus gefesselt ist.

Gerade aber dort, wo Gherardini die Position Barths unterschreibt und lobt, wird der Rezensent zuweilen kritisch. So zum Beispiel in der Beurteilung der *Unvollkommenheit* der Synagoge gegenüber der Kirche, weil hier neue Begriffe zu suchen sind. Manche gegenwärtigen Formulierungen sind vielleicht rhetorisch. Mit Rhetorik aber können die Sachfragen nicht beantwortet werden; immerhin ist eine brüderliche Rhetorik besser als ein raffiniertes aber fragwürdiges Superioritätsgefühl.

In der Frage des Laientums, dem auch ein Kapitel gewidmet ist, betont Gherardini im Gegensatz zu Barth die Position, dass der Unterschied zwischen Hierarchie und Volk notwendig sei, um den ontologischen Charakter der Kirche von allen Unbestimmtheiten zu schützen. Das ist verständlich. Allein um ein Problem zu lösen, muss man nicht ein größeres entstehen lassen. Unterscheidung ist nicht notwendigerweise ein Unterschied. So gibt der Rezensent Barth an den Stellen Recht, an denen ihn Gherardini kritisiert, und kritisiert ihn da, wo der römische Theologe ihm Recht gibt!

Andere Gebiete der Theologie sind im Werk vorhanden, wie beispielsweise die Mariologie (der Verfasser ist auch Dozent der Mariologie gewesen), immer mit demselben interessanten *Sic et non.*

Das Alles gelesen und gewogen, fragt sich wiederum der Rezensent, ob Gherardini doch nicht mindestens in einer Hinsicht Recht hat, nämlich eben dort, wo er sich an die Unentbehrlichkeit gewisser universaler Satzungen hält. Nun entwickelt sich aber die theologische Diskussion heute nicht anhand der Frage, ob alle Gesprächspartner alle Doktrinen teilen können (da weiß man von Anfang an, dass das unmöglich wäre), sondern einerseits um die Frage nach dem Verhältnis der kirchlichen christlichen Grundwahrheiten (dem Credo) zur Wahrheit anderer Religionen, und andererseits im christlichen Feld selber um die Möglichkeit einer Differenzierung zwischen Grundwahrheiten, die

von allen Gesprächspartnern geteilt werden, und legitimen Anliegen, die von Allen nicht in identischer Weise behauptet werden können. Es gibt Probleme, sachliche Probleme, die wir nicht alle in identischer Weise lösen. Einig sind wir in der Position, die die Kirche gegenüber der antiken Philosophie und Häresie nicht ohne Mühe genommen und fixiert hat (einschließlich *Theotokos*), uneinig in der Beurteilung der Evolution in der Neuzeit. Für uns als Philosophen und Theologen ist die Formel A=A immer „an sich" wahr, und so ist sie gewiss unentbehrlich (Gott ist Gott; Kirche ist Kirche). Niemand kann letztendlich ohne diese Formel leben, schreiben, Christ sein. Daneben steht die Formel A=B, die an sich problematisch ist. Ist die erste ohne die zweite unbedeutend, so ist die zweite nie mit der ersten zu verwechseln. „Ex verbo pensantes opus, non ex opere verbum" (Luther, *Römerbriefkommentar*, 10, 6). Danach sind Wort und Werk (sei das Werk noch so notwendig wie man will) nie mit A=A zu verwechseln. Gleichzeitig untersteht A=A keinem „kritischen Urteil der Quellen". Es besteht vielmehr nur das Probieren, das auch das II Vatikanische Konzil gemacht hat, gewisse Hinweise für das Beieinander beider Formeln zu zeigen.

Sergio Rostagno

Verzeichnis der Autoren

Dr. Ariaan W. Baan, Pfarrer in Zoutkamp und Scheemda / Niederlande; ariaanbaan@gmail.com

Dr. Wessel H. ten Boom, em. Pfarrer und Publizist; Herausgeber der Zeitschrift In de Waagschaal; whtenboom@xs4all.nl

Prof. Dr. Martien Brinkman, Professor für Ökumenische und Interkulturelle Theologie, Freie Universität Amsterdam; m.e.brinkman@vu.nl

Prof. Dr. Hans-Theodor Goebel, em. Professor für Systematische Theologie, Universität Köln; HTheo_Goebel@web.de

Prof. Dr. Gerard C. den Hertog, Professor für Systematische Theologie, Theologische Universität Apeldoorn; g.c.den.hertog@hetnet.nl

Prof. Dr. Barend Kamphuis, Professor für Systematische Theologie, Theologische Universität Kampen; bkamphuis@tukampen.nl

Harry Pals, Pfarrer der Ökumenischen Studentengemeinde Utrecht; hpals@xs4all.nl

Prof. Dr. Rinse H. Reeling Brouwer, unterrichtet Dogmengeschcihte und ist Professor am Miskotte/Breukelman-Lehrstuhl für Biblische Hermeneutik, Protestantische Theologische Universität, Amsterdam; r.h.reelingbrouwer@pthu.nl

Prof. Dr. Sergio Rostagno, em. Professor für Systematische Theologie, Waldenser Theologische Fakultät, Rom; sergio.rostagno@poste.it

Prof. Dr. E. van ‚t Slot, Professor für Systematische Theologie und Kirche im 21. Jahrhundert, Reichsuniversiteit Groningen; e.van.t.slot@rug.nl

PD Dr. Henning Theißen, lehrt Systematische Theologie, Ernst-Moritz-Arndt Universität Greifswald; theissen@uni-greifswald.de